A POSTERIORI, UM PERCURSO

Série Escrita Psicanalítica

Clínica psicanalítica: testemunho e hospitalidade, de Marcio Giovannetti
Alma migrante, de Plinio Montagna
Uma imagem do mundo: realidade e imaterialidade, de Walter Trinca
A posteriori, um percurso, de Marion Minerbo

Blucher

A POSTERIORI, UM PERCURSO

Marion Minerbo

Série Escrita Psicanalítica

Coordenação: Marina Massi

A posteriori, um percurso
Série Escrita Psicanalítica
© 2020 Marion Minerbo
Editora Edgard Blücher Ltda.

Publisher Edgard Blücher
Editor Eduardo Blücher
Coordenação editorial Bonie Santos
Produção editorial Isabel Silva, Luana Negraes
Preparação de texto Cátia de Almeida
Diagramação Negrito Produção Editorial
Revisão de texto Karen Daikuzono
Capa Leandro Cunha
Fotografia da capa Michele Minerbo
Paleta de cor da capa Helena Lacreta

Blucher

Rua Pedroso Alvarenga, 1245, 4º andar
04531-934 – São Paulo – SP – Brasil
Tel.: 55 11 3078-5366
contato@blucher.com.br
www.blucher.com.br

Segundo o Novo Acordo Ortográfico, conforme
5. ed. do *Vocabulário Ortográfico da Língua
Portuguesa*, Academia Brasileira de Letras,
março de 2009.

É proibida a reprodução total ou parcial por
quaisquer meios sem autorização escrita da
editora.

Todos os direitos reservados pela Editora Edgard
Blücher Ltda.

Dados Internacionais de Catalogação
na Publicação (CIP)
Angélica Ilacqua CRB-8/7057

Minerbo, Marion

A posteriori, um percurso / Marion Minerbo.
– São Paulo : Blucher, 2020. (Série Escrita Psicanalítica / coordenação de Marina Massi)

320 p.

Bibliografia
ISBN 978-65-5506-021-8 (impresso)
ISBN 978-65-5506-020-1 (eletrônico)

1. Psicanálise. 2. Memória. I. Título. II.
Massi, Marina. III. Série.

20-0384 CDD 150.195

Índices para catálogo sistemático:
1. Psicanálise

Sobre a Série Escrita Psicanalítica
Nova geração

O projeto de uma série com livros de autores da Sociedade Brasileira de Psicanálise de São Paulo (SBPSP) é fruto da pesquisa de doutorado *Trinta anos de história da Revista Brasileira de Psicanálise: um recorte paulista*. Nessa tese, abordei os artigos publicados na revista, de 1967 a 1996, por psicanalistas da SBPSP.

Entre os vários aspectos que pude observar, destacou-se a necessidade de organizar a produção psicanalítica dessa instituição, de seus primórdios aos dias de hoje, divulgada em revistas especializadas, atividades científicas ou aulas ministradas nos institutos de formação, com influência sobre várias gerações de profissionais ligados à Associação Psicanalítica Internacional (IPA).

A Série Escrita Psicanalítica tem justamente a ambiciosa proposta de reunir, organizar, registrar, publicar, divulgar e consolidar a produção dos pioneiros e das gerações posteriores da SBPSP. Busca também retratar, para a própria instituição, o que nela foi construído de importante desde a sua fundação. Conta, assim, a história da SBPSP pelo veio da produção e da criação psicanalítica.

Esta série lança um olhar para o passado, pois organiza o que de melhor já foi feito, e um olhar para o futuro, pois transmite a fortuna da SBPSP não só como memória, mas como um importante material de estudo para os diferentes institutos de formação psicanalítica e cursos de pós-graduação no Brasil, além de para o público interessado. O olhar para o futuro inclui, ainda, o propósito de mostrar a produção da nova geração de psicanalistas da SBPSP, o que proporciona um panorama vivo do trabalho realizado nessa instituição psicanalítica.

Ao promover uma leitura da história das ideias psicanalíticas – uma leitura crítica, comparada – e, ao mesmo tempo, permitir que os psicanalistas aqui apresentados sejam considerados enquanto autores, produtores de ideias e teorias, a série possibilita sair do campo transferencial institucional e passar ao campo das ideias, da reflexão, do debate, para além da pessoa do psicanalista.

A ciência e a arte necessitam de organização (ou curadoria) da contribuição que o ser humano foi e é capaz de oferecer. Espero que esta série cumpra o objetivo de ser a história das ideias de muitos colegas brasileiros no âmbito da IPA, alguns infelizmente não mais entre nós, outros ainda em plena produção.

Marina Massi
Coordenadora da Série Escrita Psicanalítica

Prefácio-lembrança

Para a composição de um trabalho escolar, mãe e filha leem juntas um livro. Terminada a leitura, conversam:

> – *E aí, filha, você entendeu?*
>
> – *Entendi.*
>
> – *Então agora você vai fechar o livro e escrever o trabalho com as suas palavras.*
>
> – *Nossa, mãe, mas eu não vou me lembrar de tudo; tinha muita coisa.*
>
> – *Aquilo que você conseguir lembrar é o importante, porque é o que ficou em você.*

A mensagem cristalina permaneceu: o essencial não é escrever o que está no livro, mas a sua autoria; para isso, são necessários o momento de ler e o de fechar. É um desses diálogos simples que atravessam a vida. Mais tarde, essa menina reconheceria em si o

8 PREFÁCIO-LEMBRANÇA

prazer e a liberdade ao escrever, bem como assumiria a responsabilidade em promover a autoria do outro.

Quando contou essa sua lembrança de infância, Marion Minerbo me convidou para fazer este prefácio. Senti que me oferecia, ao mesmo tempo, um trabalho e uma forma de realizá-lo. Aceitei ambos: li seu livro, fechei-o e pus-me a escrever com o que ficou em mim.

* * *

A princípio, vem uma recordação antiga. Lembro-me dos dois primeiros textos da Marion que li. Um foi o capítulo escrito em parceria com Fabio Herrmann, intitulado "Creme e castigo" (isso mesmo: *creme*, e não *crime*), de 1998. Fiquei tão impressionado que fui atrás de sua fonte: "A empadinha", um artigo da Marion de 1994. O forte impacto então se renovou.

Hoje me pergunto o que havia ali que me surpreendeu tanto. O argumento era simples e com consequências. Retive que era um estudo sobre o processo de migração da moralidade: as mesmas restrições – que visam à autoconservação, mas permitem certas escapadas –, ántes ligadas à moral sexual, parecem agora ressurgir como moral alimentar. "O trabalho do cozinheiro", afirmava algo assim Roland Barthes,[1] "é deixar o tomate com sabor de tomate"; hoje, é deixá-lo com sabor de privação ou de transgressão. A moral transitou do discurso sexual para o discurso dietético, do quarto para a cozinha, da cama para a mesa. De tal maneira que a recomendação bíblica – *evitar os prazeres da carne* – tornou-se, em nosso tempo, literal. "*Diet is die with a 't*'", dizia o gatinho Garfield.

Entretanto, havia algo mais nesses textos. O modo como a psicanálise aparecia era inquietantemente familiar: era, eu diria, freudiana. Ali não havia conceitos congelados, nem pratos

---

1 Barthes, R. (1978). *Aula*. São Paulo: Cultrix, p. 19.

psicanalíticos prontos, tampouco gourmetização do alemão de Freud. Ao contrário, era uma escrita honesta e deliciosa, um pão português saído do forno da clínica. Você me entende? Era como se a escrita – mais que o argumento – tivesse algo de interpretativo, pois devolvia o sabor ao saber.

O estilo me fisgou. Diante de textos assim, além de salivar, tendo a imaginar que não sou eu que o leio: é ele que me lê. O mesmo efeito o leitor pode encontrar nesta coletânea.

* * *

Fecho o livro da Marion e sinto que fiz uma viagem pelo tempo. Os textos selecionados percorrem um período que vai de 1997 até 2019. É um livro de percurso, e nele há algumas coisas que mudam e outras que não – alterações e permanências. Começo com as alterações.

O livro tem quatro partes. A Parte I, "Perdendo a ingenuidade", apresenta diversas maneiras de uma psicanalista interpretar um mesmo sintoma individual, a compulsão a comprar; a presença desse espectro acaba por abalar a crença do que é ser psicanalista. Uma microcrise de identidade antecede o surgimento de novas autorrepresentações.

A Parte II, "Ampliando os horizontes da clínica", explode a clínica-padrão: vamos à rua acompanhar o tratamento de adolescentes em instituições, grupos na escola ou num passeio pelo parque. Aqui também vemos a analista encontrar seus pares: equipes, colegas, cachorros. O convite é habituar-se ao método da psicanálise e tentar chegar lá onde o paciente está.

A Parte III, "Interpretando fenômenos socioculturais", contém estudos acerca de nossa época. A autora inclina-se sobre a violência no corpo e na linguagem, sobre a lógica da corrupção e sobre

10 PREFÁCIO-LEMBRANÇA

as equações da psique social (*reality show + videogames = reality games*). Lúcido, o retrato não é otimista.

A Parte IV, "Textos de maturidade", são contribuições metapsicológicas – próximas da clínica, é claro. Nelas há a presença do plural: as *depressões* (sem tristeza, com tristeza, e melancólica), os *retornos* (do recalcado, do clivado). Encontrar a origem da crueldade do supereu nos microvotos de morte dos pais e o trabalho do analista na capacidade de sonhar o pesadelo que se repete foram, em minha leitura, propostas marcantes.[2]

As variações de temas que o leitor encontra neste livro tendem invariavelmente à extensão do horizonte da psicanálise. É notável como a autora aborda fenômenos cada vez mais amplos: um sintoma individual e as múltiplas formas de interpretá-lo, a quebra da clínica-padrão em direção ao trabalho com os pares, a análise de configurações sociais contemporâneas... Tal trajeto remete ao princípio de investigação freudiano: "Eu me preocupo com o fato isolado e espero que dele jorre o universal".[3] A própria metapsicologia, ao final dessa sequência, aparece como ponto de chegada (e não de partida) do olhar clínico.

* * *

Por fim, as permanências. Quando, em um seminário clínico, Marion disse "eu gosto das historinhas", não tinha a dimensão de que era tão a sério.

As análises deste livro se iniciam com o cuidado descritivo, com o mergulho no mundo alheio. De partida, a analista impregna-se

---

2 Vale destacar que dois textos presentes nesta obra já se tornaram referências recorrentes entre os colegas de formação: "C(ã)es-terapeutas: o enquadre a serviço do método na análise de uma adolescente" (Parte II) e "Sobre o supereu cruel" (Parte IV).

3 Freud, S., & Andreas-Salomé, L. (1966). *Correspondance avec Sigmund Freud.* Paris: Gallimard, p. 72, tradução nossa.

das historinhas do outro, isto é, da maneira de sofrer do objeto em análise, seja a de um paciente, de um grupo, de uma personagem, ou de um fenômeno social. No passo seguinte, apresenta com uma clareza impressionante a maneira como analisa: vemos a interpretação nascer sem fórceps, como um rio subterrâneo que transpassa a descrição e que, ao final, sobe à superfície da escrita. Retorna, assim, à nascente comum dos escritores e dos psicanalistas.

Fenomenologia fina e clareza clínica são as permanências desse percurso. Podemos chamar a combinação das duas de generosidade psicanalítica: ao acompanhar uma analista que nos mostra como vê e como pensa, o leitor acaba se sentindo também um pouco autor. Mais livre e menos livresco.

Luiz Moreno Guimarães Reino

Membro filiado do Instituto de Psicanálise da Sociedade Brasileira de Psicanálise de São Paulo (SBPSP) e doutor pelo Instituto de Psicologia da Universidade de São (USP)

São Paulo, novembro de 2019

Conteúdo

Introdução: de onde vim, onde estou	15
Parte I. Perdendo a ingenuidade	**21**
Aprendendo a ler	23
Relativizando crenças teóricas	55
O método psicanalítico em Freud	79
Parte II. Ampliando os horizontes da clínica	**93**
Tratamento institucional de transtornos emocionais graves na adolescência: dois casos clínicos	95
Um olhar psicanalítico na escola	125
C(ã)es-terapeutas: o enquadre a serviço do método na análise de uma adolescente	133
Parte III. Interpretando fenômenos socioculturais	**155**
Violência contemporânea e desnaturação da linguagem	157

14 CONTEÚDO

Um olhar psicanalítico sobre a corrupção   175

Mudando de posição subjetiva diante da corrupção   191

Parte IV. Textos de maturidade   **207**

Assassinato e sobrevivência do pai   209

Sobre o supereu cruel   223

Sobre as depressões   251

Retorno do recalcado, retorno do clivado   275

Sobre o pensamento clínico do psicanalista   285

Introdução: de onde vim, onde estou

Os textos que escolhi para compor este livro atendem ao propósito da coleção organizada por Marina Massi: deixar registrado o pensamento de alguns psicanalistas da Sociedade Brasileira de Psicanálise de São Paulo (SBPSP). Aceitei o desafio de olhar para trás e tentar reconhecer as marcas e linhas de força que atravessam minha produção.

Escrevo desde que me entendo por psicanalista. Como o sapo de Guimarães Rosa, não escrevo por boniteza, mas por precisão – por um imperioso *precisar ser*; para ser psicanalista e para me apropriar do que faço, preciso escrever. Com exceção do texto "Assassinato e sobrevivência do pai", que foi escrito em resposta a um convite, os demais foram escritos por desejo ou por precisão. Na medida em que não atendem ao "desejo do outro", talvez se possa tomar esta sequência de textos como "associação livre", como expressão da pulsação do meu desejo, e reconhecer nele a "pulsão" que me move como escritora.

Talvez por isso – e não só para não me repetir –, eu tenha escolhido deixar de fora tudo o que já está publicado nos meus livros,

16 INTRODUÇÃO: DE ONDE VIM, ONDE ESTOU

que são todos mais ou menos "didáticos": *Neurose e não neurose* (2. ed., Blucher, 2019); *Transferência e contratransferência* (2. ed., Blucher, 2020); *Diálogos sobre a clínica psicanalítica* (Blucher, 2016); e *Novos diálogos sobre a clínica psicanalítica* (Blucher, 2019).

Os textos que o leitor encontra aqui são representativos dos momentos mais significativos de meu percurso. Nesse sentido, representam uma espécie de memorial científico e mostram como fui constituindo minha identidade psicanalítica. Escolhi agrupá--los em quatro partes:

I. Perdendo a ingenuidade

II. Ampliando os horizontes da clínica

III. Interpretando fenômenos socioculturais

IV. Textos de maturidade

Depois da minha formação (1985-1989), dois acontecimentos foram fundamentais no sentido de *ampliar minha visão de mundo psicanalítica*. São eles:

- Meu doutorado,[1] iniciado em 1995, defendido em 1997 e publicado em 2000, intitulado *Estratégias de investigação em psicanálise.*

- A experiência de tratamento institucional de adolescentes com transtornos emocionais graves, entre 2000 e 2005, no Instituto Therapon Adolescência.

Os dois primeiros textos – aqui denominados "Aprendendo a ler" e "Relativizando crenças teóricas" – são capítulos do meu doutorado. Com um pequeno texto de que gosto muito, "O método

---

1 Doutorado orientado pela prof.ª dr.ª Latife Yazigi, defendido no Departamento de Psiquiatria da Faculdade de Medicina da Universidade Federal de São Paulo. Posteriormente, a tese foi publicada: Minerbo, M. (2000). *Estratégias de investigação em psicanálise*. São Paulo: Casa do Psicólogo.

psicanalítico em Freud", compõem a Parte I, "Perdendo a ingenuidade".

O ponto de partida da tese foi o sintoma de uma paciente que me deixava perplexa: a compulsão a comprar roupas de grife. Como um comportamento culturalmente determinado podia se tornar compulsivo? Em 1995, quase não havia textos psicanalíticos sobre isso. Lendo a confusa bibliografia disponível, entendi finalmente que o conhecimento é sempre produzido dentro de um recorte, nem sempre reconhecido e muito menos explicitado pelo autor. Daí o título "Aprendendo a ler": ler explicitando para mim em que recorte trabalhava cada autor, de modo a não misturar alhos com bugalhos no meu trabalho.

Além disso, ou com isso, para entender as determinações de um sintoma culturalmente determinado, fui obrigada a me deter sobre a natureza da relação psique-mundo. Assim, desconstruí definitivamente uma noção solipsista de psiquismo, herança, talvez, de uma formação excessivamente centrada na noção de "mundo interno".

Meus horizontes se ampliaram quando descobri a psicanálise francesa, para a qual o inconsciente se constitui na e pela cultura. Entendi que, mesmo em psicanálise, a relação psique-mundo podia ser pensada dentro de diferentes recortes, o que produzia diferentes interpretações do sintoma em questão. Ou seja, parti de um sintoma individual e desemboquei na compreensão das relações entre o psiquismo e os sistemas simbólicos das instituições nas quais e pelas quais o sujeito psíquico se constitui.

No texto "Relativizando crenças teóricas", que é o capítulo de conclusão da tese ("A matriz de desconstrução"), imagino um colega que se coloca "dentro" de determinado recorte teórico e procura entender a compulsão a comprar. Ele vai descobrindo o alcance e os limites daquele primeiro recorte, o que o obriga a procurar e a

18   INTRODUÇÃO: DE ONDE VIM, ONDE ESTOU

adotar um segundo. O alcance é um pouco maior, mas novamente se depara com os limites do segundo recorte, movendo-se então para um terceiro e um quarto. Em cada um deles, a "paisagem" descortinada é diferente, e ele acaba interpretando o mesmo sintoma em quatro vertentes distintas. Ao fim do percurso, nosso colega sai transformado, daí o título do capítulo: "Relativizando crenças teóricas".

Uma curiosidade. Relendo esse capítulo, eu me dei conta de que o recurso de criar um personagem – um jovem colega com quem dialogo, tanto no meu blog, *Loucuras cotidianas*,[2] como em dois livros[3] – nasceu aí. Havia me esquecido disso completamente!

Enfim, escrever essa tese foi uma aventura epistemológica maravilhosa, graças à qual perdi certa ingenuidade como leitora e, consequentemente, como autora. Todos os textos em que procuro interpretar fenômenos socioculturais – desde *reality shows* e gourmetização da vida, passando por crimes familiares, fanatismo, neoconservadorismo e corrupção, até outras formas de ser e de sofrer – são herdeiros dessa aventura. Escolhi três textos representativos dessa linhagem para este livro (Parte III: "Interpretando fenômenos socioculturais").

Em 2000, pouco depois do doutorado, em parceria com colegas, fundamos um hospital-dia – o Instituto Therapon Adolescência – para atender psicanaliticamente adolescentes com transtornos emocionais graves. Este foi o segundo acontecimento fundamental na ampliação dos meus horizontes teórico-clínicos, entre 2000 e 2005.

---

2 https://loucurascotidianas.wordpress.com/.

3 *Diálogos sobre a clínica psicanalítica* (Blucher, 2016) e *Novos diálogos sobre a clínica psicanalítica* (Blucher, 2019).

Para tratar adolescentes com transtornos emocionais graves, o enquadre tradicional de um consultório, com algumas sessões por semana, era obviamente insuficiente. No instituto, *tudo* – desde as oficinas terapêuticas, passando por almoço e lanche, até os pequenos acontecimentos nos corredores – estava a serviço de um tratamento com base nos pressupostos da psicanálise. O método psicanalítico – a escuta e a atitude analítica, bem como o trabalho na e com a transferência – estava lá. A discussão clínica em equipe e o atendimento às famílias faziam parte do processo. A experiência cotidiana de que *tudo* pode ser terapêutico me permitiu manter o rigor e, ao mesmo tempo, ser uma psicanalista mais livre e criativa no meu consultório. Incluí aqui três textos dessa época (Parte II: "Ampliando os horizontes da clínica").

Em 2005, quando saí do instituto, corri atrás de corrigir lacunas importantes em minha formação. Dediquei-me ao estudo da psicopatologia psicanalítica – o ponto de partida foi a distinção entre organizações neuróticas e não neuróticas. Senti também necessidade de um estudo mais sistemático dos conceitos de transferência e contratransferência. Ambos os temas se transformaram em livros didáticos. A partir de então, entrei numa fase que considero "de maturidade". Na Parte IV deste livro, intitulada "Textos de maturidade", apresento cinco textos representativos desse momento.

Dos muitos autores que me acompanharam nesse longo percurso, merecem destaque Fabio Herrmann e René Roussillon. Embora tenham produzido obras muito diferentes, têm em comum uma *postura* que me interessa em termos de produção de conhecimento. Herrmann[4] se interessou em descobrir como Freud descobriu o que descobriu, isto é, qual o método embutido em seu fazer clínico. O interesse desse resgate é que em psicanálise, como

---

4 Herrmann, F. (2001). *Andaimes do real: o método da psicanálise*. São Paulo: Casa do Psicólogo.

em qualquer ciência, o método precede a teoria. Apropriar-se do método é colocar-se em posição de produzir teoria, como o fez o fundador da psicanálise. Roussillon faz algo muito parecido, mas no plano metapsicológico. Propõe-se a "brincar de Freud" (o termo é dele),[5] em identificação ao seu processo de investigação, "usando o pensamento de Freud como arquétipo e como exemplo". Modestamente, acredito que minha produção tem algo em comum com a postura desses dois autores.

Enfim, olhando para trás, a obra de Herrmann me ajudou a formar um espírito crítico, o que me permitiu transitar com alguma independência entre teorias, autores, temas e, não menos importante, a própria instituição. Quanto a Roussillon, devo a ele as ferramentas metapsicológicas que tornaram meu pensamento clínico mais consistente. Sua maneira de se situar no campo da psicopatologia psicanalítica incidiu diretamente sobre minha clínica.

Relendo esta introdução, percebo que tem um tom de despedida. E é. No final de 2019, vou me mudar e morar fora do Brasil, e lá tudo é uma incógnita. Ficam aqui os meus escritos.

Finalizo agradecendo às irmãs Isabel e Luciana Botter, fiéis escudeiras na luta amorosa com as palavras. A Luiz Moreno, pelo prefácio-lembrança, e a Alexandre Socha, pelas ótimas sugestões para melhorar o texto e pela orelha. E muito especialmente agradeço a Marina Massi pelo honroso convite para fazer parte desta coleção. Aproveitei a preciosa oportunidade para fazer esta retrospectiva. Eis aqui, *a posteriori*, meu percurso.

Marion Minerbo

São Paulo, setembro de 2019

---

5 Roussillon, R. (2001). *Le plaisir et la répétition: théorie du processus psychique.* Paris: Dunod, p. ix.

PARTE I
Perdendo a ingenuidade

Aprendendo a ler[1]

Quando considerei meu doutorado finalizado – o ponto de partida era um caso de compulsão a comprar –, um colega com quem discuti as ideias ali desenvolvidas olhou para o sumário e disse que faltava um capítulo sobre metodologia.[2] Sendo aquela a primeira tese de psicanálise a ser defendida no departamento de psiquiatria da Universidade Federal de São Paulo (Unifesp), a metodologia seria questionada. Era necessário contar para o leitor como eu tinha chegado às conclusões apresentadas, já que o trabalho não seguia os métodos tradicionais da psiquiatria.

No início, duvidei de que seria capaz de retraçar o caminho que eu havia percorrido mentalmente para propor o que chamei de

---

1 Este texto corresponde ao quarto capítulo da minha tese de doutorado, defendida em 1997 no Departamento de Psiquiatria da Universidade Federal de São Paulo (Unifesp), sob orientação da prof.ª dr.ª Latife Yazigi. Posteriormente, a tese foi publicada pela editora Casa do Psicólogo com o título *Estratégias de investigação em psicanálise*. O capítulo se chamava "Estratégias de pensamento" (pp. 29-50), e aqui foi alterado para "Aprendendo a ler".

2 Agradeço a Sergio Blay por esta orientação. Agradeço também a Leda Herrmann e Luiz Meyer pela interlocução sobre este capítulo.

24 APRENDENDO A LER

"quatro versões" da compulsão a comprar. Arregaçando as mangas, dei-me conta de que a minha "metodologia" era o próprio método de leitura da bibliografia. Hoje, considero que é o capítulo mais importante da tese, porque traz uma reflexão de ordem epistemológica, cujo alcance vai além do tema explícito que é a compulsão a comprar.

Como disse em "De onde vim, onde estou", ter descoberto e me apropriado de um método de leitura me ajudou a desenvolver um espírito crítico. É por esse motivo que escolhi este capítulo de minha tese para abrir esta coletânea. Optei por mantê-lo como foi publicado no livro Estratégias de investigação em psicanálise, *de 2000.*

Este capítulo corresponde ao que se denomina, tradicionalmente, "metodologia". A opção por outro léxico – *estratégias de pensamento* – impõe-se por uma questão de coerência com o campo epistemológico em que se insere este trabalho. Da mesma maneira, a expressão "fazer trabalhar a questão-problema" (em lugar de respondê-la) e a recusa em denominar o último capítulo de "conclusão" reiteram uma *postura* relativa à produção de conhecimento, como veremos a seguir.

Em *Post-modernism and the social sciences*, Rosenau (1992) diferencia a postura epistemológica *pós-moderna* da maneira *moderna* de produzir conhecimento em ciências sociais. Apesar de referir-se especificamente à sua área, a autora promove um debate suficientemente amplo para abarcar as ciências humanas em geral. Afirma que as respostas pós-modernas às questões "como sabemos o que sabemos", "por que caminhos produzimos conhecimento" e "o que é o conhecimento" diferem muito da postura epistemológica moderna diante delas. Esta última está visceralmente relacionada ao método científico utilizado pelas Ciências Naturais, que pressupõe uma *realidade em si* que pode ser conhecida, bem como *teorias que correspondem aos fatos*. O pesquisador observa um fato que, a seu ver, aponta para a insuficiência da teoria vigente no momento. Em seguida, propõe e testa, mediante a aplicação de um método, uma nova hipótese que, se comprovada, modifica a teoria anterior. Prova-se cientificamente, isto é, mediante a aplicação de um método científico, a superioridade da nova teoria, dando-se mais um passo em direção ao progresso da ciência e à verdade.

Método é, pois, um termo indissociavelmente ligado ao campo epistemológico moderno. O pós-modernismo o substitui por *estratégias* (de aproximação ao objeto) ou debates (Rosenau, 1992, p. 116).

Não se trata de simples preferência semântica, mas de uma postura crítica com relação a certas categorias básicas utilizadas na produção do conhecimento. Rosenau (1992) sintetiza de maneira bastante clara os principais aspectos do debate que ocupa a cena acadêmica contemporânea sobre os fundamentos epistemológicos pós-modernos:

- Nega-se a dicotomia sujeito/objeto, em uma postura crítica com relação à autonomia do "dado de realidade" e do "fato" com relação ao observador (pp. 110-112). Não há leitura da realidade fora de uma matriz de apreensão subjetiva. Essa matriz é constituída de categorias relativas à linguagem em sentido amplo: só aquilo que tem registro linguístico, que pode ser nomeado, ganha direito de cidadania, tornando-se um "dado de realidade". Assim, a apreensão da realidade é sempre mediada por uma matriz subjetiva, isto é, que pertence ao sujeito e às categorias mentais disponíveis para ele. Não há o fato em si, passível de diversas leituras: o que há são apenas as leituras, as versões, as interpretações acerca de um fato cuja ontologia não pode ser conhecida.

- Redefine-se a verdade como dependente de convenções linguísticas; nesse sentido, ela será sempre uma verdade local, pessoal ou comunitária, ou seja, relativa. "Verdades conflitantes não são um problema já que cada uma pode ser verdadeira em determinado universo" (p. 80).

- Nega-se a possibilidade de produção de um conhecimento universal ou de uma teoria totalizante sobre um objeto, um fenômeno ou um fato qualquer (p. 118). O conhecimento é sempre parcial, uma vez que é produzido a partir de um recorte, isto é, de determinada matriz de apreensão. Cada matriz de apreensão permite uma versão, uma interpretação parcial.

- Recusa-se sistematicamente um pensamento logocêntrico que se apoia sobre oposições binárias (verdade/mentira, essência/aparência, bom/mau), principalmente quando tendem a privilegiar o primeiro termo da oposição. Essa postura epistemológica impugna uma atitude valorativa e, portanto, uma hierarquia entre boas e más teorias, versões ou interpretações. Todas as interpretações são relevantes; dependendo do contexto, uma será mais útil do que outra (p. 114).

- Recusa-se uma visão dos fatos em termos de começo e fim, de antes e depois, de causa e efeito (pp. 112-114). Em lugar dessa maneira de pensar tipicamente moderna, pensa-se em termos de *redes de determinação*, de *intertextualidade*, em que um evento se relaciona sempre com vários outros, sem que se possa isolar uma causa única.

Apesar de sua própria ressalva com relação ao termo "metodologia", Rosenau distingue pressupostos epistemológicos (anteriormente enumerados) de procedimentos metodológicos (interpretação e desconstrução).

By "methodology" I mean how one goes about studying whatever is of interest; it relates to the process of inquiry, but it does not tell us what to expect to find. Method, not assumed synonymous with the rules and procedures of modern science, is considered here to apply more broadly. (1992, p. 16)[3]

Embora reconheça que o termo "metodologia" remete ao campo epistemológico moderno e que o termo "estratégia" é mais adequado às práticas pós-modernas, acaba por utilizar a expressão "metodologia" entre aspas e num sentido amplo, referindo-se ao processo e ao caminho que leva ao conhecimento.

Entretanto, uma leitura cuidadosa do que a autora denomina pressupostos epistemológicos configura, antes, uma *postura* diante do objeto de conhecimento: *nega-se* a dicotomia sujeito-objeto, *recusa-se* uma verdade independentemente de convenções linguísticas, *recusa-se* uma visão em termos de começo, meio e fim etc.

Ora, essa postura implica, naturalmente, determinados procedimentos de aproximação do objeto ("métodos"). Na realidade, nesse campo epistemológico, a postura teórica diante do objeto já é uma maneira de olhar para ele: já é parte do processo, do caminho que leva ao conhecimento. Em outras palavras, essa postura teórica é inseparável do "método". Por exemplo, ao recusar a dicotomia sujeito-objeto, o pesquisador parte do pressuposto de que seu procedimento de aproximação do objeto carregará a marca de sua subjetividade: ele fará uma "leitura" do fato.

---

3 Excepcionalmente, optamos por manter a citação em sua língua original por sua importância para a apreciação do leitor. Em tradução livre, "Por metodologia entendo a maneira pela qual alguém estuda algo de seu interesse; relaciona-se ao processo de investigação, mas não nos informa sobre o que devemos esperar encontrar. Método, não como sinônimo das regras e procedimentos da ciência moderna, é considerado aqui de modo mais abrangente".

Por essa razão, em lugar de utilizar o termo "metodologia" entre aspas, como o faz Rosenau, e para não separar artificialmente postura de procedimento, optamos definitivamente pela expressão *estratégia de pensamento*. Essa expressão designará para nós o *binômio postura-procedimento* que é, indissociavelmente, *teórico-metodológico*.

Assim, estratégia é a maneira de pensar que já é parte do processo de busca do conhecimento no campo pós-moderno. Para nós, *interpretação e desconstrução são estratégias de pensamento utilizadas ao longo deste capítulo.*

Interpretação e desconstrução

A *interpretação* não é em si mesma uma estratégia pós-moderna. No campo epistemológico moderno reconhece-se que os fatos não falam por si, havendo necessidade de interpretá-los para que ganhem sentido. A interpretação moderna, positivista, pressupõe a observação de dados com a intenção de encontrar um padrão. Nesse sentido, algumas interpretações serão melhores do que outras quando se aproximarem da verdade a respeito daquele padrão. Admitem-se várias interpretações a respeito de um fenômeno desde que não sejam conflitantes; caso o sejam, uma delas deve ser selecionada como a melhor. Em suma, busca a reconciliação e a unificação de verdades conflitantes, e não a multiplicação de cenários (Rosenau, 1992, p. 119). Já a interpretação pós-moderna supõe uma infinidade de versões possíveis, dependendo da matriz para a apreensão da realidade utilizada. Não há um sentido final, profundo e verdadeiro a ser encontrado subjacente ao texto.[4] Tra-

---

4 "Texto", no glossário pós-moderno, é um termo que se refere a todos os fenômenos, a todos os eventos (Rosenau, 1992, p. xiv).

ta-se mais de uma visão possível acerca de um objeto do que de uma observação neutra de um fato.

A *desconstrução*, por sua vez, visa desfazer todas as construções, trazendo à luz suas contradições internas e seus pressupostos implícitos. Visa desmistificar um texto revelando sua adesão implícita e "recalcada" a uma hierarquia arbitrária (Rosenau, 1992, p. 120). Essa postura-procedimento se refere, principalmente, ao pensamento construído sobre oposições binárias, como verdade/mentira, ser/não ser, macho/fêmea, bom/mau, presença/ausência, essência/aparência, saúde/doença, normal/anormal, realidade/fantasia, psique/mundo, mente/corpo, dentro/fora, frequentemente com uma valoração implícita do primeiro termo.

Nesse sentido, a desconstrução procura desemaranhar as linhas de força antagônicas do texto focalizando suas margens e brechas, e não o suposto foco central. Examina o que está ausente num texto, o que não está nomeado, o que está excluído, o que está secretamente subentendido. O propósito dessa estratégia não é apontar e corrigir erros, uma vez que isso reinstauraria a hierarquia entre os argumentos. Não há a pretensão de melhorar, revisar, oferecer uma versão mais correta ou melhor do texto em questão (Rosenau, 1992, p. xii). O objetivo é provocar um deslizamento de sentido que abre fissuras em certezas previamente incontestáveis, relativizando-as. A desconstrução visa transformar e redefinir o texto (ou o conceito, ou a categoria) com base em novos sentidos que surgem como resultado do deslizamento operado.

A principal diferença entre as estratégias anteriormente delineadas é que a desconstrução enfatiza a capacidade crítica negativa, enquanto a interpretação expressa um ponto de vista positivo (Rosenau, 1992, p. 118). Ambas são utilizadas ao longo da tese:

- Na primeira etapa, "Aprendendo a ler", a desconstrução foi utilizada como estratégia de leitura e seleção da bibliografia. Ao fim do processo, surge a necessidade de se trabalhar por meio de versões.

- Numa segunda etapa, "Construindo versões", a construção das versões envolveu a identificação e sistematização, com base na desconstrução dos textos, de quatro caminhos teóricos, ou melhor, quatro concepções de relação psique--mundo.

- Como corolário deste processo, numa terceira etapa, "Interpretando o caso Bia", quatro interpretações do caso Bia são efetuadas, utilizando-se o arsenal teórico sistematizado em cada versão.[5] Limites e brechas, tanto das interpretações quanto do arsenal teórico que as originou, são expostos ao fim das versões. Opera-se, com isso, a desconstrução da própria versão recém-construída.

- Finalizando a pesquisa, procede-se a "Elaborando a Matriz de desconstrução". As categorias ali colocadas no eixo vertical (psique, mundo, relação psique-mundo, o sintoma de Bia e a concepção do patológico em psicanálise) sofrem uma desconstrução progressiva à medida que se deslocam no eixo horizontal (versões I, II, III e IV). Vemos detidamente no último capítulo da tese[6] as repercussões desse processo.

---

5 Três das quatro versões que compõem o miolo da tese foram resumidas e publicadas no capítulo "Compulsão a comprar" de meu livro *Neurose e não neurose* (Minerbo, 2019, pp. 263-284).

6 "Relativizando crenças teóricas", o último capítulo de minha tese e o próximo deste livro.

Aprendendo a ler

O passo seguinte à formulação da questão-problema e do objetivo do trabalho é a revisão bibliográfica. É evidente que não há como pesquisar diretamente *a natureza da relação psique-mundo, de modo a tornar possível o sintoma de Bia.* O que ler? A literatura sobre a compulsão a comprar seria, possivelmente, uma boa maneira de começar. Esta, entretanto, mostrou-se excessivamente heterogênea. Exemplificando.

Entre os psiquiatras, Del Porto (1996a) faz um abrangente estudo sobre o transtorno obsessivo-compulsivo. Segundo o autor, os conteúdos mais frequentemente encontrados nos sintomas compulsivos são: limpeza e lavagem (57%), verificações (56%), rituais de repetição (29%), contagem (24%), ordenação (22%), colecionismo (6%) e diversos (63%). Estes seriam os conteúdos "clássicos". A compulsão a comprar não figura explicitamente nessa casuística. O autor aborda a influência de aspectos culturais e toma como exemplo a relação entre a religião e rituais obsessivos de conteúdo religioso. Sustenta que a cultura se faz sentir na *"patoplastia* dos sintomas e não em sua *patogenia"* (p. 25, grifos do autor). E ainda, "a cultura parece moldar certos aspectos acessórios das obsessões e compulsões" (p. 27). Em outro trabalho, Del Porto (1996b) aborda o comprar compulsivo. Afirma que esse sintoma é considerado, desde Bleuler, como um impulso patológico. Destaca a ausência de critérios específicos para seu diagnóstico e chama a atenção para o fato de que há apenas três trabalhos sistemáticos sobre o tema na literatura contemporânea.

Christenson et al. (1994) afirmam que, apesar de pouco descrito na literatura psiquiátrica, o comprar compulsivo apresenta uma incidência crescente. Essa síndrome afeta principalmente mulheres com uma idade média de 36 anos (desvio-padrão de dez anos).

Caracteriza-se por uma necessidade crônica de comprar e gastar, que se apresenta de maneira estereotipada, irresistível, impulsiva, inapropriada, excessiva e claramente prejudicial para as pessoas envolvidas. Os itens mais comumente consumidos têm relação com a aparência pessoal. Os autores encontraram uma relação entre esse comportamento e os distúrbios do humor. Destacamos sua dificuldade em classificar, do ponto de vista psiquiátrico, um distúrbio que mostra proximidade com várias entidades nosológicas. Os autores identificam características que o aproximam de uma variação monossintomática do distúrbio obsessivo-compulsivo, bem como de um distúrbio dos impulsos.

Segundo Elliott (1994), o comprador compulsivo tem um distúrbio comparável aos dependentes das mesas de jogo ou de bebida. De acordo com estudos realizados nos Estados Unidos, 6% dos consumidores são compulsivos. O objetivo de Elliott é descobrir se existe um *continuum* no consumo que se inicie com a compra normal, passando para certa euforia e terminando no comportamento viciado. Acredita que a adição ao consumo seja o equivalente feminino do alcoolismo no homem; ao lado do aspecto disfuncional, o autor reconhece que o comprar preenche uma função psicológica importante para essas mulheres, como equilibrar sua autoestima ou eludir sentimentos negativos. Levanta a hipótese de que o fenômeno da adição ao consumo seja um aspecto inevitável da condição pós-moderna levando, provavelmente, a um aumento progressivo do número de pessoas afetadas por essa patologia (Elliott, 1994). Em outro trabalho, Elliott, Eccles e Gournay (1996) abordam o sentido existencial do consumo e descrevem a dimensão fenomenológica desse comportamento em várias mulheres.

Entre os autores que trabalham com teorias psicanalíticas, destacamos Krueger (1988). O autor apresenta quatro casos de compulsão a comprar e conclui que a estrutura psíquica subjacente a todos é o narcisismo patológico. Para esse autor, o comprar compulsivo, frequentemente associado a bulimia e a exercitar-se incessantemente,[7] tem uma função defensiva em relação à sensação de vazio e à depressão. Apesar de os itens consumidos se relacionarem com a aparência pessoal, o autor verificou que a compra não tem, para as mulheres que sofrem dessa compulsão, a função de torná-las mais belas. O comprar é vivido como uma ponte para a sanidade, como o único meio de sentir-se real e viva por dentro, em lugar de morta ou vazia emocionalmente. O que move a compra é uma angústia desesperada, quase desintegradora, centrada na esperança de agarrar-se a algo tangível e real. Em síntese, o comprar compulsivo, da mesma maneira que a bulimia ou o exercitar-se incessantemente, representa uma tentativa de experienciar a realidade do corpo que não se constituiu como uma representação psíquica clara nem como uma tentativa de contornar a depressão e o vazio emocional.

Outros psicanalistas que trataram dessa questão apresentam concepções diferentes. Winestine (1985), por exemplo, interpreta o comprar compulsivo como um derivativo da sedução infantil. Lawrence (1990) entende-o como solução contra a angústia de castração da mulher. Richards (1996) se atém principalmente à importância da moda para o psiquismo feminino: "prazer, perversão ou parafilia?". Considera a questão do fetichismo, da erotização do corpo e da atividade de comprar. Mediante alguns casos clínicos, essa autora interpreta o sentido do interesse feminino por roupas, ou mesmo sua negação, a partir da história emocional de cada paciente.

Esta breve revisão mostra que a compulsão a comprar é vista sucessivamente como uma patologia do impulso moldada pela

---

7 Um novo verbo, "malhar", descreve esse comportamento (em inglês, *to workout*).

cultura, como uma síndrome que se superpõe a um distúrbio do humor, como um vício relacionado à condição pós-moderna cuja função é regular a autoestima das mulheres, como um comportamento que mostra uma dimensão existencial, como uma manifestação defensiva do narcisismo patológico visando eludir a angústia de desintegração, como um derivativo da sedução infantil e da angústia de castração, como um comportamento ligado a fetichização e erotização do corpo. Em que pese a maior ou menor consistência desses trabalhos, todos indicavam um caminho possível para compreender Bia. Qual o melhor? Qual escolher?

Diante disso, a primeira providência foi limitar a pesquisa da compulsão a comprar ao campo psicanalítico. Longe de vislumbrar o melhor caminho para trabalhar minha questão, vi surgir um novo problema. É que esses trabalhos não faziam qualquer menção àquilo que, em minha experiência clínica com Bia, se impunha como fundamental: *o universo sociocultural em que estão inseridos os pacientes que apresentam esse sintoma.* Os casos apresentados por esses autores haviam sido interpretados como se se tratassem de um sintoma qualquer da linhagem obsessivo-compulsiva; seus autores focalizavam a dinâmica psíquica e transferencial, as angústias e defesas do paciente. Este, entretanto, parecia ter sido isolado do mundo. A compreensão do sentido do sintoma era sempre referida, exclusivamente, à história emocional singular! Ora, é evidente que um sintoma dessa natureza não poderia existir em outra cultura que não a nossa.

Em suma, os psicanalistas que estudam a compulsão a comprar deixavam de lado a especificidade cultural do sintoma e não colocavam em questão a natureza da relação psique-mundo, justamente meu ponto de partida. O caminho por eles apontado era excessivamente redutor de uma realidade obviamente mais complexa.

Significava fechar-me novamente entre as quatro paredes de meu consultório e abandonar meu projeto de pesquisa.

Parti, então, em busca de outra rota, guiada pelo caso Bia. Dediquei-me a textos sobre subjetividade/crise de identidade contemporânea, sempre pelo crivo da relação psique-mundo. As leituras não seguiram necessariamente a ordem em que as exponho; ao contrário, já é produto de minha reflexão.

A cultura do narcisismo: a vida americana numa era de esperanças em declínio (Lasch, 1983[1979]) é um livro citado em praticamente todos os trabalhos sobre subjetividade contemporânea. O argumento de Lasch é interessante: um novo padrão cultural – narcísico – é o resultado da desagregação da família nuclear tradicional. No lugar da resolução edipiana normal, como descrita por Freud, as crianças dessas famílias desestruturadas não chegam a completar seu desenvolvimento pré-genital. No lugar do superego edipiano, estrutura-se um superego primitivo, como descrito por Melanie Klein. Esse superego é fonte de angústias persecutórias que obrigam o sujeito a recorrer a defesas e comportamentos característicos do narcisismo. Em seu outro livro, *O mínimo eu* (1984), Lasch reitera a ideia de que o narcisismo contemporâneo é um retraimento defensivo diante de uma sociedade inóspita ao desenvolvimento de um *self* saudável. Em síntese, o autor afirma que "dentro = fora", sendo "fora" a institucionalização do "dentro", que o precede.

Freud, em *O mal-estar na civilização* (1974[1929]), diz o oposto: o superego rígido do neurótico é resultado da internalização do superego cultural: "dentro = fora", mas "dentro" é consequência de "fora", que é anterior.

Frosh (1991) apresenta uma tese semelhante à de Freud. Em *Identity crisis: modernity, psychoanalysis and the self,* sustenta que a crise social produz crise de identidade. Novamente, "dentro =

fora". Não obstante, o autor oscila entre considerar a crise de identidade como uma reação defensiva (patológica) contra a crise social e considerá-la como produto direto, como reflexo especular da organização social contemporânea. É possível identificar uma diferença com relação aos textos anteriores: "dentro = fora", porém sem o recurso à noção de defesa psíquica e, portanto, de patologia.

Esses exemplos ilustram que a relação psique-mundo – e, por conseguinte, Bia – poderia ser compreendida, ao menos em termos genéricos, por esses três caminhos. Entretanto, a fragilidade de alguns aspectos desses argumentos é notória. A afirmação de que a cultura é patológica e/ou patogênica é bastante problemática, já que implica considerar que somos todos doentes. Embora os três autores afirmem que "dentro" (sujeito) = "fora" (cultura), as divergências quanto ao que vem antes, se o ovo ou a galinha, indicavam, certamente, outra brecha a ser explorada.

Outros trabalhos foram lidos mantendo-se como crivo a questão-problema. Sempre havia algum argumento relevante para meu tema, muitas vezes em franca contradição uns com relação aos outros. Frequentemente, o argumento me parecia frágil, parcial, levando a impasses ou contradições. Outras vezes, simplesmente não havia como relacionar tais autores com o caso Bia, faltavam mediadores entre o geral e o particular. Por exemplo, como utilizar autores que tomam o sintoma individual como expressão de profundas contradições inerentes à estrutura social? Como relacionar os estudos sobre a sociedade de consumo com Bia?

O mais problemático, entretanto, não eram as brechas ou os problemas encontrados, que seriam trabalhados no momento oportuno, mas a falta de um método de leitura que permitisse organizar argumentos tão diversos, reconhecendo o valor de cada um. Assim, embora uma aproximação à questão-problema ainda estivesse distante, foi necessário interromper temporariamente as leituras para trabalhar o novo problema que agora se impunha: *como organizar argumentos tão díspares de modo a poder utilizá-los*. Em suma, antes de mais nada, era necessário "aprender a ler".

Tudo isso sem mencionar o óbvio, que preferi deixar para as leituras finais: o conceito de identificação como fulcro de articulação psique-mundo. Receava tomá-lo como ponto de partida de meu estudo e, com isso, retornar ao caminho descartado no início do percurso. Parecia-me que examinar esse conceito à luz de outras abordagens poderia reduzir esse risco.

Meu ponto de partida para "aprender a ler" era o fato, inegável, de que todas as maneiras de pensar, apesar de muito diferentes entre si, iluminavam algum aspecto da minha questão. Impõe-se uma nova questão-problema: *por que há tantos caminhos possíveis?* A resposta a essa questão foi absolutamente decisiva para o esboço da armação de minha tese.

Diante da diversidade de caminhos possíveis, era evidente que procurar articular num mesmo plano argumentos pertencentes a contextos teóricos diferentes, na expectativa de abarcar a totalidade do tema, não seria adequado: somar as partes não me levaria ao todo. À primeira vista, eu não tinha outra escolha a não ser optar por um único caminho, o que *melhor* atendesse à questão-problema, reconhecendo e aceitando seus limites. Na impossibilidade de decidir qual o melhor caminho, restava-me buscar outro tipo de solução.

A resolução desse problema passa pela "descoberta do óbvio", para usar uma expressão de Guirado (1995). O óbvio descoberto nada mais é do que a postura de leitura. Basta considerar a abordagem teórica sob a qual o texto foi produzido e atentar para o limite de seu alcance. "Posso ouvir tudo o que o paciente diz em sessão sob o crivo do conceito de complexo de Édipo" ou, de maneira mais demarcada, "posso ouvir o que um paciente me diz *enquanto* complexo de Édipo" (p. 16).

Compreendi, finalmente, que todos os textos que abordam a relação psique-mundo fundamentam-se sobre certos pressupostos teóricos, os quais conduzem seus autores a determinados modos de aproximação do problema e, necessariamente, a certo tipo de conclusão. Em suma, cada autor trabalha *dentro de um recorte teórico-metodológico*. E isso por duas boas razões. Primeiro, porque é impossível abarcar a totalidade de um tema. Segundo, porque é o recorte que delimita e configura – constitui – o objeto a ser estudado, bem como a maneira de estudá-lo. Ainda, ele legitima, mas também limita, o alcance de qualquer produção teórica. As afirmações terão validade dentro do recorte proposto, mas não fora dele.

Eis por que todos os textos me pareciam conter *alguma* verdade! Tratava-se, agora ficava claro, de uma verdade relativa ao recorte efetuado.

Ora, minha dificuldade anterior devia-se a dois fatores. Primeiro, a uma leitura um tanto ingênua dos textos. A ideia de que toda produção teórica supõe um recorte do campo a ser estudado não me era clara. E, segundo, essa ideia não parecia clara para muitos dos autores que simplesmente não explicitam ou, pior, frequentemente não respeitam o recorte teórico-metodológico dentro do qual se propuseram a trabalhar.

Esse *insight* modificou radicalmente minha postura diante da literatura, determinando uma nova estratégia de leitura. Passei a ler qualquer texto, consistente ou não, buscando o recorte teórico-metodológico dentro do qual foi produzido. Mais do que o conteúdo abordado, interessavam-me seus pressupostos implícitos e sua coerência interna:

- Com que pressupostos teóricos o autor trabalha? Que conceito de relação psique-mundo utiliza, tal que tenha chegado a esses resultados?

- Qual o recorte de mundo efetuado?

- Com que mediadores entre psique e mundo esse autor trabalha?

- A que viés metodológico se devem suas contradições internas?

- Dentro de seus próprios pressupostos, de que maneira o autor poderia ter conduzido seu estudo de modo a torná-lo mais consistente?

- A que se devem as limitações de seu argumento?

- Que conceito de patologia está implícito em sua maneira de abordar a relação psique-mundo?

- Quantas concepções de relação psique-mundo identifico na bibliografia?

Esta última questão organizou a releitura dos mesmos textos, passo inicial para a construção das versões. Mas não nos adiantemos.

A estratégia de leitura adotada é comparável à brincadeira de montar/desmontar objetos a partir de algumas peças básicas, por exemplo, o Lego. A criança encaixa as peças coloridas umas nas outras criando um objeto qualquer. Em seguida, desmonta o objeto, separando pedaços, retirando peça por peça, até que restem apenas as peças básicas. Às vezes, as peças foram encaixadas com tanta força que só podem ser separadas com o auxílio de uma cunha. Uma vez separadas as peças, a criança pode utilizá-las para construir um novo objeto.

Os textos lidos são comparáveis a objetos construídos com peças multicoloridas de Lego. Em cada texto, era possível identificar algumas peças úteis na construção de meu argumento. Entretanto, para obtê-las, era necessário desmontá-lo até identificar suas peças básicas. Em muitos casos, argumentos fortemente encaixados só podiam ser separados pelas perguntas-cunha que orientavam minha leitura. Em outros casos, os argumentos podiam ser facilmente "desmontados" (no sentido de separados).

"Desmontar" ou, mais precisamente, *desconstruir* um texto é a estratégia de pensamento que permite trazer à luz o recorte teórico-metodológico dentro do qual trabalha seu autor. Em outras palavras, a desconstrução ilumina e explicita os pressupostos teóricos que estão na base de sua construção. Seguindo nosso modelo, possibilita a separação e identificação das peças básicas do texto: o conceito de psique, o recorte de mundo efetuado, as mediações entre psique e mundo utilizadas e assim por diante.

Quanto à forma, as peças básicas de Lego podem ter um, dois, três, quatro, seis e oito pinos de encaixe, podem ser duplas ou simples. Mas elas também variam quanto à cor: podem ser, por exemplo, vermelhas, azuis ou amarelas, de modo que um objeto pode ser construído tanto com peças de várias cores como com uma cor apenas.

Assim, numa primeira etapa, a desconstrução de um texto envolve a identificação das peças básicas. Numa segunda etapa, pode ser necessário, caso se esteja diante de um texto "multicolorido", proceder-se à sua separação e ordenação por cores. Estaremos, então, em condições de afirmar se o texto respeita ou não o recorte teórico-metodológico em que se propôs a trabalhar. Em caso afirmativo, veremos que a um conceito de psique "amarelo" corresponderá um recorte de mundo também "amarelo", um mediador entre psique e mundo da mesma cor e um modo de conceber a psicopatologia correspondente. Caso contrário, será fácil identificar o viés do autor.

Tomemos como exemplo a desconstrução de um texto: *Post--modernizing psychoanalysis/psychoanalysing post-modernity*, de Finlay (1989). A autora aborda várias questões interessantes. Sou obrigada a selecionar um pequeno trecho que, espero, não estará excessivamente fora do contexto. Finlay propõe a seguinte questão: se a psicanálise tradicional se baseia no estudo da interioridade do sujeito individual, não estaria condenada enquanto prática na pós-modernidade, uma vez que o sujeito pós-moderno está "descentrado, desintegrado e morto"? Diz ela:

> *Os pós-estruturalistas franceses [na esteira de Foucault] sustentam que o sujeito está morto, que ele nada mais é do que a dispersão e fragmentação da linguagem . . ., não é mais o sujeito da linguagem, mas o produto fragmentado de discursos dispersos . . . O sujeito pós--moderno é frequentemente dito psicótico porque não há qualquer "centro" em torno do qual unir ou sintetizar as várias vozes que fala o cidadão pós-moderno. Por exemplo, quando num anúncio publicitário a sra. Smith diz "eu uso Tide porque lava mais branco", ela, enquanto sujeito, foi transformada num meio para a expressão de outras vozes, no caso, da mídia. Talvez não seja mais Cristo que fale pela boca do psicótico delirante, mas o sabão Tide pela boca do consumidor "psicótico". (Finlay, 1989, p. 46, tradução nossa)*

Em síntese, a autora afirma que tanto no sujeito psicótico quanto no sujeito pós-moderno não há mais um núcleo que responda pela denominação "sujeito". Ambos são falados por vozes externas a eles e, o que é pior, por uma pletora de vozes distintas. Cada discurso opera uma cisão sobre a unidade da pessoa que, no pós-modernismo, é considerada a soma dos discursos que a falam. Finlay equipara, a seguir, o descentramento do sujeito pós-moderno ao conceito de Klein de cisão e fragmentação do *self*.

> *Essa dispersão no discurso é um fenômeno que deve ser comparável àquilo que Klein e os teóricos da relação de objeto chamam de cisão. Afinal, o que é a cisão senão descentramento? Na cisão não há um núcleo que permanece . . . há fragmentação e projeção em todas as direções. Se o sujeito se constitui na/pela simbolização, e, portanto, no/pelo discurso, e se, nesta cultura, uma massa dispersa de discursos circula e fala o sujeito, então pode-se afirmar que o discurso cinde e fragmenta o sujeito em tantas partes quantas são os discursos existentes. (Finlay, 1989, p. 47, tradução nossa)*

Este trecho é suficiente para demonstrar de que maneira as perguntas-cunha foram utilizadas para desconstruí-lo. Em primeiro lugar, há várias ideias interessantes que apontam para um caminho possível para compreender Bia e seu sintoma. A mais óbvia é o exemplo do consumidor de sabão que não é mais o sujeito de seu próprio discurso, como o psicótico. Bia estaria sendo falada pela publicidade que lhe ordena comprar grifes. De fato, tenho a vaga impressão de um "delírio de influência" na maneira pela qual Bia expressa, por exemplo, sua necessidade de um carro importado. Entretanto, faltam mediações que permitam compreender como o discurso da mídia se transforma no discurso de Bia. De qualquer modo, reservo a ideia para futura exploração.

A desconstrução se inicia com uma pergunta-cunha: quando a autora fala em morte do sujeito, ponto de partida de toda sua argumentação, *de que sujeito está falando*? Afinal, quando estou diante de Bia, há um sujeito que fala e vive; mesmo um sujeito psicótico é um sujeito. A pergunta-cunha faz saltar à vista as peças com que a autora construiu seu texto. Finlay utiliza, parece que sem reconhecê-lo, peças de Lego de cores diferentes num mesmo argumento. Ela confunde e superpõe indevidamente o sujeito sociolinguístico de Foucault com o sujeito psíquico kleiniano (Guirado, 1995). Seu viés teórico-metodológico consiste em aproximar dois sujeitos: um sujeito psíquico kleiniano, que pressupõe um *indivíduo* com fantasias, angústias e defesas, e um sujeito sociolinguístico, que pressupõe a *inexistência do indivíduo* enquanto sujeito da fala.

Nova pergunta-cunha: por que razão ela não distingue esses dois sujeitos? Em minha opinião, Finlay não sente necessidade de especificar de que sujeito se trata, na medida em que não se reconhece trabalhando com dois recortes teórico-metodológicos distintos. Ela não se dá conta de que cada sujeito está fundamentado em pressupostos teóricos mutuamente exclusivos e, por isso, não vê incompatibilidade em seu procedimento, colocando num mesmo plano a fragmentação do *self* de Klein e a fragmentação dos discursos na pós-modernidade. A autora parece ter caído numa armadilha linguística, tendo sido enredada por um efeito de palavra propiciado pelo termo "fragmentação".

Sintetizando: primeiro Finlay equipara dois sujeitos distintos; em seguida, toma a fragmentação de um no mesmo plano da fragmentação do outro; por fim, estabelece uma relação de causa e efeito entre ambos, radicalizando sua proposição anterior: "Se o sujeito se constitui nos/pelos discursos . . . e se há uma multiplicidade de discursos . . . então estes discursos cindem e fragmentam o sujeito".

Desconstruindo esta última conclusão, novas proposições vêm à luz: (a) uma teoria sobre a relação psique-mundo em que o mediador entre os termos é o discurso; (b) o argumento de que a cultura é patogênica porque propicia a fragmentação do sujeito, conduzindo-o à "psicose". Mantenho as aspas em respeito à ressalva feita pela autora de que tudo isso se situa no plano da analogia. De qualquer modo, parece-me que a autora sofre as consequências do viés teórico-metodológico em que incorreu desde o início: ou bem sua conclusão contradiz esta ressalva, ou bem cabe perguntar de que serve uma analogia que a conduz a um diagnóstico entre aspas.

O mais importante a respeito dessa estratégia de leitura é seu passo final. Longe de inutilizarem o texto de Finlay, as brechas resultantes da desconstrução apontam para algumas vias de investigação bastante produtivas. A teoria segundo a qual a relação psique-mundo é mediada pelo discurso mostra-se uma alternativa interessante à teoria kleiniana, que me parecia ser, em virtude de minha formação psicanalítica, a que melhor abarcava o sintoma de Bia. Abre-se, sem dúvida, uma via para pensar nos efeitos do discurso publicitário sobre todos nós, uma vez que o fascínio pelas grifes é um fenômeno coletivo. Em outras palavras, é possível tomar Bia como sujeito psíquico kleiniano ou como sujeito sociolinguístico. Ao vislumbrar esses dois caminhos, pode-se optar por um deles, circunscrevendo esse estudo a um único recorte teórico-metodológico. Ou pode-se optar por não reduzir e simplificar excessivamente o âmbito desta tese. Nesse caso, será necessário buscar uma maneira de articulá-los sem, contudo, incorrer no mesmo viés da autora, patologizando os efeitos da multiplicidade de discursos. Procedi dessa maneira com vários textos, até que sua desconstrução tivesse delineado quatro recortes teórico-metodológicos distintos, que deram origem às quatro versões.

Esse exemplo demonstra concretamente a que ponto as estratégias de pensamento adotadas – desconstrução e interpretação – estão na base de todo o meu trabalho posterior, da pesquisa propriamente dita. O processo de leitura e desconstrução de textos, silencioso e invisível para o leitor, foi fundamental; as próprias versões, construídas numa segunda etapa, já estão aí presentes de forma embrionária.

Sintetizando, essa primeira fase durante a qual aprendi a ler se pautou:

- por uma leitura inicial, ingênua, da literatura;

- pela identificação de um primeiro problema com relação ao procedimento a ser adotado para selecionar a bibliografia;

- pela solução desse problema mediante a adoção de uma estratégia de leitura que visa identificar os pressupostos teórico-metodológicos implícitos do texto – a desconstrução;

- pela formulação de perguntas-cunha para separar os elementos primários do texto (conceito de psique, mundo e mediadores);

- por sua separação por "cores", identificando quantos e quais eram os níveis de argumentação que chegavam a configurar recortes teórico-metodológicos claros.

Construindo versões

Ao fim da primeira etapa, quando as peças de Lego estavam todas separadas umas das outras e em grupos da mesma cor, tornou-se evidente que a opção por um único caminho, mesmo que fosse "o melhor", seria necessariamente redutora. Simplificaria excessivamente o problema, sacrificando o alcance possível desta tese.

A própria tentativa de decidir qual o "melhor caminho" era problemática, uma vez que cada abordagem iluminava um aspecto diferente, mas igualmente relevante, da relação psique-mundo. A opção por um único caminho seria sempre arbitrária, isto é, não haveria uma justificativa metodológica convincente.

Concluí, então, que a melhor maneira de perseguir meu objetivo – "fazer trabalhar a questão-problema" – seria abordar o tema da relação psique-mundo por meio de versões. Ao abandonar a busca pelo "melhor caminho" para compreender o sintoma de Bia, renuncio à pretensão de apreender o objeto em si. Comprometo-me definitivamente com a postura pós-moderna e adoto as estratégias de pensamento coerentes com tal postura: as versões são, afinal, a única aproximação possível do objeto.

As quatro versões foram praticamente desentranhadas da literatura pelas perguntas-cunha. Não me refiro, evidentemente, à sua concepção formal, como aparecem no corpo do trabalho, mas, sim, à identificação dos recortes teórico-metodológicos dentro dos quais a questão-problema poderá ser trabalhada.

No contexto deste trabalho, construir versões significa, pois, *identificar, organizar, sistematizar, configurar e delimitar recortes teórico-metodológicos e instrumentá-los, produzindo diferentes interpretações do caso Bia. Significa mostrar seu alcance e seus limites, relacionando-os com os pressupostos teóricos.*

É importante ressaltar que, ao construir as versões, a desconstrução dos textos já se deu enquanto estratégia de leitura, tanto no sentido de identificar um autor/texto paradigmático de alguma versão, quanto no sentido de "encaixar" o autor X na versão Y. Exemplificando.

Retomemos o texto de Finlay (1989). Sua desconstrução mostrou que a autora trabalhou simultaneamente, e sem reconhecer, nos recortes teórico-metodológicos correspondentes às futuras versões I e III. Nessas condições, o texto não pode ser tomado como exemplar de uma versão nem pode figurar explicitamente em qualquer uma delas. Entretanto, como esperamos ter deixado claro, além de ter sido fundamental na concepção geral dessa pesquisa, o texto exemplifica o procedimento de exclusão de trabalhos, fundamental no processo de construir as versões.

Ainda outro exemplo. Frosh, em *Identity crisis: modernity, psychoanalysis and the self* (1991), traça relações entre a modernidade, a pós-modernidade e o *self* contemporâneo, o que poderia nos levar a encaixá-lo na quarta versão, que faz referência à pós-modernidade. Entretanto, sua desconstrução revela que o autor trabalha sistemática e coerentemente com uma concepção de relação psique-mundo, que foi por nós tomada como paradigma da segunda versão. Assim, o leitor não encontrará a desconstrução desse texto na segunda versão: ele está na segunda versão porque foi desconstruído.

Da mesma maneira, os argumentos de Baudrillard em *A sociedade de consumo* (1991[1970]) não serão desconstruídos na terceira versão. Esse autor aí figura porque seu estudo da sociedade de consumo mostra-se, após a leitura desconstrutiva, compatível com os pressupostos desta versão.

Do ponto de vista formal, optamos por adotar a mesma arquitetura básica para todas as versões: o conceito de psique, as mediações entre psique e mundo utilizadas, um recorte de mundo e uma interpretação do caso Bia. O intuito é tornar imediatamente visível o que as diferencia entre si.

Cabe aqui uma advertência. O leitor poderia imaginar que estamos propondo quatro versões teóricas, por exemplo, freudiana, kleiniana, winnicottiana ou kohutiana. Não é o caso. As versões anteriormente exemplificadas corresponderiam a diferentes recortes

48 APRENDENDO A LER

do psíquico, enquanto nossas versões partem de diferentes recortes da relação psique-mundo.

Em outras palavras, nossas versões se sustentam sobre concepções de psique que pertencem a níveis epistemológicos diferentes, que se articulam a recortes de mundo heterogêneos entre si e que requerem mediadores de ordens diversas.

- A primeira versão considera a espessura emocional do mundo como projeção do psíquico, num recorte que privilegia a vertente *clínica* da psicanálise.

- A segunda versão articula *psicanálise e sociologia*, focalizando a subjetividade na cultura do narcisismo.

- A terceira versão considera a sociedade de consumo enquanto *sistema simbólico* determinante da subjetividade.

- A quarta versão considera o inconsciente de uma época: a *crise da representação* na pós-modernidade e seus efeitos sobre a forma de ser das instituições e dos indivíduos.

Interpretando o caso Bia[8]

A questão-problema formulada a partir de um caso clínico concreto, eixo condutor e produtor de minha tese, serviu-nos, inicialmente, de guia de leitura; em seguida, como baliza para as formulações teóricas; será, agora, referência central para as interpretações do caso Bia. No contexto desta tese, interpretar o caso Bia significa

---

8 Trata-se, evidentemente, de um recorte do caso clínico, já que estamos interessados especificamente na compulsão a comprar roupas de grife. Nem é preciso dizer que as interpretações que propomos não se confundem com as interpretações que fazem parte do diálogo em uma sessão de análise.

instrumentar o recorte teórico-metodológico que configura cada versão em torno da questão-problema.

O leitor não encontrará propriamente um estudo de caso porque as quatro interpretações não se somam. Não intencionamos aprofundar, de uma versão para outra, a compreensão do caso. É que elas se dão dentro de recortes teórico-metodológicos diferentes e são, neste sentido, *incomensuráveis.*[9]

Também não pretendemos aplicar a teoria de maneira direta e tautológica sobre o caso, reencontrando-a intacta ao final da interpretação. Ao contrário, as interpretações podem validá-la ou colocá-la em crise, caso não dê conta da questão-problema. Esse movimento indica o uso da teoria enquanto balizamento para as interpretações.

Por fim, o caso não ilustrará uma teoria tida por verdadeira. Ao contrário, as várias interpretações possíveis demonstrarão concretamente a relatividade das teorias. Ao fim e ao cabo, a própria ideia de caso clínico enquanto objeto empírico torna-se problemática, obrigando-nos a relativizar, sem o negar, o fato psicopatológico.

Cada interpretação do caso clínico responde à questão--problema dentro do recorte teórico-metodológico em que foi produzida. Nesse sentido, ela é, sem dúvida, um ponto de chegada. Trata-se, contudo, de um ponto de chegada sempre provisório, já que é imediatamente transformado no ponto de partida da versão seguinte. Por exemplo, a primeira interpretação respeita os limites do recorte teórico-metodológico utilizado por clínico de orientação kleiniana. Esses limites, quando cotejados com a questão-problema, colocam a exigência de um novo recorte, de modo a ampliar o alcance da interpretação seguinte e assim sucessivamente.

---

9 Expressão de Kuhn, em seu clássico *A estrutura das revoluções científicas* (1996).

Trabalhar uma questão pode ser uma tarefa para toda a vida (Rosenau, 1992, p. 119). Evidentemente, não temos a intenção de produzir infinitas interpretações sobre o caso Bia. Ao fim da terceira versão, quando a questão-problema pareceu receber uma resposta satisfatória, poderíamos ter encerrado a pesquisa da tese. Entretanto, a multiplicação de cenários é inevitável. Abrem-se, continuamente, novas possibilidades de trabalhar a questão. Dessa perspectiva, propor uma quarta versão não trai o objetivo da pesquisa. Ao contrário, há de justificar a existência de apenas quatro versões. A resposta é simples: as concepções de psique identificadas na bibliografia com base na estratégia de leitura adotada foram apenas estas.

Elaborando a matriz de desconstrução

Após a construção minuciosa das quatro versões, um distanciamento permite uma apreciação sincrônica do conjunto. A própria arquitetura das versões facilita sua transposição para uma matriz que sintetiza nosso percurso, da primeira à quarta versão.

Sua elaboração é simples. No eixo horizontal, as quatro versões; no eixo vertical, as categorias básicas que as constituem (psique, mundo, relação psique-mundo, o sintoma de Bia e o conceito de psicopatologia em psicanálise). Acompanhando o destino de cada uma dessas categorias de uma versão para outra, o que se percebe é um deslizamento contínuo de seu sentido inicial, com novos matizes, e progressivamente mais complexas.

Essa matriz representa, a nosso ver, o aporte mais significativo da tese. Assim como certos desenhos descentram o olhar do observador, que pode se deter alternadamente na figura ou no fundo, evidenciando até que ponto o olhar constitui o objeto percebido, a matriz desloca nosso olhar do caso Bia para o próprio psicanalista.

Não para seu funcionamento mental enquanto caixa de ressonância da transferência, mas para as várias maneiras de olhar para Bia que decorrem do ponto de vista teórico adotado. Com isso, denuncia a relação entre o psicanalista, seu saber, a instituição e a clínica.

Por que matriz de *desconstrução*? É que, ao visar uma questão clínica concreta, a estratégia de pensamento adotada – a desconstrução – acaba por demonstrar a equivocidade do olhar teórico do psicanalista. Pelo próprio fato de desconstruir continuamente as categorias teóricas que informam o saber do psicanalista, a matriz problematiza seu olhar, abalando suas certezas e relativizando suas verdades, com repercussões sobre a clínica.

Referências

Baudrillard, J. (1991). *A sociedade de consumo* (A. Morão, trad.). Lisboa: Edições 70. (Trabalho original publicado em 1970.)

Christenson, G. A., Faber R. J., de Zwaan M., Raymond N. C., Specker S. M., Ekern M. D., Mackenzie T. B., Crosby R. D., Crow S. J., Eckert E. D., et al. (1994). Compulsive buying: descriptive characteristics and psychiatric comorbidity. *The Journal of Clinical Psychiatry, 55*(1), 5-11.

Del Porto, J. A. (1996a). Aspectos transculturais do transtorno obsessivo-compulsivo. In E. C. Miguel (Ed.). *Transtornos do espectro obsessivo-compulsivo: diagnóstico e tratamento* (pp. 17-28). Rio de Janeiro: Editora Guanabara Koogan.

Del Porto, J. A. (1996b). Compulsões e impulsos: cleptomania, jogar compulsivo, comprar compulsivo, compulsões sexuais. In E. C. Miguel (Ed.). *Transtornos do espectro obsessivo-compulsivo: diagnóstico e tratamento* (pp. 109-116.). Rio de Janeiro: Guanabara-Koogan.

Elliott, R. (1994). Addictive consumption: function and fragmentation in postmodernity. *The Journal of Consumer Policy, 17*(2), 159-179.

Elliott, R., Eccles, S., & Gournay, K. (1996). *Revenge, existential choice and addictive consumption* (comunicação pessoal por e--mail).

Finlay, M. (1989). Post-modernizing psychoanalysis/psychoanalysing post-modernity. *Free Associations, 16*, 43-80.

Freud, S. (1974). *O futuro de uma ilusão, o mal-estar na civilização e outros trabalhos* (Vol. XXI). Rio de Janeiro: Imago. (Trabalho original publicado em 1929.)

Frosh, S. (1991). *Identity crisis: modernity psychoanalysis and the self*. New York: Rutledge.

Guirado, M. (1995). *Psicanálise e análise do discurso: matrizes institucionais do sujeito psíquico*. São Paulo: Summus Editorial.

Krueger, D. W. (1988). On compulsive shopping and spending: a psychodynamic inquiry. *The American Journal Psychotherapy, 42*(4), 574-584.

Kuhn, T. S. (1996). *A estrutura das revoluções científicas*. São Paulo: Perspectiva.

Lasch, C. (1983). *A cultura do narcisismo: a vida americana numa era de esperanças em declínio* (E. Pavaneli, trad.). Rio de Janeiro: Imago. (Trabalho original publicado em 1979.)

Lasch, C. (1984). *O mínimo eu: sobrevivência psíquica em tempos difíceis*. São Paulo: Brasiliense.

Lawrence, L. (1990). The psychodynamics of the compulsive female shopper. *The American Journal Psychoanalysis, 50*(1), 67-70.

Richards, A. K. (1996). Ladies of fashion: pleasure, perversion or paraphilia. *The International Journal of Psychoanalysis, 77*, 337-351.

Rosenau, P. M. (1992). *Post-modernism and the social sciences.* Princeton: Princeton University Press.

Winestine, M. C. (1985). Compulsive shopping as a derivative of a childhood seduction. *Psychoanalytic Quarterly, 54*(1), 70-72.

Relativizando crenças teóricas[1]

Este é o capítulo com o qual encerrei minha tese de doutorado. Nele, eu deveria apresentar os resultados do meu estudo ou, pelo menos, algum tipo de "conclusão". Minha situação era um pouco embaraçosa porque eu havia chegado, por assim dizer, a "quatro resultados" – quatro versões sobre a compulsão a comprar. E isso porque meu ponto de partida – um sintoma culturalmente determinado – havia me levado a colocar em questão – a desconstruir – as próprias categorias teóricas com as quais trabalhara. Nesse sentido, os resultados mais significativos da minha tese eram de ordem epistemológica, e não clínica.

Em meu percurso, atirei no que vi, a compulsão a comprar roupas de grife, e acertei no que não vi: as várias concepções de psique

---

1 Este texto corresponde ao nono capítulo de minha tese de doutorado defendida em 1997, no Departamento de Psiquiatria da Universidade Federal de São Paulo (Unifesp), sob orientação da prof.ª dr.ª Latife Yazigi. Posteriormente, a tese foi publicada: Minerbo, M. (2000). *Estratégias de investigação em psicanálise*. São Paulo: Casa do Psicólogo. No livro, este capítulo tem o título "A matriz de desconstrução" (pp. 147-166).

e de relação psique-mundo que constituem o cerne da identidade de um psicanalista. Essa era, de fato, a minha conclusão, e não as quatro versões! De modo que, para apresentar os resultados do estudo realizado, resolvi colocar lado a lado as leituras que um personagem psicanalista faz do sintoma, de modo a ficar evidente como sua leitura depende dos pressupostos epistemológicos adotados. Eu precisaria finalizar a tese mostrando que havia desembocado numa espécie de instrumento "desestabilizador" da minha identidade teórica – desestabilizador no (bom) sentido de problematizar as relações entre teoria e clínica. Foi assim que propus a matriz de desconstrução, instrumento epistemológico que serve para abalar certezas e relativizar as crenças teóricas do psicanalista, que acaba por perder certa ingenuidade inicial.

A formação de um psicanalista é um percurso. Embora este seja interminável, em algum momento nos sentimos e nos dizemos psicanalistas. Falamos, mesmo, em identidade psicanalítica, referindo-nos à "parte" de nossa identidade que se constituiu na/por meio de uma família psicanalítica (dentro ou fora de uma instituição). Essa identidade compreende, além de filiação e transferências, um conjunto de representações que determinam o lugar a partir do qual pensamos e praticamos nosso ofício – nosso lugar de competência. As teorias que esposamos, por exemplo, são representações axiais da identidade psicanalítica em virtude de suas repercussões em termos de escuta, postura, técnica, relatos clínicos, escrita psicanalítica etc.

Ora, se de um lado as identificações são constitutivas do sujeito psíquico, de outro elas são sempre, também, restritivas: por maior que seja o repertório psíquico, ele é limitado ao conjunto das identificações. O sofrimento de que tratamos numa análise se relaciona, como sabemos, aos impasses a que conduz a adesão a certos lugares psíquicos.

Nós, psicanalistas, também aderimos às representações teóricas constitutivas de nossa identidade. Se por um lado isso é condição para analisar nossos pacientes, é também limitante: nossa apreensão clínica é determinada por essas identificações. Seria útil que o psicanalista, como o paciente, pudesse *relativizar* as representações teóricas que o constituem, ampliando, dessa maneira, as possibilidades de seu ponto de vista.

Por esse motivo, proponho ao colega um percurso de desconstrução da "identidade do psicanalista", uma *matriz de desconstrução*. Convido-o a partilhar a experiência emocional e intelectual de situar-se, frente a um mesmo problema, em lugares de competência – que são também lugares psíquicos no que concerne à sua identidade psicanalítica – *epistemologicamente* distintos. A partir desses lugares, uma série de categorias que dependem do lugar teórico-metodológico ocupado será progressivamente desconstruída. As consequências são surpreendentes no que diz respeito às possibilidades que se abrem para o benefício óbvio de seus pacientes.

O problema a ser abordado gira em torno de um sintoma apresentado por Bia em certo momento de sua análise: uma compulsão a comprar roupas de grife. Não se trata de um comportamento isolado: tudo pode valer como signo de *status* em todas as classes sociais.

> *Bia é a mais nova de cinco irmãos, tem em torno de 40 anos, casada, duas filhas, dona de casa. Quando ela tinha 2 anos, o pai abandonou a família para morar com outra mulher. Segundo ela, o pai "se esqueceu que tinha uma filha". Este fato foi vivido por ela como uma*

> *recusa, por parte do pai, em reconhecê-la como filha, com graves consequências com relação a suas referências identificatórias. A mãe, de família brasileira muito tradicional, viveu esse abandono como o fim de sua própria vida. Em seu contexto cultural, "uma mulher sem marido não é nada". Nunca mais teve qualquer vida social, cultural ou profissional mergulhada, ao que parece, em profunda depressão narcísica. A análise revelou que as referências identificatórias centrais de Bia dizem respeito à exclusão, por nós denominada, durante o processo, "sarjeta".*

A primeira fase da análise, a "fase das empregadas", revela claramente a indiferenciação eu/não eu. O objeto primário era representado por estas moças com relação às quais apresentava uma dependência extrema; esperava delas um amor ilimitado, não admitia que tivessem outro desejo que não o de servi-la, recusando-lhes qualquer autonomia. A repetição era a regra: idealização inicial, frustração e, por fim, ódio. A cada abandono, frequente em vista do controle tirânico que exercia sobre elas, Bia sentia-se morrer psiquicamente. "Ser ou não ser" era a questão. Esta fase, de luta pela sobrevivência, durou aproximadamente quatro anos. Na fase seguinte, a "fase das grifes", a questão se deslocava: "ser quem?, ser o quê?". Bia procurava desesperadamente por referências identificatórias.

Um fragmento ilustra esta fase. Bia voltou de viagem e a mala em que estavam todas suas roupas de grife desapareceu. Bia se desesperou e se desestruturou psiquicamente. Vivia "como um robô", na esperança de reencontrá-la. Descrevia-me carinhosamente os vestidos, as bermudas e os cintos que agora estavam tão longe dela. Imaginava em que aeroporto do mundo a mala poderia estar à sua espera. Depois de algum tempo, a companhia de aviação se ofereceu para pagar uma indenização. Bia recusou, pois era o mesmo que dar a mala por perdida. Neste caso, ela teria de ir à Suíça para comprar outro vestido idêntico da grife A, a Miami para achar o mesmo cinto da grife B, e assim por diante. Parecia-lhe mais viável esperar por mais algum tempo, até que a mala fosse localizada. Três meses depois a mala voltou, e a alegria de Bia só pôde ser comparada à da volta de um filho sequestrado.

Um sonho: está numa casa linda e enorme, do tipo ... *E o vento levou*.[2] Ela está prometida em casamento a um homem que não conhece. Tocam a campainha, é ele. Abre a porta e vê diante de si um homem lindo, vestindo uma capa Hermès, com uma echarpe Hermès, dirigindo um Mercedes. Ele a toma nos braços, diz estar profundamente apaixonado e promete fazê-la feliz para sempre.

A questão-problema que se coloca com base no caso diz respeito às condições de possibilidade da compulsão a comprar roupas de grife, seja no caso de Bia, seja em geral. Em outras palavras, qual a natureza da relação psique-mundo tal que um sintoma como este seja possível? Tal questão-problema não se deixa responder facilmente. Várias são as abordagens teórico-metodológicas possíveis. Identificamos na literatura quatro caminhos, situados em distintos níveis epistemológicos: quatro versões sobre a relação psique-mundo que produzem respostas diferentes, todas coerentes com os pressupostos teóricos que as fundamentam. A justaposição dessas versões tem como efeito a desconstrução da "identidade psicanalítica".

---

2 Filme de 1939, dirigido por Victor Fleming.

Uma matriz de desconstrução

A invariante dessa matriz é uma operação metodológica, a desconstrução. Rosenau (1992) a define como uma estratégia de pensamento pós-moderna que incide sobre a linguagem; visa produzir deslizamentos de sentido de modo a abrir fissuras em certezas incontestáveis, relativizando-as. Ao procurar compreender as condições de possibilidade de um sintoma, produzimos um deslizamento de sentido em todas as categorias necessárias à sua compreensão: (a) uma concepção de psique e seu corolário, a relação psique-mundo; (b) determinado "recorte de mundo"; (c) uma concepção implícita e decorrente das categorias anteriores de "fato psicopatológico". Esse deslizamento de sentido operado sobre as mesmas três categorias conduz o psicanalista a revisitar criticamente seus pressupostos, relativizando suas certezas e confrontando-se com sua inserção institucional.

Para tornar mais vivo o percurso pela matriz, proponho uma pequena ficção. Imaginemos um psicanalista que, tendo terminado sua formação em alguma instituição, atende seus pacientes e pensa sobre sua clínica. Acompanhemos, com ele, as metamorfoses pelas quais passará sua apreensão de Bia à medida que percorre a matriz de desconstrução, atentos aos efeitos do percurso sobre sua identidade psicanalítica.

Nosso colega "entra" na matriz e adota prontamente a perspectiva teórica da *primeira versão*. O pressuposto que a sustenta é um conceito de *psique* que coincide sem problemas com o inconsciente, estrutura individual comprometida pelo trauma psíquico que está "dentro" e "pertence" ao sujeito. Sua disfunção, à maneira de uma sequela, pode ser remetida à história emocional singular e se expressa por meio do sintoma.

Ele entende a *relação psique-mundo* como essencialmente projetiva/introjetiva e, dessa perspectiva, o *mundo* é (além do objeto primário) o objeto externo cujo sentido emocional nasce de "dentro", isto é, da projeção dos objetos internos.

Vê *Bia* como uma paciente que apresenta uma estrutura narcísica de personalidade cuja solução sintomática é favorecida pela cultura. Seu terror da "sarjeta" desencadeia angústias de natureza psicótica; as grifes funcionam defensivamente como uma "antissarjeta", permitindo um precário equilíbrio psíquico. A grife é um objeto externo "escolhido a dedo" sobre o qual ela projeta seus aspectos narcísicos.

Ao conceber o sintoma de Bia como solução para seus conflitos, nosso colega entende a *psicopatologia* como uma ocorrência ou um fato individual, isto é, como uma afecção do "órgão psíquico" – a personalidade –, cuja patoplastia, nesse caso, foi determinada pela cultura.

Nossa personagem se deixa conquistar pela coerência interna da primeira versão, aceitando como verdadeira a interpretação proposta para o caso Bia. Neste ponto, em que o colega poderia finalizar seu estudo caso se tratasse de uma monografia clínica, é convidado a sair do conforto de suas crenças e a mudar de perspectiva adotando, agora, os pressupostos da segunda versão. Não deixa, entretanto, de registrar o valor deste primeiro *insight*: a resposta à questão-problema é provisória! O percurso está apenas se iniciando, e outras respostas deverão surgir.

Na *segunda versão*, o psicanalista se depara com um primeiro movimento de desconstrução do conceito fundamental da psicanálise, o conceito de *psique*. Entra em cena, ao lado da família edipiana, a família sociológica e, com esta, a dimensão de historicidade da psique.

É quando ele percebe a reificação sub-reptícia do conceito de psique na primeira versão: concebida independentemente do universo sociocultural, tal psique se aproximava, inadvertidamente, de um *cérebro metafórico*. A crise de identidade se manifesta por um desconforto que logo se resolve com a desconstrução recém-operada. É claro que a psique não pode ser concebida fora da história!

Ao prazer da descoberta, segue-se um período de angústia, pois sabe que deverá elaborar e integrar, intelectual e emocionalmente, essa descoberta. Por exemplo, a noção da universalidade do Édipo com suas particularizações em cada época e lugar.

A alteração de rota promovida pelo encontro entre psicanálise e sociologia em sua compreensão do psíquico terá, ainda, consequências de vulto no que diz respeito às outras categorias da segunda versão. O *recorte de mundo* se amplia consideravelmente pela inclusão da família sociológica; a *relação psique-mundo* repousa também sobre a articulação entre esta e a família edipiana.

Do ponto de vista da *psicopatologia*, passa a ver *Bia* como um caso exemplar de *narcisismo regenerador*, sofrimento que caracteriza o mal-estar em nossa cultura. A angústia de Bia, que toma a forma do horror à exclusão – a "sarjeta" –, é constantemente tematizada pela sociedade de consumo que tem, de fato, o poder de exclusão social dos menos favorecidos. Nesse sentido, há a somação, uma potencialização entre uma problemática individual e social. A grife faz parte da constelação de elementos narcísicos que a sociedade de consumo nos oferece como reparação – ainda uma solução sintomática, como na primeira versão – aos danos narcísicos que ela mesma produz.

Passando do caso singular para o geral, percebe que a subjetividade de nossa época mostra traços acentuados de narcisismo. Apesar da satisfação em perceber que o saber psicanalítico foi requisitado e utilizado por outra disciplina, preocupa-se em ver um diagnóstico psicanalítico atribuído a uma condição social. Percebe-se diante de uma faca de dois gumes. De um lado, deve redobrar os cuidados metodológicos para não descaracterizar sua disciplina; nem por isso deve descartar defensivamente os aportes da disciplina vizinha sob algum pretexto de fácil racionalização.

O psicanalista ainda concebe a psicopatologia como uma afecção individual, mas agora admite também algum papel patogênico da própria cultura, que marca a subjetividade de todos nós. Apesar dos problemas relacionados à ideia de uma "cultura patogênica", sua crença no fato psicopatológico enquanto categoria empírica fica abalada. Percebe que o movimento de desconstrução de psique repercute diretamente em sua maneira de conceber o fato psicopatológico que fica, desde já, relativizado.

Não obstante sua angústia, ou graças a ela, o psicanalista acaba por elaborar esse momento crítico repensando suas referências teóricas. Curiosamente, sente-se fortalecido em sua identidade; seu pensamento parece abarcar melhor a complexidade; sente-se um pouco menos ingênuo; mostra-se, ademais, capaz de abandonar certo grau de dogmatismo e rigidez. Entretanto, a leitura da tese não terminou. O psicanalista se vê convidado a prosseguir, adotando agora uma terceira perspectiva.

Na *terceira versão*, o psicanalista se dá conta de que o processo de desconstrução do conceito de psique avançou mais um passo. Não apenas a subjetividade recebe as marcas da época como, radicalizando essa proposição, não há *psique* fora da cultura e das instituições daquela época. Em outras palavras, elas são as próprias *matrizes do sujeito psíquico*.

Simultaneamente à desconstrução do conceito de psique, vê a concepção de *mundo* tornar-se mais complexa e abstrata. Mundo, nessa versão, são os sistemas simbólicos instituídos que nos precedem e constituem o fundo de nossa vida psíquica. Firmemente guiado pelo caso Bia, o psicanalista aceita considerar os aportes de outra disciplina vizinha, a antropologia. Não há como escapar ao estudo da sociedade de consumo, particularmente a publicidade, enquanto sistema cultural, tanto em sua dimensão simbólica como na imaginária.

Ele vê a *relação psique-mundo* progredir rumo à desconstrução da dicotomia entre essas duas categorias. Não cabe mais afirmar, como na versão anterior, que "as condições socioculturais afetam o desenvolvimento psíquico", já que essa afirmação pressupõe, de alguma maneira, duas entidades relativamente independentes que se articulam, somam ou potencializam. O psicanalista reavalia criticamente os vários graus de dicotomia entre psique e mundo implícitos nas versões anteriores, responsável por alguns dos limites e contradições apontados.

A relação psique-mundo agora é concebida como uma continuidade entre "dentro" e "fora" propiciada pela linguagem. O sujeito psíquico se constitui no seio das instituições, por meio de um *contrato narcísico* firmado com elas. De um lado, garantem-lhe referências identificatórias; em troca se compromete a reproduzir seu discurso. O psicanalista reconhece aqui outra versão – uma releitura – do conceito de identificação, diferente da primeira versão, em que a instituição tem um papel ativo na constituição do sujeito psíquico.

Delineia-se, também, um novo sentido para a grife que ressurge, nesta versão, como significação instituída. É a publicidade, enquanto sistema simbólico, que estabelece a equação grife = nome, conferindo-lhe o poder de nos dizer quem somos e funcionando, em algum grau, como referência identificatória para todos nós. Não é mais Bia que cria projetivamente a grife (versão I), mas a grife que cria Bia (suas referências identitárias).

Esse novo cenário lhe permite, certamente, outro olhar sobre *Bia* e seu sintoma: a sociedade de consumo a resgata da "sarjeta" graças à grife. Ela recebe dessa instituição a maior parte de suas referências narcísicas, mas paga o benefício auferido com a quase totalidade de seu espaço psíquico. A grife está dentro de Bia sustentando sua identidade, funcionando como uma espécie de prótese psíquica. Bia não vive mais sem elas: está completamente dependente, viciada.

Nesta altura da terceira versão, nosso colega se dá conta, novamente, do intenso desconforto que experimenta; reconhece, provavelmente, estar atravessando mais um momento crítico no que diz respeito à sua identidade enquanto psicanalista. É que sua crença no *fato psicopatológico* enquanto entidade nosológica empírica está definitivamente abalada. Não pode mais vê-lo como afecção do órgão psíquico individual que se intensifica em condições socioculturais adversas. Um terceiro movimento de desconstrução deixou escancarada a relação visceral entre psicopatologia e linguagem. Seu olhar já não se detém apenas sobre Bia e seu sintoma; já não pode isolar, como o fez acompanhando as versões anteriores, a paciente desse sistema simbólico específico. Como se não bastasse, a esse novo olhar, o sintoma de Bia mostra-se também como um sintoma de nossa cultura, e, portanto, de todos nós, inclusive do próprio psicanalista!

Nosso colega percebe o quanto se afastou da ideia de que a cultura seria um mero elemento da patoplastia, moldando aspectos acessórios do sintoma. Acaba, também, de reformular o sentido em que a cultura pode, com legitimidade, ser dita patogênica: é que cada cultura traz, em seu bojo, as condições de possibilidade da psicopatologia. Essas condições se atualizam, isto é, se tornam positivas, quando o sujeito psíquico individual estabelece um contrato de exclusividade com determinada instituição, como é o caso de Bia.

Apesar de persistir, ainda, a penosa sensação de ter sido abalado em suas certezas, é com alívio que o psicanalista reconhece ter deixado de responsabilizar ("culpar") o inconsciente de Bia pelo sintoma. Até certo ponto, ela é vítima, como todos nós, de uma instituição poderosa que necessita, para sobreviver, de apropriar-se do espaço psíquico de todos. Sua história de vida apenas fez dela uma presa mais fácil – porque mais vulnerável do que o consumidor comum – das malhas dessa instituição. Sua escuta se torna subitamente sensível a certas falas de Bia, como "eu sou como todo mundo, e querem que eu acredite que sou louca" ou "a família de meu marido só respeita quem é alguém nesta vida".

Alivia-se também ao perceber que, apesar das possibilidades que se abrem em sua escuta, não precisa abandonar a distinção entre normal e patológico; tampouco é necessário negar a importância do diagnóstico psicanalítico, cuja utilidade na condução do processo analítico ele bem conhece. Basta redefinir esses conceitos, agora não mais como um exagero de traços normais – definição meramente descritiva que não seria coerente com os pressupostos mais básicos de qualquer psicanálise –, mas como uma relação de dependência total e exclusiva relacionada à psique institucional e dissenso simbólico. Dessa nova perspectiva, Bia continua sendo "doente"; por outro lado, todos nós, em momentos de maior vulnerabilidade, podemos nos tornar mais dependentes do consumo para equilibrar nossa homeostase narcísica.

Essas conclusões têm repercussões imediatas no campo da ética e da terapêutica. No que diz respeito à ética, se agora não é mais possível "culpar" Bia por seu sintoma, também não deseja nem pode abandonar a ideia de responsabilidade psíquica visada pela psicanálise, sintetizada pelo conceito de posição depressiva.

Ao normatizar e institucionalizar certas formas de ser, como a voracidade e o narcisismo, a sociedade de consumo procura desqualificar a própria ideia de responsabilidade psíquica, dificultando-a efetivamente.

Nosso colega deverá considerar também a possibilidade de áreas de ineficácia terapêutica, uma vez que a própria psicanálise pode ser transformada em grife. Paciente e analista – ambos psiquicamente dependentes das instituições do consumo – não têm como escapar à lógica simbólica que opera transformando absolutamente tudo, desde um relógio até o próprio exercício profissional, em sinal de prestígio pessoal. Instituições de ensino, analistas com quem se formou, autores e temas estudados, tudo pode assumir, no espaço psíquico do analista, a mesma função que as grifes para Bia.

Assim, em plena crise identitária, o psicanalista deve avaliar criticamente a natureza do contrato narcísico que ele mesmo estabelecera, até então, com a instituição psicanalítica. É quando tem um novo *insight* e percebe que, em troca de um saber sólido e confiável sobre o qual estruturar sua identidade psicanalítica, havia reproduzido, sem o questionar, o discurso instituído no que diz respeito ao conceito central de sua disciplina. Não lhe passava pela cabeça questionar, de um ponto de vista epistemológico, o conceito de psique enquanto estrutura individual e localizada "dentro" do sujeito. Consequentemente, jamais lhe ocorrera considerar que as condições de possibilidade para a psicopatologia de Bia são inextricáveis da cultura/linguagem.

Agora percebe que a solidez, maior ou menor, do saber sobre o qual se apoia sua identidade, depende diretamente do grau de complexidade teórica que puder tolerar; a confiabilidade de seu instrumental passa necessariamente por uma reflexão epistemológica sobre os fundamentos de sua disciplina. Quanto maior for sua necessidade de simplificar a teoria, mais frágil serão os pilares que a sustentam. O caso Bia propõe questões que lhe exigem outros instrumentos teóricos, além daqueles que a instituição havia oferecido como os únicos possíveis.

Tomando distância e encaminhando-se para a resolução da crise, nosso colega percebe que o inconsciente não é um objeto natural, mas um recorte operado pelo método psicanalítico sobre o campo da linguagem. Em outras palavras, a psicanálise detém o monopólio, não sobre uma realidade natural, o inconsciente, mas sobre o método que cria este objeto de estudo e de intervenção terapêutica. Uma conclusão desse tipo fere os interesses da instituição na medida em que seu objeto e seu âmbito de ação ficam ameaçados.

Antes desse percurso, acreditava que a instituição lhe dava plena liberdade de movimentos ao abrir um leque de opções entre uma aproximação freudiana, kleiniana, bioniana, kohutiana, winnicottiana, greeniana, laplanchiana, fedidiana e outras, no que diz respeito à clínica. Embora essa liberdade permita também várias abordagens para o caso Bia, a maior parte delas esposa um conceito de psique enquanto estrutura individual que "pertence" ao sujeito (versões I e II). Assim, não representam qualquer risco para a instituição; ao contrário, seu saber sobre o inconsciente se naturaliza. A pseudoliberdade oferecida acaba por reforçar a inércia mental do analista da mesma maneira que oferece ao consumidor a opção entre os produtos A, B, ... Z; a sociedade de consumo procura tornar impossível pensar de outra forma.

Nesse sentido, uma eventual matriz de autores não teria o mesmo efeito crítico que a matriz desconstrutiva. Ao passar de uma versão para outra, não veria seus pressupostos questionados nem suas certezas relativizadas. Teria, provavelmente, uma experiência de ecletismo e concluiria, acertadamente, pela relatividade de todo saber. Mas correria o risco de acreditar que a teoria é inútil ou que todos os autores se equivalem, passando a produzir seu próprio conhecimento *ad hoc*, acrescentando seu próprio nome à matriz.

Ainda, numa matriz de autores, o sentido assumido por cada objeto – por exemplo, o sentido do patológico em psicanálise, ou o sentido da grife – não se modificaria em absoluto. Ao contrário, a certeza de que a patologia se aloja "dentro" de Bia seria reforçada assim como a certeza de que a grife é um objeto empírico cuja ontologia não está em discussão. Não teria a experiência simultânea de desconstrução dos objetos/relatividade de suas certezas, ambas promovendo uma saudável e temporária crise de identidade psicanalítica.

Ao fim da terceira versão, nosso colega perdeu de vez sua ingenuidade teórica; está, sem dúvida, satisfeito com o desenvolvimento alcançado. Por outro lado, angustia-se por saber que deverá assumir a responsabilidade de um exercício clínico bem mais complexo do que imaginara. Para ser fiel a tudo o que descobriu, deverá encontrar uma maneira de promover a integração entre um trabalho clínico com o inconsciente do paciente, mas agora considerando duas novas frentes: a instituição psicanalítica e o próprio real.

Nosso psicanalista, cujo percurso pela matriz de desconstrução estamos acompanhando, entende que acaba de passar por um breve processo analítico, a julgar pelo efeito interpretativo experimentado, em tudo comparável ao efeito que suas interpretações produzem em seu paciente. Este se limita, evidentemente, à área de sua identidade que se constituiu na e pela instituição psicanalítica. Com o último *insight*, relativo à efetiva complexidade de seu trabalho, ele se vê diante da clínica enquanto objeto total; suas especulações sobre a possibilidade de incluir o real e guiar-se pelo método em suas interpretações correspondem, por assim dizer, à posição depressiva; ele compreende, enfim, por que o ofício do psicanalista tem sido considerado, desde Freud, uma "atividade impossível".

Nosso colega cedeu parte de sua sustentação identitária em seu percurso pela matriz na medida em que aceitou ser, temporariamente, três psicanalistas diferentes; simultaneamente, experimentou realidades distintas: as três aproximações ao caso Bia. Ao fim do percurso recuperou, ao que parece, sua identidade psicanalítica fortalecida. A mobilidade recém-adquirida por seu pensamento, que pode agora transitar por qualquer uma das versões apresentadas, é sinal de cura. Em outras palavras, relativizou suas certezas teóricas sem, contudo, dispensar a teoria. Não se transformou num iconoclasta, mas já não tem crenças sagradas e intocáveis. Conseguiu alguma autonomia com relação à instituição sem, contudo, romper com ela. Ganha o analista e ganha o paciente.

Confortável em sua identidade psicanalítica, agora está pronto e aberto a novas experiências, curioso com a possibilidade de uma *quarta versão*. Já não teme tanto as eventuais crises identitárias que porventura tenha de enfrentar.

O percurso pela matriz de desconstrução se inicia, como sempre, com mais um passo na desconstrução do conceito de *psique*, agora bastante radical. Psique é a ordem de determinação das significações operantes em dada época e cultura. A própria linguagem, que na versão anterior precede e funda o sujeito psíquico, está sendo tomada em sua positividade, admitindo seu próprio campo de determinações que é o inconsciente de nossa época.

Nosso psicanalista experimenta novo desconforto em sua identidade. Na versão III, a linguagem estruturava o inconsciente e, agora, lhe propõem passar da água para o vinho e tomá-la como positividade. Felizmente, sua curiosidade é maior, e aceita, com relutância, a ideia de algo "anterior" à própria linguagem, o inconsciente de uma época. As aspas designam uma anterioridade lógica, uma vez que só há psique encarnada nas coisas do mundo, o que inclui a linguagem. Psique é a forma lógico-emocional do mundo, e *mundo* é a forma positiva da psique. Essa fórmula sintetiza também o que se entende por *relação psique-mundo*. O derradeiro movimento de desconstrução dessa categoria abole definitivamente qualquer ranço de dicotomia entre psique e mundo, implodindo com a própria ideia de anterior e posterior. Mas qual poderia ser a vantagem dessa nova transmutação do conceito de psique?

Ao adotar o ponto de vista que considera o inconsciente de uma época, toma distância da sociedade de consumo e do caso Bia para olhar para o "mundo", já que tudo é forma positiva da psique. Graças a este novo olhar, que lhe permite uma visão de conjunto, constata que há, em nossa época, inúmeros sintomas culturalmente determinados e que Bia é um caso entre outros. A bulimia e anorexia nervosa são bem conhecidas, mas subitamente percebe quantos comportamentos comuns, cotidianos, podem se transformar em verdadeiros vícios. Acode-lhe à memória o caso daquela sua paciente que parecia viciada em sexo e que, depois, trocou os parceiros sexuais pela parceria – também viciada – com o computador.

O psicanalista passa a se perguntar o que poderia estar determinando esse modo de ser que transcende as instituições particulares no seio das quais se estruturou a singularidade do sujeito psíquico. Interessam-lhe as condições de possibilidade de uma forma de subjetividade tão propensa a viciar-se em certos comportamentos. Assim, em lugar de investigar cada sistema simbólico em particular, pergunta-se pela lógica inconsciente de nossa época – talvez uma nova forma simbólica – subjacente e fundante de um modo de ser que atravessa todo o tecido social, todas as instituições e, obviamente, o sujeito psíquico singular.

A dimensão social-histórica do inconsciente ou imaginário radical da pós-modernidade opera mediante uma lógica que promove um divórcio entre o ato e a finalidade que visava atingir. O conceito de ato puro diz respeito a uma nova lógica simbólica, típica do império da imagem, que se encarna e ganha positividade numa nova forma psicopatológica, a psicose de ação. Nesta, a representação já não se sustenta apenas como representação psíquica, coagulando-se em forma de ato e requerendo sua repetição contínua para sobreviver. Nesse sentido, o ato puro difere radicalmente do *acting out*, que está no lugar da representação e tem valor simbólico.

O ato puro, sintoma da crise da representação, está relacionado à excessiva visibilidade do processo de fabricação do cotidiano pelos sistemas de produção de imagem. Por minar cada vez mais a credibilidade na representação, essa nova condição da realidade, a hiper-realidade, acabou por levar a representação a ter de se refugiar no ato, de cuja concretude e eficácia não se pode duvidar. A lógica do ato puro opera, pois, transformando a representação em ato. Uma vez desvinculado de suas finalidades, ganha autonomia e nada o impede de proliferar infinita e loucamente até voltar-se contra o sujeito da ação.

Neste ponto, nosso colega retorna a suas observações cotidianas e reconhece essa mesma lógica em outros "vícios" contemporâneos. O ato de comprar, que em outras épocas seria um meio necessário para se atingir uma finalidade qualquer, tornou-se um fim em si mesmo. Ele entende que as representações da identidade do sujeito que se constitui no seio desse imaginário, estando agora alocadas no ato, sustentam-se mediante sua repetição. Em outras palavras, a finalidade do ato é, agora, sustentar a identidade do sujeito: "faço, logo sou".

Num novo movimento de desconstrução, ele se dá conta de que a *psicopatologia* atinge o inconsciente da época e apenas "secundariamente" pessoas e instituições. É patológica a restrição das formas de ser possíveis, determinadas por lógicas diversas, a uma única lógica, a do ato puro. Nesse sentido, invertendo a proposição da versão anterior, Bia não é a exceção alienada. Ao circunscrever a alienação a uns poucos indivíduos a versão anterior opacifica outra verdade: nós todos somos a regra e não há exceção. Não há como escapar ao inconsciente que determina o modo de ser psíquico de tudo e todos em cada época. Por ser um tipo exemplar, Bia denuncia a forma de ser do mundo em que vivemos, e não apenas da sociedade de consumo.

Ele agora se pergunta: como compreender a direção, tão variável, que o ato puro pode assumir nesses vários comportamentos? E por que *Bia* compra grifes e não panelas? E então o psicanalista percebe que todas as formas de ato puro estão ligadas, de alguma maneira, ao narcisismo. A dieta e o exercício visam o corpo enquanto ideal estético ou máquina bem cuidada; a internet representa a inserção prestigiosa na era da informática; trabalho e dinheiro representam poder e, portanto, prestígio para o homem; o prazer, a felicidade e a alegria são emoções prestigiosas que podem estar representadas por sexo, comida, bebida, drogas, lazer; mesmo a violência gratuita pode funcionar como sinal de prestígio para gangues de adolescentes; a grife é sinal de prestígio social. Quanto às panelas, há as de grife e as meramente funcionais – caso em que não poderiam se transformar em mote do ato puro já que não apresentam valor narcísico para o sujeito. O psicanalista percebe que os "conteúdos" do ato puro são contingentes e "secundários" com relação à lógica que os determinam.

Do ponto de vista da quarta versão, ele compreende a compulsão a comprar roupas de grife como um *delírio em forma de ato*, já que o ato puro é uma representação em ato. *Bia* não pensa que é Calvin Klein, o que poderia corresponder a um novo conteúdo para o tão conhecido delírio de nobreza ou grandeza. Caso ela assim pensasse, estaria criando uma representação de si, embora delirante. Bia experimenta a necessidade incompreensível e irredutível (ela pertence a uma camada social privilegiada) de provar sua inserção social. Na impossibilidade – em função da fragilidade da representação na era da imagem – de criar representações mentais, a solução é preencher o vácuo com atos-representação: a compra compulsiva da roupa Calvin Klein. Em duas palavras, as representações de nobreza estão alocadas no *ato* de comprar grifes.

Ora, diz nosso colega, todo esse esforço apenas para conseguir uma quarta maneira de olhar para Bia? Bastante interessante, não se pode negar, mas agora esta autora inventará uma quinta, uma enésima versão?

Entretanto, quando ele dirige seu olhar para a diversidade de comportamentos que, quando atravessados pela lógica do ato puro, podem transformar-se em formas de *psicose de ação*, sua decepção se desvanece. O psicanalista compreende que a perspectiva teórica adotada na quarta versão fez surgir diante dele, da interpretação do caso Bia, um novo fato psicopatológico específico da pós-modernidade, o delírio em forma de ato.

Neste ponto, nosso psicanalista precisa ser muito cuidadoso. Não é improvável que, entusiasmado com essa descoberta, passe a acreditar que, finalmente, alguém descobriu a verdadeira natureza do mal que afeta Bia e outros que, como ela, padecem de sintomas culturalmente determinados. Ninguém está completamente a salvo de vir, um dia, a atribuir um valor de verdade a uma descoberta qualquer, apesar das reiteradas afirmações em contrário. É que a transferência com esse ou com aquele autor pode nos pregar uma peça recobrindo com um caráter de certeza e verdade o que é apenas relativo.

Todo seu esforço em percorrer essa matriz teria sido inútil, caso não pudesse, ele mesmo, desconstruir e relativizar a verdade que acaba de descobrir acerca da *psicose de ação*. E é justamente isso o que nosso psicanalista vai fazer, prosseguindo em seu percurso.

"Então é assim que se fazem as descobertas!", pensa ele, ainda mais entusiasmado do que antes. Adota-se um novo olhar e novos fatos se materializam diante do observador! Volta-se ao olhar anterior, e o fato desaparece! Os fatos são, portanto, relativos, isto é, dependem radicalmente do olhar do observador. Com isso, pondera ele, é o próprio caso Bia que está sendo, finalmente, desconstruído enquanto "caso clínico". A cada versão, tratava-se, afinal, de outro "caso Bia"; por um efeito de superfície, parecia ser a invariante que atravessa todas as versões.

Não se trata, evidentemente, de negar a materialidade do fato, já que o caso Bia realmente conduziu o psicanalista da primeira à última versão. Trata-se de não perder de vista que, quando apresentamos um caso, estamos sempre apresentando uma versão do caso; que toda versão, bem como o diagnóstico que se possa fazer sobre um caso (ou se recusar a fazer), contém, necessariamente, o olhar teórico do psicanalista.

Retomando a última versão, o psicanalista reconhece que Bia "é um caso de psicose de ação". As aspas indicam que:

- ele tem plena consciência de que não há casos puros, mas uma combinação variável de elementos de várias patologias, entre as quais agora figura a psicose de ação. Ao refletir sobre sua clínica e a de seus colegas, ele reconhece, no modo de ser de vários pacientes, traços mais ou menos acentuados dessa patologia: "casos" de psicose de ação;

- ele já está suficientemente "escolado" para saber que esse novo fato psicopatológico só tem realidade dentro desses pressupostos teóricos. Sabe perfeitamente que não há uma entidade nosológica empírica denominada *psicose de ação*. Está pronto a desconstruir imediatamente o caráter de verdade que ele mesmo poderia ser tentado a lhe atribuir: o "é" da frase significa, no que diz respeito à psicose de ação, uma ontologia relativizada.

Apesar disso, não se sente absolutamente lançado num ceticismo cínico ou paralisador. Ao contrário, está plenamente comprometido com o valor da quarta versão e, ao mesmo tempo, é perfeitamente capaz de contextualizá-la. Afinal, sabe que não é pouca coisa propor uma nova maneira de olhar para Bia e para outras pessoas que, como ela, sofrem por apresentar sintomas culturalmente determinados. Ao nomear esse novo fato psicopatológico *psicose de ação*, ele (o fato) passa a ter direito de cidadania. Nomear é o primeiro passo, absolutamente fundamental, para que um fenômeno possa existir e, portanto, ser estudado.

Ao reunir um conjunto de observações esparsas a respeito da forma psicopatológica específica da pós-modernidade em torno de uma lógica comum (a lógica do ato puro), denominando-a *psicose de ação*, abre-se um campo prospectivo para novos estudos. A possibilidade de inserir sintomas com aparências diversas numa mesma linhagem nosológica parece justificar a criação de um nome. O trânsito do geral para o particular, e vice-versa, pode agora ser efetuado. É evidente que, se essa categoria nosológica não se mostrar produtiva, será simplesmente abandonada. É com alento e esperança que o psicanalista vê essa abertura em vista da incidência crescente de pacientes que o procuram com sintomas dessa natureza.

Ao fim de seu percurso pela matriz de desconstrução, nosso colega já percebeu que não encontrará qualquer conclusão do tipo "a compulsão a comprar é...". Ele já entendeu que a essência do método gerador da matriz que acaba de percorrer é, justamente, manter em aberto as possibilidades interpretativas, recusando sentenças que pretendam expressar qualquer verdade ontológica sobre o fenômeno em questão.

Ao contrário, acaba de concluir que a verdade é sempre relativa ao arcabouço conceitual com o qual o observador se aproxima do fenômeno a ser estudado. É o olhar do observador que permite interpretar o comportamento de Bia como "exagero", "compulsão", "adição" ou "psicose de ação". Outras verdades poderiam se alinhar a estas. Por exemplo: possessão demoníaca ou disfunção de neurotransmissores, cada qual em perfeita coerência com o quadro conceitual empregado.

Desde essa perspectiva, ele se rende à evidência de que não há, nem haverá, um critério último, objetivo, para decidir qual das quatro interpretações correspondem de maneira unívoca à verdade, à realidade última do comportamento de Bia. Ao contrário, reconhece que há apenas *interpretações*, as quais remeterão sempre às teorias que as tornaram possíveis. O que não significa, evidentemente, que não haja interpretações melhores, mais abrangentes, e/ou mais sofisticadas do que outras, caso em que o critério hierárquico será sua utilidade: melhor porque é mais útil, e não porque é mais verdadeira.

Nosso colega parece decepcionado. Como psicanalista, já sabia que nenhuma interpretação apreende a essência ou verdade final do paciente. Além disso, essas conclusões já estavam, de certa maneira, pressupostas no capítulo sobre metodologia. Aos poucos, contudo, percebe que há uma grande diferença entre saber e SABER. Saber é ter conhecimento intelectual; SABER é se apropriar emocionalmente de um saber por meio da *experiência vivida*, como ela acaba de ser descrita. SABER é sempre um encontrado-criado (a expressão é de Winnicott) e implica em conseguir criar a partir de si mesmo o que já estava ali para ser encontrado.

Referência

Rosenau, P. M. (1992). *Post-modernism and the social sciences.* Princeton: Princeton University Press.

Sugestões de leitura

Aulagnier, P. (1979). *A violência da interpretação: do pictograma ao enunciado.* Rio de Janeiro: Imago.

Baudrillard, J. (1991). *A sociedade de consumo* (A. Morão, trad.). Lisboa: Edições 70. (Trabalho original publicado em 1970.)

Baudrillard, J. (1972). *Para uma crítica da economia política dos signos.* Rio de Janeiro: Elfos Editora.

Castoriadis, C. (1975). *L'institution imaginaire de la société.* Paris: Éditions du Seuil.

Costa, J. F. (1986). Sobre a geração AI-5: violência e narcisismo. In J. F. Costa. *Violência e psicanálise* (pp. 117-188). Rio de Janeiro: Edições Graal.

Guirado, M. (1995). *Psicanálise e análise do discurso: matrizes institucionais do sujeito psíquico.* São Paulo: Summus Editorial.

Herrmann, F. (1992). *O divã a passeio.* São Paulo: Brasiliense.

Herrmann, F. (1997). *Psicanálise do quotidiano.* Porto Alegre: Artes Médicas.

O método psicanalítico em Freud[1]

Em 2002 e 2003, já tendo "perdido a ingenuidade", fiz esta releitura de uma vinheta clínica de Freud, da época de seus estudos sobre a histeria. Em vez de reinterpretar o material clínico à luz de outras teorias (kleiniana, bioniana, lacaniana etc.), minha releitura se pautou em uma metateoria (Herrmann, 2001) – uma teoria sobre como funcionam as teorias. Minha intenção era mostrar que, ao lado do conteúdo das interpretações e, precisamente, em função delas, opera-se a desestabilização de uma identidade cristalizada. É ela – a desestabilização – que vai promovendo a tão almejada mudança de posição subjetiva do analisando. Articulo, pois, a dimensão de interpretação dos conflitos com a dimensão processual da análise. São dois planos distintos, mas finamente articulados. O resultado me pareceu interessante porque permite ao clínico relativizar o valor do insight *promovido pelo* conteúdo *de cada*

---

1 Publicação original: Minerbo, M. (2003). O método psicanalítico de Freud. *Revista Brasileira de Psicanálise, 37*(2/3), 271-278. Também está em: Monzani, J., & Monzani, L. R. (Org.). (2008). *Olhar: Fabio Herrmann – uma viagem psicanalítica.* São Paulo: Pedro e João Editores (publicação do Centro de Educação e Ciências Humanas da Universidade Federal de São Carlos, São Paulo).

interpretação, em favor de intervenções que favoreçam uma mudança de posição subjetiva.

Este texto foi publicado em 2003 na *Revista Brasileira de Psicanálise* e, em 2008, na obra *Olhar: Fabio Herrmann – uma viagem psicanalítica*, uma coletânea de artigos escritos em homenagem a Fabio Herrmann. Trata-se de uma releitura de uma miniatura clínica de Freud (1996[1894]) feita à luz da teoria dos campos (Herrmann, 2001). É claro que Freud não conheceu Fabio Herrmann. Mas Herrmann conhecia Freud e tentou desentranhar do coração da clínica freudiana a lógica que move o espírito do mestre em sua descoberta.

Em outras palavras, Herrmann tentou interpretar Freud, não no sentido de fazer sua análise, mas de mostrar que havia método em seu fazer. A palavra método pode não ser bem-vinda quando se trata de ciências humanas, especialmente em pleno século XXI. A menos que signifique simplesmente, como queria Herrmann, "caminho para um fim". A questão que o move na primeira parte de *Andaimes do real: o método da psicanálise* (2001), primeiro livro da obra que veio a ser conhecida como teoria dos campos, é: como Freud descobre o que descobre? Qual é o método embutido em seu fazer clínico e como resultou na obra que conhecemos? Qual foi o caminho que ele percorreu que outros depois dele percorreram e que continuamos a percorrer todos os dias?

Freud descobre o que descobre interpretando. Mas o que é interpretar? No livro citado, o autor descreve de maneira precisa e rigorosa a operação metodológica implícita no ato psicanalítico inventado por Freud. Denomina essa operação *ruptura de campo*. A melhor maneira de apreender esse conceito é vê-lo funcionando na clínica. Pretendo fazer o exercício de identificar os passos metodológicos do processo de ruptura de campo utilizando uma miniatura clínica de Freud, extraída de *As neuropsicoses de defesa* (1996[1894]).

Em 1894, a teoria psicanalítica estava apenas nascendo. Freud dispunha apenas de dois conceitos: conflito e defesa contra ideias sexuais inaceitáveis. No entanto, ele já havia criado o método, uma vez que já interpretava. Por isso mesmo esta miniatura nos serve para demonstrar que a lógica que orienta o fazer analítico independe do grau de elaboração e detalhamento da teoria e está numa relação dialética com ela: a interpretação produz teoria, e a teoria, mesmo mínima, cria condições para a interpretação.

Vamos ao texto:

> *Uma jovem esposa, que tivera apenas um filho em cinco anos de casamento, queixou-se a mim de que sentia um impulso obsessivo de atirar-se pela janela . . . e do temor de apunhalar seu filho que a acometia quando via uma faca afiada. Admitiu que raramente ocorria o intercurso conjugal, sempre sujeito a precauções contra a concepção, mas afirmou que não sentia falta disto por não ser de natureza sensual. Nesse ponto aventurei-me a dizer-lhe que à vista de um homem ela tinha ideias eróticas, e que, portanto, perdera toda a confiança em si própria e se considerava uma pessoa depravada, capaz de qualquer coisa. A tradução da ideia obsessiva em termos sexuais foi um êxito. Em lágrimas, ela imediatamente confessou a pobreza de seu casamento . . . e também ideias angustiantes de caráter sexual tal como a sensação, frequentíssima, de que alguma coisa a forçava por sob sua saia. (Freud, 1996[1894], pp. 69-70)*

82   O MÉTODO PSICANALÍTICO EM FREUD

Imaginemos a cena com base no relato clínico. Uma mulher procura um médico. Traz uma queixa, sintomas. Ele escuta tudo com atenção, tudo lhe interessa. Além de escutar, observa a mulher, seu comportamento, seu tom de voz, como vem vestida. Entre os dados da anamnese, há um que chama sua atenção. Um único filho em cinco anos de casamento não é usual ao fim do século XIX.

Podemos nos deter aqui para identificar o primeiro movimento essencial do método psicanalítico: uma escuta peculiar. Embora a paciente traga um assunto como o principal (os sintomas), o analista, cuja escuta é sensível e treinada, presta atenção aos elementos secundários e marginais à conversa. É o inverso do que faríamos numa conversa regida pelo senso comum, em que nos concentramos no tema proposto. Poderíamos até estranhar que esse casal tenha tido apenas um filho (será que eles transam?), mas passamos por cima disso. Não queremos embaraçar o interlocutor nem desviar do assunto principal. Já o analista se detém justamente nesses detalhes marginais da conversa. *Toma-os em consideração* porque indicam áreas potencialmente conflituosas do ponto de vista emocional. O ato de tomar em consideração esses elementos secundários, porém carregados emocionalmente, já é interpretar. Mais precisamente, esse ato é parte do processo interpretativo, também denominado por Herrmann ruptura de campo.

O nome ruptura de campo talvez não seja muito bom. Dá a ideia de algo abrupto e violento, quando se trata de um processo delicado. Dá a ideia de algo que se rompe, que se abate sobre a cabeça do pobre paciente, ou que se subtrai de sob os seus pés quando mal se equilibra. Na verdade, a interpretação que levará à ruptura de campo consiste em palavras, muitas vezes, retiradas do próprio discurso do paciente, que produzem um redirecionamento na conversa, uma mudança de rota, um desvio sutil para outro campo. Nem um aprofundamento do tema, nem uma confirmação de uma "hipótese" do analista, mas um transporte da fala para adiante. Retornaremos a isso.

Continuando nossa ficção, Freud não deixará passar batido o elemento que lhe provoca estranheza. Evidentemente, essa escuta peculiar que faz ressaltar, do discurso da paciente, o elemento "apenas um filho", não é uma escuta ingênua, mas informada por uma teoria: Freud já sabe que a vida sexual é potencialmente conflituosa e que o par conflito/defesa é o fator patogênico nas neuroses.

Abrimos, aqui, espaço para mencionar as possíveis variantes do método psicanalítico. Estas se concentram em duas áreas. Podem variar as teorias que informam o analista e que fazem que certos elementos – e não outros – destaquem-se à sua escuta. E pode variar a técnica utilizada no modo de tomar em consideração esses elementos. A técnica pode consistir num toque sutil, do tipo "um único filho?", ou numa colocação mais crua, como "como vai sua vida sexual?". Ou mesmo num silêncio, quando o analista opta por nada dizer naquele momento. As variações técnicas dependem, por um lado, da personalidade do analista. E, por outro, do estilo do paciente. Para cada paciente, em cada momento, a eficácia da interpretação dependerá do estilo adotado pelo analista em sua formulação. É o que conhecemos por teoria da técnica.

Como dizíamos anteriormente, o fato de *tomar em consideração* os elementos marginais do discurso dá início ao processo interpretativo. O processo terminará quando vier à luz a lógica emocional – portanto, o "setor" do inconsciente, ou campo –, que determinava o sintoma, momento em que analista e/ou paciente poderão formular numa *sentença interpretativa* o produto da *ruptura de campo*. Foi exatamente o que ocorreu ao final de nossa miniatura clínica.

Qualquer conversa se dá em determinado *campo*. No caso que estamos acompanhando, as *regras inconscientes do campo intersubjetivo* (transferência-contratransferência), que sustentam e permitem que os dois interlocutores se entendam, diz respeito a sintoma, etiologia, diagnóstico, loucura, entregar-se aos cuidados de outrem, tratamento, alívio, cura, sequela etc. Os interlocutores dominam o código simbólico que rege a conversa: trata-se do campo da medicina. Não poderia ser de outra maneira, se ela está relatando a um médico seus sintomas. Portanto, campo é exatamente esse conjunto de pressupostos inconscientes que sustenta e determina aquilo que acontece – agora em nível consciente, já que se trata de um diálogo – com esses dois interlocutores. A menos que um deles (o médico, no caso) desconfie desses sentidos predeterminados. E por que desconfiaria? Porque essa postura é parte do método. É algo que todo psicanalista faz, é uma invariante. Ele aposta na existência de "outro campo" em que tais queixas também fariam sentido, porém um sentido não médico.

Que "outro campo" é este? Há representações de um campo que pertencem também a outro e que podem, por isso mesmo, promover a passagem de um campo a outro, desconhecido (ruptura de campo). Um exemplo banal: o paciente se queixa de dor de cabeça; a palavra dor pertence ao campo da medicina. O analista aponta em sua interpretação um sentido metafórico da dor de cabeça: preocupação. Pronto, saímos do campo da medicina, dor física, e fomos para outro em que a dor é psíquica. O paciente pode agora continuar falando de preocupações e sofrimentos de outra ordem. Rompeu-se o campo da medicina, sua fala foi transportada para outro campo. Vê-se que dizer "preocupação" ao paciente que se queixava de dor de cabeça nada tem de violento, nada se abate sobre o paciente, embora possa ser surpreendente – e espera-se que a interpretação o seja.

Assim, quando Freud escuta a paciente dizer "estou louca" (sabemos que ela não disse isso, mas foi o que Freud escutou), o método o obriga a supor que a palavra "louca" pode ser entendida em outros campos, adquirindo sentidos diferentes conforme o campo. Além do sentido óbvio de "doença mental", que a própria paciente traz (apunhalar o filho, jogar-se pela janela), a interpretação faz surgir um novo sentido, que nenhum dos dois podia supor: a loucura no campo da sexualidade (sentir desejo por outros homens). Freud deu o nome de "deslocamento" ao mecanismo psíquico que promove a passagem de um campo a outro, de um sentido a outro, graças à mediação de um significante comum a ambos: a palavra "louca".

Atenção: embora Freud suspeitasse de um sentido sexual (por causa da teoria do conflito e defesa), não sabe de antemão de qual sentido se trata. Ele não tem como saber que essa mulher está insatisfeita com seu casamento, que tem desejo e medo de entregar-se a outros homens. Freud deve, inclusive, correr o risco de que o novo sentido não seja, em absoluto, aquilo que sua teoria supunha. Ele deve correr o risco de que surja algo novo, diferente, que coloque essa teoria em crise e seja o embrião de outra. Caso contrário, estaria sempre comprovando o que já sabe, novas teorias jamais poderiam surgir, a psicanálise seria hoje a mesma de 1894.

Retomando o fio da meada: campo é tanto o que torna possível que os dois possam conversar sobre o mesmo assunto quanto aquilo que restringe a conversa àquele assunto. Mas *o analista não respeita o campo proposto por seu paciente*. Vejamos.

A interpretação é uma fala que, embora reconhecendo elementos do campo proposto, não o respeita inteiramente. Sabe que o assunto é sofrimento, mas vai escutar o sofrimento pelos outros possíveis sentidos: poucos filhos, temor de apunhalar o filho, evitar gravidez, jogar-se pela janela, depressão, vida matrimonial, faca afiada, fazer alguma loucura. O analista não sabe em que campo está escutando, mas sabe que é um campo que tem pontos de intersecção, ou sobreposição, com aquele proposto pela paciente.

E temos agora a primeira interpretação que, como vimos, pode ser simplesmente uma observação sobre o número de filhos. Pensava que o médico iria sugerir uma viagem para longe do marido e do filho, como outros médicos. Em vez disso, ele comenta curioso: "um único filho em cinco anos?". A mulher fica surpresa. A interpretação não é uma intervenção violenta, nem profunda, nem uma hipótese a ser testada. É apenas um pequeno toque que vai alterar o rumo da conversa. Esse pequeno toque faz que ela sinta que está em curso um diálogo diferente, que a toca de uma maneira diferente e tem tudo a ver com o que a trouxe ali, embora não saiba exatamente de que maneira.

Segue-se um momento de angústia. Herrmann distingue aqui a angústia relativa aos conflitos em questão (qual o sentido, para essa mulher, de ter tido um único filho em cinco anos de casamento?) da angústia intrínseca à desestabilização da identidade promovida pelo processo analítico. O que é angustiante, sempre, é esse sentimento, nem sempre perceptível, de ter perdido o chão da conversa. É angustiante a *crise identitária* que sempre acontece depois de uma interpretação. O chão comum para a conversa – o campo da medicina – não está mais "sendo habitado" pela dupla.

Esse momento de crise é vivido pelo paciente como *expectativa de trânsito* porque o paciente terá de fazer o trânsito de uma representação que perdeu a sustentação do campo conhecido, o da medicina, mulher-que-teme-apunhalar-o-filho, para outra representação de si – que ainda não está disponível para ele. A crise identitária produziu um *vazio representacional*. Algo será chamado a preencher esse vazio. Assim como a pressão negativa de um ralo aspira a água da pia, mobilizando as águas periféricas que passam a circular em vórtice até serem tragadas, o vazio representacional pós-interpretação, pós-ruptura de campo, faz que as representações periféricas da identidade sejam mobilizadas e se apresentem em *vórtice*. Em vórtice, novas representações de si tornam-se disponíveis para o sujeito.

É o que acontece com a paciente de Freud. Para não ficar no vazio representacional, ela continua a falar. Mas de onde surgem os novos assuntos? Do vasto conjunto afetivo-representacional que constitui sua identidade. Para Herrmann, "identidade" não significa que há um *eu* sempre idêntico a si mesmo, mas, ao contrário, uma multiplicidade de eus, uma miríade de microidentidades. Estas não se subordinam a um centro nem são fragmentos de um todo: cada eu é um todo em si mesmo. E cada um desses eus teria, em princípio, "direito de cidadania": deveria poder se expressar e realizar seu desejo. Mas o que acontece é que ao longo da constituição do psiquismo um eu se institui como oficial, proscrevendo e excluindo os outros. Podemos imaginar que um eu deu um "golpe" no conjunto identitário e se instalou no poder: torna-se, assim, a representação central, dominante e oficial naquele psiquismo. É isso que dá ao sujeito a ilusão de ser um, de ser idêntico a si mesmo, ilusão de identidade.

Mas é isso mesmo o que produz sofrimento psíquico: o eu oficial domina a cena, enquanto os outros eus foram reduzidos ao silêncio, impossibilitados de realizar a parte do desejo que lhes caberia. Daí a importância da crise de representação produzida pela interpretação – pela ruptura de campo. Traz consigo o vórtice, que recoloca em movimento os vários eus presentes, mas excluídos da consciência pelo eu oficial. O vórtice é a oportunidade desses eus periféricos se expressarem, tomarem a palavra na análise. Para atravessar a expectativa de trânsito, o novo eu toma a palavra aproveitando a surpresa do eu oficial, que emudeceu. E o diálogo analítico prossegue.

Em síntese, a crise que se instala após a interpretação abala o setor da identidade relativo ao eu oficial, o qual estava em vigência até aquele momento, e convoca representações provenientes de outros eus, periféricos, que não estavam disponíveis antes do toque interpretativo: estavam *inconscientes*. Notar que bastou, para que o efeito interpretativo se produzisse, *tomar em consideração* um aspecto da fala da paciente, sem muito acrescentar: "um único filho em cinco anos?".

Ainda em vórtice, a paciente volta a falar e o analista sente que era exatamente aquilo que "*tinha de surgir*". Em termos freudianos, o pré-consciente foi mobilizado e se manifesta na associação livre. Agora, para sua (de ambos) surpresa, a jovem mulher está falando a Freud de seu casamento. Admite que raramente ocorria o intercurso conjugal. Fala dos cuidados com a contracepção (um único filho). Não sente falta disso. Não é de natureza sensual. O que aconteceu? Como passamos do campo "doença" para o campo "vida erótica"?

Quando Freud toma em consideração o sofrimento mencionado pela paciente – ideias de apunhalar o filho e atirar-se pela janela – em outro campo ainda desconhecido – um único filho? –, o efeito é alterar as autorrepresentações da paciente. Ela passa de padecente de ideias obsessivas para mulher que *padece sexualmente*, pois é assaltada por ideias eróticas que a enlouquecem. Nesse novo campo, ela é fria/quente, indicando que estamos agora no campo da vida erótica.

Note-se que, ao interpretar "um único filho?", Freud não impingiu sua teoria à paciente, atitude que iria na contramão do método psicanalítico. Ao contrário, ele a "colhe", com todo seu frescor de redescoberta, pela associação pós-interpretação ("ela admitiu que raramente ocorria o intercurso, mas não tinha importância porque ela não tinha natureza sensual"). É a paciente que, neste exemplo, confirma a teoria. Poderia não o ter feito, e, neste caso, Freud seria obrigado, pelo método, a tomar em consideração a novidade, ampliando a teoria psicanalítica.

O processo continua. O assunto agora é a vida íntima dessa mulher. Novamente, há pressupostos que deveriam ser respeitados por ambos os interlocutores para que a conversa prossiga. Ela é uma mulher de bem, ele é um cavalheiro, a menção ao sexo deve ser indireta ("eu não sentia falta disto"), e o assunto deve ser encerrado o mais rapidamente possível ("por sorte, não tenho natureza sensual", portanto não precisamos nos estender sobre esse ponto).

Mas um deles, o analista, está prestando atenção aos elementos secundários e marginais à conversa. Ele percebe que a paciente deseja encerrar o assunto o mais rápido possível, que adotou uma postura tensa e recatada, seu tom de voz vacila, um leve rubor perpassa suas faces e ela olha para o chão. Além disso, o que ela está dizendo não condiz com a impressão do analista de estar diante de uma mulher que poderia ser sensual.

Freud ainda não poderia falar disso, mas é evidente que sua atenção está voltada para elementos que constituem, pela própria negação da emoção presente, o *campo transferencial*. Algo se passa nas entrelinhas dessa conversa entre paciente e analista, um algo tão inefável que não cabe em palavras, cabe melhor numa sensação experimentada nas vísceras da alma. O conjunto todo – o tema da conversa, os elementos marginais à conversa, mais esse algo inefável que se passa entre paciente e analista – será traduzido numa interpretação: você não apenas sentia falta de uma vida sexual mais plena como também sentia atração por outros homens. O método exige que sejam tomados em consideração especialmente os elementos emocionais mobilizados no e pelo campo transferencial.

90 O MÉTODO PSICANALÍTICO EM FREUD

Retornemos ao texto:

> A tradução da ideia obsessiva em termos sexuais foi
> um êxito. Em lágrimas, ela imediatamente confessou a
> pobreza de seu casamento ... e também ideias angus-
> tiantes de caráter sexual tal como a sensação, frequen-
> tíssima, de que alguma coisa a forçava por sob sua saia.
> (Freud, 1996[1894], pp. 69-70)

O que foi um êxito? Do ponto de vista metodológico, o êxito
dessa "tradução", dessa interpretação, foi dar voz a um eu da paciente – a mulher quente/fria – mantido até então na periferia das
representações da identidade, em companhia de outras ideias loucas, como matar o filho – o *reino das exceções*, segundo Herrmann
–, das coisas que jamais faríamos em sã consciência. O efeito terapêutico tem a ver, do ponto de vista metodológico, com essa
ampliação do núcleo identitário, dominado por um ou dois *eus
oficiais* que repetem sempre o mesmo repertório psíquico.

Para terminar, retomo as perguntas iniciais. Como Freud descobre o que descobre? Qual é o método embutido em seu fazer
clínico?

O método é a interpretação. Uma maneira de conceber como
opera, na prática, a interpretação, é a chamada *ruptura de campo*.
Esta tem início com a escuta do sofrimento da paciente em outro
campo, continua com uma observação sobre o número de filhos,
essa observação produz uma microcrise de identidade, o que abre
espaço para novas autorrepresentações. O processo de ruptura de
campo faz surgir a lógica que produzia o sintoma: o eu erótico,
considerado pelo eu oficial como uma representação aberrante, é
proscrito do núcleo identitário e está exilado, lado a lado, com outras representações aberrantes – uma mãe matar seu filho, atirar-se

pela janela. Aberrante por aberrante, tanto vale uma como outra. É a lógica do processo conhecido como deslocamento.

A sentença interpretativa, dada por Freud e por sua paciente ao final do processo, tem o valor de confrontar a consciência da paciente com as novas representações. Sua reação (o choro, a confissão) já é a carne afetiva do eu que acaba de nascer após a ruptura de campo, fenômeno conhecido como integração. A paciente percebeu que sofria (agora no campo não médico) por não admitir em si própria qualquer sinal de desejo sexual.

Mas o que, em todo esse processo, fez que ela percebesse isso? O conteúdo da última fala do analista? Ou a naturalidade com que, ao longo de todo o processo, Freud foi conversando com ela sobre o tema proibido. Seja lá o que for, provavelmente uma combinação de ambos – o conteúdo e a naturalidade da fala do analista –, o efeito interpretativo decorre da *desestabilização da crença da paciente*, até então intocável: desejo sexual é igual a depravação moral.

Se eu tivesse fôlego para tanto, poderia repetir este exercício usando material clínico, por exemplo, de Melanie Klein. Segundo a teoria dos campos, haveríamos de encontrar o mesmo processo, já que o método é uma invariante, porém conduzido de maneira diferente.

Referências

Freud, S. (1996). As neuropsicoses de defesa. In *Primeiras publicações psicanalíticas (1893-1899)* (Vol. III, pp. 69-70). Rio de Janeiro: Imago. (Trabalho original publicado em 1894.)

Herrmann, F. (2001). *Andaimes do real: o método da psicanálise*. São Paulo: Casa do Psicólogo.

PARTE II

Ampliando os horizontes da clínica

Tratamento institucional de transtornos emocionais graves na adolescência: dois casos clínicos[1]

Escrevi este texto para me apropriar de uma experiência fundamental na minha formação: ver – ou melhor, vivenciar – a psicanálise operando em enquadres muito diferentes do consultório. Trabalhar numa comunidade terapêutica, com adolescentes, com patologias graves, e sempre no limite do analisável, tornou imprescindível praticar a "elasticidade da técnica", como dizia Ferenczi. Cada paciente exigia muita criatividade clínica por parte da equipe de psicanalistas. Esses anos de trabalho em hospital-dia fertilizaram meu trabalho no consultório.

Em cada pequena comunidade do vasto universo psi, a psicanálise se implantou e se desenvolveu de maneira peculiar. Na Sociedade

---

1 Trabalho clínico realizado no Instituto Therapon Adolescência. O texto foi escrito em coautoria com Priscila Galvani. Publicação original: Minerbo, M., & Galvani, P. de O. (2002). Instituto Therapon Adolescência: tratamento institucional de transtornos emocionais graves. *Estilos da clínica, VII*(12), 178-189. Recuperado de: http://www.revistas.usp.br/estic/article/view/61128/64128. Consultado em: 31/3/2020.

Brasileira de Psicanálise de São Paulo, onde fiz minha formação nos anos 1980, o divã se impôs com muita vitalidade. Mas também era considerado o único filho realmente legítimo da herança freudiana. Outros usos até podiam ser feitos – e o foram – do legado de Freud, porém eram considerados secundários.

Felizmente, o panorama da Sociedade Brasileira de Psicanálise de São Paulo vem mudando. Vemos uma retomada fecunda da psicanálise extramuros, bem como uma valorização do intercâmbio com a cultura e as universidades. Entretanto, o tratamento institucional de pacientes graves ainda não é reconhecido como a melhor indicação psicanalítica para certos casos. Nesse ponto, continuamos com uma cultura voltada essencialmente para os consultórios, independentemente da gravidade do caso.

Já em outros países, a "psicanálise além do divã" se desenvolveu de maneira produtiva e consistente. Na França e na Itália, principalmente, nossos colegas se engajaram na criação de instituições que tivessem uma abordagem psicanalítica da doença mental. O tratamento em hospital-dia substituiu, com vantagem, os hospitais psiquiátricos, inclusive no que diz respeito à adolescência.

A adolescência é um momento crucial no desenvolvimento do ser humano. A delicada interação entre o adolescente, sua família, a escola e a sociedade é decisiva durante esse processo. Em alguns casos, o turbilhão emocional típico dessa fase se cristaliza na forma de patologia, com sintomas dos mais variados tipos: fragilidade emocional extrema, dificuldades escolares graves, isolamento e marginalização social, relacionamento familiar explosivo, depressão, fobias, distúrbios alimentares, distúrbios do comportamento em geral, delírios e alucinações. Esses adolescentes acabam abandonando a escola e isolados do ponto de vista social. O círculo vicioso das relações afetivas patogênicas vai se fechando em torno desses jovens, tornando o prognóstico cada vez mais sombrio.

O Instituto Therapon Adolescência é uma organização sem fins lucrativos criada no ano 2000 para atuar junto a adolescentes, familiares, profissionais da educação e da saúde mental no trabalho de recuperação psicológica e pedagógica e na reintegração social do jovem com transtornos emocionais graves.[2] A reconstrução de relações humanas saudáveis entre o adolescente e seu meio ambiente exige determinado modelo assistencial em saúde mental. Implantar esse modelo, aperfeiçoá-lo e multiplicá-lo são as nossas metas mais amplas.

Uma concepção de saúde mental

Em nossa concepção, a atuação dos profissionais da saúde mental não pode se restringir à eliminação dos sintomas. Nosso foco é a pessoa que sofre. Entendemos o sintoma como um grito de socorro do sujeito psíquico. Diante de situações de violência emocional, geralmente vividos desde a tenra infância, o sujeito que se encontra num impasse lança mão de um recurso extremo: o de mutilar a subjetividade. É uma maneira de escapar à realidade intolerável. Essa defesa "suicida" resulta na doença mental e seus sintomas.

Dessa perspectiva, além de tratar dos sintomas, procurando minimizar o sofrimento do paciente, é preciso reconstruir sua subjetividade. Isso significa ajudá-lo a encontrar uma saída, ou ao menos um sentido, para aquilo que experimenta como uma realidade intolerável, marcada por uma violência emocional extrema.

Se o sujeito adoece, entre outras razões, numa malha de relações afetivas patogênicas, buscamos a reconstrução de vínculos humanos saudáveis em espaços de convivência coletivos. O Instituto Therapon Adolescência é o ponto de partida para impulsionar o

---

2 A instituição foi desativada em 2007.

sujeito para a vida. Esperamos oferecer um neo-meio-de-vida, uma realidade mais acolhedora, um lugar em que os conflitos possam ser abordados, de modo a que possa, aos poucos, recuperar as partes mutiladas de sua personalidade (dependendo do prognóstico).

Os projetos terapêuticos são personalizados e construídos com base em atividades e intervenções que façam sentido para cada um. A família é sempre incluída no tratamento, o que é, aliás, uma condição para aceitarmos o jovem na instituição.

Nosso objetivo é também minimizar a necessidade de internações em hospitais psiquiátricos tradicionais, lutar contra a cronificação do doente mental numa postura política antimanicomial, prevenir condutas auto e heteroagressivas de natureza variada e encontrar um modo de vida possível para esses jovens que apresentam necessidades especiais.

Nossa concepção de cura envolve a conquista do maior grau possível de autonomia pelo adolescente. Um dos sinais inequívocos dessa autonomia é a construção de um projeto de vida com base em um desejo próprio. Para tanto, é imprescindível que continue sua escolarização durante o tratamento, de modo a poder retornar à rede escolar assim que possível. É com esse intuito que a Escola Therapon vem complementar o tratamento. É nossa maneira de ir ao encontro do Estatuto da Criança e do Adolescente (ECA), atendendo aos seus direitos enquanto ser humano e cidadão.

Cotidiano e espaço psíquico da instituição

O paciente que nos é encaminhado passa, inicialmente, por um processo de triagem. Os pais ou responsáveis e o paciente são avaliados por uma dupla de terapeutas. Se o caso não pode ser atendido por nós, procuramos encaminhá-lo a outros serviços. Se ele se encaixa em nossas possibilidades de atendimento (patologias, faixa etária), o processo de triagem continua: o paciente passa por um período de experiência, frequentando o Therapon durante uma ou duas semanas. Seu desejo de tratar-se em nossa instituição é fundamental para a continuidade do processo. Nesse período, ele pode ser observado mais de perto pelo conjunto da equipe.

Em seguida, o caso é discutido por todos os terapeutas em reunião clínica. Discutimos a hipótese diagnóstica, avaliamos o prognóstico, especialmente a possibilidade de o paciente se beneficiar do tipo de tratamento que temos a oferecer, dentro de uma abordagem psicanalítica. Avaliamos também sua possibilidade de convivência com o grupo de pacientes que já frequenta a instituição, um mínimo de aceitação mútua e de participação nas oficinas terapêuticas. Se o paciente nos vem encaminhado com graves dificuldades escolares, consideramos a possibilidade de ele passar a frequentar a Escola Therapon em lugar de sua escola de origem, até que possa retornar a ela. Nesse ponto, esboçamos um projeto terapêutico mínimo, que é reavaliado sempre que se discutir o caso daquele paciente nas reuniões clínicas subsequentes. Nessa reunião clínica, encerramos o processo de triagem. Quando o caso é aceito, dois terapeutas são designados para serem a referência do paciente e de sua família junto à instituição.

Acreditamos que *a comunidade é um fator terapêutico em si mesmo*, desde que observados alguns cuidados com o espaço psíquico da instituição. Temos dois diretores clínicos, um vinculado ao Conselho Regional de Medicina, e outro, ao Conselho Regional de Psicologia. Estes profissionais respondem legalmente pela instituição, porém não exercem qualquer tipo de poder, seja sobre a instituição, seja sobre os técnicos. Nossa organização interna é horizontal. Isso significa que cada dia da semana é dirigido e coordenado por uma miniequipe. Assim, algumas pessoas compõem a equipe da segunda-feira e, juntas, detêm o poder e são responsáveis por tudo o que acontece na segunda-feira. A equipe da terça-feira toma conhecimento das ocorrências/intercorrências da segunda-feira por meio de um caderno de passagem. Considera-se um "atravessamento da autoridade" qualquer decisão tomada individualmente, à revelia da miniequipe, ou pela equipe de outro dia. Essas diferenças são entendidas como sintoma da equipe e são discutidas enquanto tal nas reuniões clínicas. Muitas vezes, tais atravessamentos mostram ser uma repetição do relacionamento entre os pais (um dos cônjuges desautorizando o outro, numa relação totalitária). A ideologia que sustenta esse tipo de organização horizontal do poder é criar e manter, tanto quanto possível, um ambiente psíquico democrático. Entendemos que a capacidade de manter, ao longo do tempo, o respeito ao outro e à comunidade é um fator terapêutico em si mesmo. As eventuais lutas de poder são entendidas como um adoecimento do espaço psíquico da instituição, cujos reflexos nefastos sobre o tratamento dos pacientes não tardam a se manifestar.

Temos, semanalmente, duas reuniões clínicas em que participam tanto a equipe pedagógica (da Escola Therapon) quanto a dos psicoterapeutas. Nelas, avaliamos a evolução de cada caso, redirecionando o projeto terapêutico quando necessário. Discutimos, também, o relacionamento dos técnicos entre si. Em outras palavras, temos um espaço para cuidar do mais importante: a saúde mental da equipe, que é nosso principal instrumento terapêutico. Além disso, a relação entre técnicos e pacientes e desses entre si é amplamente discutida por toda a equipe. A compreensão mais refinada do caso conduz a um aperfeiçoamento do projeto terapêutico, bem como do manejo técnico no dia a dia.

A terapia familiar é conduzida pelos dois terapeutas responsáveis pelo caso. A frequência (semanal, quinzenal, mensal) depende de cada caso, e a decisão é tomada em reunião clínica. A terapia de base psicanalítica visa, principalmente, (1) permitir à família perceber sua própria dinâmica; (2) perceber de que maneira o filho se oferece como continente, ao mesmo tempo que expressa, por meio de seus sintomas, a patologia familiar; (3) verificar como essa interação "interessa" à família e perpetua o sintoma; e (4) tomar consciência da construção transgeracional do sintoma pela história da família.

Finalizando a apresentação da instituição, cabe mencionar que, em vista das várias atividades descritas – oficinas terapêuticas, atendimento familiar, escola, acompanhamento terapêutico –, foram nascendo espaços supervisivos, ou melhor, espaços de interlocução específicos para cada modalidade clínica.

Beth

Triagem

Beth nos foi encaminhada pelo Núcleo de Ação Educativa (NAE) com uma longa história de "problemas escolares e de relacionamento". Várias tentativas de tratamento psicológico e diversas transferências escolares já faziam parte do currículo dessa garota de 14 anos. Ela brigava muito, e nem mesmo as classes especiais da rede municipal de ensino sabiam o que fazer com ela. A paciente nos chegou para frequentar a Escola Therapon. Já na triagem a mãe ficou sabendo que a escola é um complemento ao tratamento institucional, de modo que ela teria de frequentar o hospital-dia. Cida concordou.

Que ingenuidade a nossa! Esse relato vai mostrar como fomos descobrindo a enorme distância que há, nesse atendimento, entre concordar e *concordar*. O processo trilhado por todos, equipe e família, para iniciar o tratamento – só agora podemos ver isto – é o próprio tratamento. Mas não nos adiantemos.

Alguns dados de história. Beth é uma garota que foi adotada como forma de pagamento de uma promessa. Os três filhos de Cida sobreviveram a um grave acidente de carro e ela sentiu que a melhor maneira de agradecer a Deus pelo milagre seria fazer um bem a outra criança. Ela havia feito uma laqueadura porque seus partos haviam colocado sua vida em risco. Assim, essa "outra criança" teria de ser adotada. Beth tinha 4 meses, estava praticamente abandonada pela mãe biológica no chão, no terreiro de terra batida, nua, sobre um pano ("para a mãe biológica não ter de trocar as fraldas"), desnutrida, com a pele cheia de feridas, quando Cida levou-a para casa.

O berço novinho, limpo e confortável, Beth nunca quis usar. Assim que Cida a colocava ali, o bebê começava a chorar desesperadamente e só se acalmava no colo. "Ela vivia grudada em mim; onde eu ia, ela ia", embora, por outro lado, Cida afirme também que não pôde criar Beth como havia criado seus outros filhos porque trabalhava muito, das 6 horas à meia-noite.

Beth tem problemas desde pequena. Foi alfabetizada pela irmã, que é professora. Sempre foi revoltada e agressiva, especialmente com a mãe, que suporta tudo estoicamente. Por outro lado, quando está apenas com a mãe, Beth é uma menina tranquila. Ela conhece toda a história aqui relatada, exceto a parte de "pagar uma promessa". Cida separou-se do pai de seus filhos há doze anos, e ele sumiu, de modo que Beth não teve pai. Os irmãos são bem mais velhos do que ela: 24, 26 e 28 anos.

Cotidiano na instituição

Beth começa a frequentar o Therapon em agosto de 2001. Corpulenta, clara de pele, não parava de mexer e fazer rabo de cavalo em seus cabelos crespos. Roupas enormes e desleixadas eram calculadas para esconder seu corpo. Olhinhos espertos perscrutavam tudo atentamente e demonstravam, no mais das vezes, ódio a tudo e todos, inclusive a ela mesma.

Durante o período de experiência, mostrou-se falante e participativa para tornar-se, em seguida, francamente desbocada. Em pouco tempo, transformou-se num furacão mal-humorado e briguento. Os pacientes temiam seus rompantes de violência. Certa paciente mais frágil e jovem do que ela era o alvo predileto de suas agressões físicas e verbais. Sua presença era disruptiva, turbulenta, impedindo o funcionamento das oficinas terapêuticas. Quanto à escola, nos primeiros meses aceitava estar em sala de aula com outros pacientes, porém rapidamente foi se isolando, até recusar-se a participar de quaisquer atividades pedagógicas. Apresentava também comportamentos autoagressivos: "mascava" objetos cortantes e mordia compulsivamente a bochecha por dentro. Tudo isso não nos impedia de reconhecer qualidades humanas importantes, soterradas por esse sistema defensivo, por ora impenetrável. Imaginávamos, do outro lado, uma dor psíquica atroz.

Tentamos colocar limites de várias maneiras: firme, carinhosa, oferecendo espaços individualizados. As tentativas de aproximação e de construção de uma convivência possível funcionavam até certo ponto, mas de repente desandavam, sumiam num Triângulo das Bermudas, sem que nos fosse possível compreender o que acontecera. Por outro lado, chamava de "pai", era carinhosa e mesmo respeitosa com o coordenador da Oficina da Palavra, da qual participava com prazer. Uma das terapeutas era seu "diário", outra era sua "mãe". No entanto, quase sempre queria estar, justamente, com quem não estava disponível naquele momento.

Sua agressividade, contudo, tinha uma característica notável: as ofensas não eram sentidas por nenhum dos terapeutas como dirigidos à sua pessoa. A sensação era de uma revolta sem objeto definido, ou melhor, dirigidas a um interlocutor ausente da cena. Talvez a agressão se dirigisse à função que ocupávamos: *cuidar dela*. Era o que acontecia na prática: ela se empenhava em tornar o *cuidar dela* uma missão impossível.

Com o tempo, a escalada da violência nos levou a um impasse. Por um lado, não podíamos aceitar que agredisse continuamente outros pacientes. Por outro lado, não podíamos atuar nosso desejo de mandá-la embora, visto que seu comportamento visava justamente obter esse tipo de resposta, confirmando sua fantasia de não existir no mundo um lugar para ela. Certo dia, avançou sobre um terapeuta e rasgou sua camiseta. Foi a gota d'água.

Reuniões clínicas

Embora ocupasse há meses muito espaço nas discussões clínicas, um sentimento de impotência e perplexidade pesava sobre a equipe. Uma coisa era certa: Beth não estava sendo tratada. A psiquiatra propôs um tratamento medicamentoso (Zoloft®), pois muitas vezes a depressão na adolescência se traduz em comportamentos dessa natureza. O fármaco controlaria os sintomas diminuindo o sofrimento dela e daqueles que a rodeavam. No entanto, isso ainda não era tratá-la, do ponto de vista psicanalítico.

Verificamos que não era possível pensar um projeto terapêutico porque nos faltava um chão sobre o qual organizar um contrato eficaz com a família. A terapeuta lutava em vão para conseguir que a mãe viesse nos dias combinados. Como já foi mencionado, estávamos num impasse: a equipe esgotara seu arsenal terapêutico, a terapeuta não avançava um passo no tratamento da família, e Beth fazia o possível para ser mandada embora.

A saída do impasse passa por um momento de autointerpretação grupal: a equipe percebe que incumbira a terapeuta de fazer algo em seu trabalho com a família (um milagre?) que tornasse possível ao grupo tolerar Beth no dia a dia. O milagre demandado reproduzia, como veremos, o mito de origem dessa paciente. Finalmente, surge uma proposta terapêutica, agora sustentada por toda a equipe.

Primeiro, formar-se uma dupla para atender a família. Desse modo, a terapeuta já não estaria sozinha fisicamente, na sala de atendimento, nem psiquicamente, pois havia uma dupla que contava com o projeto terapêutico elaborado em conjunto pela equipe. Segundo, incluir na terapia os irmãos, que já são adultos. Seria uma tentativa de ajudar a mãe a se comprometer com o tratamento, fazendo que ela também tivesse o respaldo de um grupo, o grupo familiar. Por fim, recontratar o tratamento, pois era evidente que, apesar de a mãe ter concordado com as condições propostas, não se havia implicado no tratamento, e muito menos Beth. Ambas não haviam compreendido que dependia delas também e era preciso deixar isso claro. A atitude terapêutica consistia em dizer a Cida e Beth que, por enquanto, a menina não viria mais ao Therapon. Não se tratava de uma suspensão com sentido de punição, mas de uma suspensão no tempo – dar a todos o tempo necessário para desfazer um círculo vicioso negativo e, principalmente, para tentar construir um sentido para o que vinha acontecendo. Em duas palavras, era preciso conseguir interpretar a transferência que a paciente fazia com a instituição. Enquanto isso não acontecia, ao menos um manejo clínico se impunha: era preciso demonstrar que a equipe tinha realmente atingido seus limites. O tratamento continuaria na forma de *terapia familiar* semanal – até então, vínhamos usando expressões mais vagas, como "atendimento familiar".

Terapia familiar

O recontrato se deu em vários níveis. Foi necessário despojarmo-nos explicitamente de toda onipotência que porventura tivéssemos assumido na transferência. Dissemos que, por enquanto, não sabíamos o que fazer com Beth e pedimos ajuda à mãe, afirmando que, sozinhos, nada podíamos fazer. Nossa situação, aliás, era idêntica à dela, que obviamente precisava da ajuda dos filhos para sustentar uma posição com a filha. Essa postura já tinha um valor terapêutico, na medida em que nos recusávamos a aderir ao mito de origem de Beth, reconstruído com base no próprio atendimento familiar.

Quando Cida nos relata como salvou Beth da morte (o bebê largado sobre um pano no chão), vai ficando claro que, tanto para a mãe quanto para a filha, *existe um objeto onipotente, um anjo da guarda que está ali para salvar Beth da morte e aguentar "qualquer coisa" que ela faça.* Quando formulamos em palavras essa fantasia compartilhada, Cida relata várias situações em que é obrigada a salvar Beth de situações muito perigosas. Dissemos que nós não podíamos, não desejávamos nem acreditávamos ser saudável que alguém, mãe ou instituição, se propusesse a aguentar "qualquer coisa". Beth saía da sala batendo portas de raiva quando tocávamos no assunto. "Ela tem que aguentar qualquer coisa, sim, porque ela é minha mãe! Vocês não têm que se meter nem fazer a cabeça dela! Ela é meu anjo da guarda. Se ela morrer, eu morro junto!"

Trabalhamos com a mãe a diferença entre salvar e acolher. Os filhos Rodrigo e Roberta colaboravam, mostrando à mãe o quanto ela protegia Beth, numa atitude muito diferente da que tinha tido com eles quando eram crianças. Por que a diferença? Além disso, disseram-lhe que era carinhosa demais com Beth, atitude que não combinava com sua personalidade. Novamente, por que ser diferente com ela? Era Beth quem respondia: "Ela é falsa, na verdade não gosta de mim, me protege por dó". As coisas começavam a ser ditas.

Certa vez, quando Beth dizia que não queria ficar no Therapon porque não era louca ("Não é mesmo, mãe?"), a mãe, numa atitude diferente daquela que adotara até então, disse: "Você é louca, sim, só louco faz as coisas que você faz!". Era a primeira vez que a víamos recusar-se a ser anjo da guarda, apesar dos pedidos da filha.

As sessões desse período se iniciavam com relatos das "delinquências" de Beth. Roubara dinheiro da família e até mesmo da empregada, andava com más companhias, chegou a pedir esmolas na rua para comprar cigarros. Cida tinha uma postura firme, condenando suas transgressões, acusando a mãe de outra garota de ser conivente com ela – a vizinha com quem Beth "aprontava". Disse, inclusive, que denunciaria Beth à Febem[3] se necessário, porque ela precisava aprender a diferença entre o certo e o errado. Sentíamos que ela realmente estava preocupada com o futuro de sua filha e que já não sabia como fazer para *cuidar dela*.

A mãe apostava que Beth tinha jeito, que era uma boa menina, já o irmão achava que a delinquência podia ser coisa genética, afinal, ele e os irmãos eram pessoas corretas. Enfim, as vozes familiares expressam uma ambiguidade na maneira de olhar para Beth.

Uma associação de Cida é bem significativa. Um rapaz, assassino, foi condenado à morte. Pouco antes expressou seu último pedido: queria ver a mãe. Quando ela chegou para se despedir, o filho

---

3 Antigo nome da Fundação Casa.

pediu que lhe estendesse a mão e, então, ele mordeu a mão dela e tirou um pedaço. Disse: "Mãe, se eu sou assim, a culpa é sua, pois você sempre fechou os olhos para todas as coisas erradas que eu fiz, desde pequeno". Moral da história: "Eu não sou como esta mãe, pois não deixo passar nada".

Veremos, mais adiante, como o trabalho avança até que surja sua maior angústia: ter criado uma delinquente por excesso de complacência – complacência cuja raiz não é difícil de imaginar. Nessa época, nós nos perguntávamos se, afinal, não estávamos mesmo diante de uma psicopatia.

Mas o tipo de material começa a mudar. O cunhado da irmã, que é problemático, teve de fazer terapia para reunir a coragem necessária para fazer certa pergunta à mãe sobre suas origens. Beth, ouvindo isso, diz à mãe: "Eu também tenho uma pergunta para te fazer". Todos aguardam a pergunta, mas ela desconversa.

Veio o ponto de virada. Cida conta uma história que Beth – que estava fora da sala, num de seus acessos de fúria – não conhece. Sua mãe biológica deu dois filhos ao mesmo tempo: o bebê (Beth) e o mais velho, de 11 anos, que não serviam para pedir esmola. Ela ficou com o bebê, e um casal que não tinha filhos e que já cuidava e convivia com o menino há tempos ficou com ele. Quando legalizaram a situação e assinaram os papéis da adoção, o menino, até então dócil e carinhoso com o casal, transformou-se numa praga. Passou a ter um comportamento rebelde, não se sentava mais em seu lugar à mesa, recusava tudo o que o casal lhe oferecia.

Nesse momento, entra Beth. Peço à mãe que repita a história. Ela ouve atentamente e exclama: "Pois eu o entendo perfeitamente. Para que ele vai querer pais adotivos, se tem pais biológicos? Ele ficou revoltado por ter sido dado e por ter sido adotado". E então ela começa a chorar, dizendo que preferiria mil vezes viver com sua família biológica, mesmo pobre, mesmo que fosse para pedir esmolas, a viver com essa família rica. Ela não precisava, não queria as coisas que lhe davam. "Você não gosta de mim, me pegou por pena, fica comigo por dó." Cida chorava, o irmão estava boquiaberto. Beth terminou seu discurso dizendo que iria morar com eles e que pretendia infernizar a vida deles também, por a terem dado em adoção. Pela primeira vez, víamos Beth emocionada, num desabafo penoso, angustiado, em que expressava aquilo que vivia e calava há tanto tempo.

Dissemos a Beth que era muito importante ela ter dito isso, que ela realmente compreendeu aquele menino, que isso devia estar engasgado há muito tempo e que, agora, o comportamento dela fazia sentido. Ao que ela retruca: "Até que enfim você disse alguma coisa que preste nesta terapia". Também foi necessário dar uma sustentação a Cida, dizendo a Beth que, para sua mãe, era difícil ouvir seu desabafo. Mas Cida diz simplesmente: "É seu direito conhecer sua mãe biológica". Em outra ocasião, ainda elaborando o que acabara de ouvir: "Eu sempre soube que um dia ela ia me dizer isso; mas eu acho que é bem pior esconder dos filhos".

Com base nisso, foi possível ir construindo um sentido para a transferência. Num nível mais superficial, Beth atuava para ser "devolvida". Mas ela parecia saber que Cida estava presa a ela por uma espécie de *dó primordial*, fundante da relação mãe-filha – a julgar pela descrição, sempre repetida, do bebê largado sobre um pano no chão do terreiro. Beth testava os limites do "amor materno", esperando uma confirmação de sua fantasia: sua mãe não a amava, apenas tinha dó dela. Ela era habitada por um enigma insolúvel: por que havia sido adotada, se a mãe já tinha três filhos? Por que alguém – sua mãe, nós – nos propúnhamos a *cuidar dela*? Mesmo que recebesse uma demonstração de amor, seja de Cida, seja de outras pessoas, ela imediatamente suspeitava que não se tratava de amor, mas de dó. A prova dos nove consistia em tentar transformar o suposto amor, em raiva. Se isso acontecesse, era amor mesmo, visto que entre mães e filhas é comum isso acontecer. Se não se transformasse em raiva, não era amor, mas dó. E dó, ela não queria, era revoltante ser objeto de pena da própria mãe. E, assim, Beth infernizava a vida de Cida, mas como ela suportava tudo estoicamente (a promessa!) protegendo-a e acobertando-a, como os irmãos haviam apontado, Beth comprovava suas fantasias. Habilmente, ela havia colocado Cida numa armadilha: "Mãe tem que aguentar calada qualquer coisa ou então confessar que me aguenta por dó". Por fim, se Cida havia pretendido pagar uma promessa, adotando-a, Beth se encarregava de realizar inconscientemente o desejo materno.

As coisas começavam a se esclarecer. Se o fundamento desse amor adotivo é dó e se ela, Beth, não passava do pagamento de uma promessa, evidentemente não podia aceitar o berço novinho de Cida nem o lugar que lhe oferecíamos no Therapon. Isso seria o mesmo que renunciar para sempre à família biológica idealizada, a um suposto "amor materno verdadeiro", que não se confunde com dó. Beth confessou que batia em Maria, que é das poucas crianças não adotadas do Therapon, porque "tenho ciúme do amor da mãe dela, e também bati no Mateus (sobrinho) pelo mesmo motivo".

Enfim, depois do desabafo de Beth, imaginávamos continuar conversando sobre a visita de Beth à sua família biológica. Soubemos que o assunto "visitar a família" tinha sido amplamente debatido em casa, com irmãos, cunhados, madrinhas etc. No início, Beth queria se mudar, de mala e cuia. Depois achou melhor ir sem suas coisas – o aparelho de som, a bicicleta. Por fim, o tema foi se esgotando e parou de falar no assunto. Nesse meio-tempo, ela pediu que voltasse a frequentar o Therapon: "Estou cheia de ficar em casa vendo televisão".

Seu comportamento, na terapia de família, havia mudado da água para o vinho. Pela primeira vez, sentou-se no mesmo sofá das terapeutas, em lugar de ficar isolada, perto da porta, prestes a se retirar furiosa quando necessário. Por algum tempo, esteve verdadeiramente divertida e agradável.

Para concluir o relato sobre a terapia de família, vale a pena incluir uma passagem em que o dó faz sua entrada em cena de maneira mais explícita. Vínhamos tendo problemas em receber o pagamento estipulado com a mãe pelo tratamento. Cida argumentava (com a secretária) que não era justo pagar o preço integral, se Beth ainda não frequentava todas as atividades (tínhamos proposto um retorno gradual ao Therapon). O assunto dinheiro foi encaminhando a conversa às suas críticas ao tratamento. Acusava-nos de sermos muito complacentes e de fazermos tudo o que Beth queria. Temia que esse "tratamento *light*" prejudicasse sua filha, acentuando seu comportamento transgressivo. A projeção de sua própria complacência é notória. Lembramos sua história do assassino que mordeu a mão da mãe, acusando-a de tê-lo transformado naquilo. Ela então diz que lamenta não ter sido dura e firme na educação de Beth como foi com os outros filhos. "Por quê?" é nossa pergunta seguinte. Fica sem resposta e balbucia coisas do tipo "Ela era muito doentinha... eu quase nunca estava em casa... ela não teve pai". Já não era possível disfarçar: ela morria de dó e não conseguira ser dura e firme com uma criança que carregava a marca do abandono filicida. Embora Cida não tenha dito nada disso, ficando nas desculpas esfarrapadas, Beth cobre sua cabeça com uma almofada e começa a morder a parte de dentro de sua bochecha, que é sua maneira de expressar sua revolta.

Concluindo

Depois da sessão do desabafo e de seu pedido de retomar as atividades, a equipe decide, em reunião clínica, que Beth retornará aos poucos à rotina da instituição. Na primeira semana, todos, terapeutas e pacientes, comentam a "nova Beth". Na oficina de artes, estávamos fazendo um painel coletivo e havia uma árvore que Maria estivera desenhando. Beth preenche os espaços em torno de seu desenho, respeitando o espaço plástico de sua rival. Parecia-nos que ela finalmente se implicara no tratamento, mais de seis meses após sua entrada no Therapon.

No entanto, em psicanálise, é prudente suspeitarmos de "melhoras rápidas e milagrosas". Já na segunda semana havia fortes traços da "antiga Beth". Foi quando entendemos que o processo de se implicar/não se implicar no tratamento e de aceitar/não aceitar o berço novinho era seu modo de ser no mundo, a forma contraditória de seu desejo. E que era exatamente com isso que teríamos de lidar, esse era o sintoma, essa era a patologia. O tratamento havia se iniciado.

Wilson

Wilson é um garoto de 13 anos, bonitinho, gordinho, voz ainda de criança. Foi encaminhado pela escola porque não consegue se relacionar com ninguém, briga com todos, não faz as lições, dá muito trabalho aos professores apesar de ser inteligente. Chega ao Therapon acompanhado por sua mãe. Nossa primeira surpresa é constatar que d. Simone é paraplégica. A segunda é descobrir que o pai também é paraplégico. Ela teve poliomielite aos 9 meses de idade, "é como se fosse um defeito de nascença", já que praticamente nunca andou. Com o pai foi diferente: ficou paraplégico em uma briga aos 17 anos, parece que estava drogado e não se lembra do que aconteceu. Separaram-se há uns dois anos, depois de doze de casamento, "porque o pai, ainda viciado, pedia que o filho lhe comprasse drogas".

Atualmente, cada um mora com seus próprios pais e Wilson mora com a mãe e a avó, que o trazem até o hospital-dia. O pai só entrará em cena por nossa iniciativa, quando o convocarmos para o trabalho de família. A queixa das duas é que Wilson não obedece, tem acessos de fúria, está sempre mal-humorado e frequentemente diz coisas bastante ofensivas. Só melhora de humor e obedece quando "comprado", por exemplo, só arruma seu quarto se a mãe lhe dá dinheiro para comprar figurinhas do Pokémon. Durante o trabalho com a família, obrigatório num tratamento institucional, podemos observar situações típicas. Ele ignora ou maltrata a mãe e a avó, que parecem ter medo de sua fúria e não reagem às situações ofensivas. Por outro lado, trata o pai com amor e respeito e este, por sua vez, não se deixa enrolar por seu filho.

Compulsão à repetição e seu manejo na instituição

Admitido no Therapon, um padrão de relacionamento com a equipe e com os outros pacientes logo se estabelece. Ele está sempre provocando e irritando técnicos e pacientes. Sua habilidade em tirar todos do sério é incrível. Frequentemente apanha de outro paciente, Márcio. Adora humilhar uma garota, Renata. Tem prazer em destruir os trabalhos da oficina de artes dos outros pacientes. Sua versão de todos esses episódios é sempre a mesma: ele não tem culpa, está sendo vítima de um complô, de uma injustiça. Quando minimamente contrariado – por exemplo, quando não deixamos que ele leve vantagem sobre os outros –, sai ofendido, humilhado, xingando e batendo portas, várias vezes ao dia. Revida verbalmente também: tudo ali é uma merda, o nosso trabalho, as atividades, o lanche, ele não sabe por que ainda perde seu tempo precioso indo ao Therapon etc.

A instituição oferece ao adolescente com transtornos emocionais graves a mesma possibilidade de expressão do inconsciente que o brincar representa para as crianças pequenas. Não só permite como encoraja a atuação no sentido teatral do termo – isto é, de colocar em cena concretamente a complexidade dos dramas emocionais. Assim, o adolescente dispõe tanto do ato quanto da palavra para se expressar segundo suas possibilidades. É no dia a dia, nas situações banais, que o olhar psicanalítico vai flagrar e responder a essa encenação, tecendo aos poucos o necessário trabalho de simbolização.

Outra característica do trabalho institucional é que as transferências podem se dar, simultaneamente, e em níveis diferentes, com vários técnicos. Em função das diferentes personalidades, cada técnico é sensível a este ou àquele aspecto da transferência, é mobilizado, reage e maneja as situações diferentemente. O trabalho de compreensão teórica do que aconteceu fica para depois, nas reuniões clínicas. Nessas reuniões procuramos fazer, não a análise, mas a *síntese* dos pequenos fragmentos do campo transferencial em que cada um de nós esteve implicado ao longo da semana com cada paciente. O objetivo é fazer com que a equipe funcione como a mente de um analista, metabolizando e dando sentido às experiências vividas com cada paciente. Se o sintoma é expressão de falhas no processo de simbolização de significações traumáticas para a família, o trabalho de tornar isso pensável, de colocar essas significações em palavras, é feito pela mente coletiva da equipe. É esse processo que pretendo expor adiante.

Nessas reuniões, quando conversamos sobre Wilson, invariavelmente começamos "nos queixando" de mais uma das suas. Mas, ao longo do tempo, é possível identificar uma vasta gama de sentimentos que ele provoca na equipe, alguns de maneira mais pronunciada, outros apenas em um ou dois técnicos.

Com muita frequência, a equipe sente uma *raiva impotente*, porque fica o tempo todo num lugar de desvalorização e de desprezo ("Isto é uma merda", "Nada aqui presta", "Vir aqui é uma perda de tempo"). Outro sentimento é o de *frustração*, porque nada do que fazemos parece ter um destino diferente. A tendência inicial é brigar com ele, adotando atitudes *superegoicas* ("Como você é capaz de fazer isso com a Renata?"). Outros técnicos tendem a colocar *limites* firmes ("Você não pode destruir o que é dos outros"). Quando bate o cansaço, a tendência é ignorá-lo, abandoná-lo, *desinvestir* a relação ("Ele que sofra as consequências de suas provocações com o Márcio"). Fica por conta dos novatos na equipe, que ainda não o conhecem, dedicar-lhe mais tempo e *atenção*, trazendo à tona o menino carente que precisa de atenção exclusiva. Outra sensação que ele provoca é de *horror* com relação à sua incapacidade de sentir pena, remorso, culpa, ou simplesmente de se colocar na pele de outra pessoa. *Nojo* desse moleque que, apesar de precisar das pessoas, se dá o direito de tratá-las com tamanho desprezo. Enfim, Wilson desperta em todos nós a vontade de bater nele, atiçando nosso lado sádico.

Os pressupostos psicanalíticos estão sempre presentes na forma de pergunta: o que poderia estar sendo repetido no campo transferencial da instituição? Como manejar a compulsão à repetição? Como colocar em palavras aquilo que, por estar aquém da simbolização, está sendo atuado por todos os participantes dessa cena, nós inclusive? Em que ponto poderíamos intervir, compreender algo e, assim, mudar de lugar transferencial, recusando a identificação maciça com os diferentes objetos que estão sendo projetados em cada um de nós?

Mesmo sem entender muito do que se passava, percebemos que era preciso encontrar uma maneira de neutralizar as provocações, evitando as respostas de sempre, principalmente as de tipo superegoicas ou punitivas. Enfim, tentar não entrar no jogo.

Na festa de fim de ano, os trabalhos da oficina de estudos seriam expostos numa sala para visitação dos familiares. Wilson sentia-se visivelmente diminuído porque os seus pais eram os únicos que não estavam presentes. Resolveu, então, esconder os trabalhos de uma paciente psicótica, Renata, que ele tinha prazer em torturar. Dessa vez, em lugar de correr atrás dele, brigar ou fazer acordos, decidimos não expor nenhum trabalho de nenhum paciente. Quando ele percebeu que não conseguiu provocar o estrago pretendido nem manipular a equipe, os trabalhos reapareceram.

Trabalhar em instituição tem suas vantagens sobre o divã: quando nove técnicos já não sabem o que fazer, o décimo pode ter alguma ideia interessante. Certo dia, depois de sentir-se novamente ofendido e injustiçado, Wilson chuta as paredes do refeitório, que ficam sujas. A equipe não pode deixar passar em branco a destruição de um bem comum, é a regra da casa. Alguém lhe comunica que não pode participar de nenhuma atividade nem ir para casa enquanto não limpar a parede. Wilson se isola na sala de jogos, deita-se no sofá e fica sem fazer nada durante duas horas. Nesse meio-tempo, acaba o expediente, os técnicos têm sua reunião de síntese e ele tem de ir embora. Ponto para ele, que vai para casa sem limpar a parede. Como é sexta-feira, alguém lhe diz: "Conversaremos sobre isso na segunda-feira". Na segunda-feira, telefona, fala com outra técnica e avisa que não vai ao Therapon. Mais um ponto para ele, pois essa colega, que ainda não sabia do ocorrido, não lhe diz que "aquela conversa fica para quarta-feira". Na quarta-feira, quando chega, a mesma regra lhe é apresentada. Não pode participar de nada enquanto não limpar a parede. Dessa vez, contudo, ele expõe com franqueza sua posição: "Sou eu quem dito as regras e só faço o que quero. E não vou limpar a parede".

Nesse momento, os vários técnicos começam a procurar as chaves das salas para trancá-las, pois, se ele ficar nos corredores, pode usar o computador, o teclado de piano, enfim, dar um jeito de participar mesmo sem estar com o grupo. No meio do corre--corre maluco atrás das chaves, alguém se lembra de gritar "Quem fica de olho no Wilson para ele não aprontar mais alguma?". Mesmo assim, o lanche dos pacientes desaparece. Todos sabem que só pode ser Wilson, que jura de pés juntos que não foi ele. A técnica responsável por ele se lembra de não entrar no jogo perverso. Em lugar de atuar o objeto sádico que "espanca" ou o masoquista que implora pelo reaparecimento do lanche, os técnicos decidem inviabilizar a provocação comprando outro lanche no supermercado vizinho. Em pouco tempo, o lanche sumido reaparece.

Nessa altura, uma parte da equipe, profundamente irritada, considera a possibilidade de mandá-lo para casa antes do término do expediente. Se ele não acata minimamente as regras da casa, não pode permanecer no hospital-dia. Felizmente, há um momento de hesitação. Antes de partir para a ação, os técnicos decidem consultar a mesma técnica – responsável por ele – que sugerira a compra de outro lanche. Ela discorda de mandá-lo embora. O problema de Wilson – a razão pela qual ele está no hospital-dia – é justamente a impossibilidade de aceitar a diferença entre as gerações, a lei e a autoridade paterna. Mandá-lo para casa, longe de obrigá-lo a enfrentar a existência de uma lei, seria mais um ponto para ele. Mesmo porque isso já havia sido tentado sem sucesso. Outra possibilidade seria ele ficar, mas sem participar das atividades do dia. Para que ele compreendesse o sentido de "ficar fora do grupo", ele teria que estar no hospital-dia.

Tudo isso lhe é comunicado. Imediatamente, ele se põe a ler uma revista, gargalhando. Então a equipe, já menos "louca", unida em torno de uma lei comum, compreende que deve levar ao pé da letra o "não pode fazer nada". Wilson não pode ler revista, livro, tomar lanche nem mesmo conversar. Nesse caso, alguém teria de ficar do lado dele a tarde toda, impedindo-o de "fazer coisas". A técnica responsável se propõe a fazer essa tarefa que a todos parecia, além de torturante, impossível do ponto de vista prático. E ela o faz com um estado de espírito tranquilo, nem vingativa nem irritada, para o bem do garoto. Em algum momento ele vai para o jardim e arrebenta as rosas da roseira. A técnica lhe diz: "As rosas poderão nascer novamente, as paredes podem ser repintadas, só sua cabeça parece que não tem jeito".

Sabemos o que dizemos, não sabemos como somos escutados, tanto no divã como fora dele. A partir dessa interpretação, Wilson decide limpar a parede, o que faz até com capricho. Agora sabe que pode participar das atividades e, o mais importante, ele *quer* fazer parte do grupo. Entra na sala em que estavam todos, porém não avisa que limpou a parede, fazendo-se expulsar, dessa vez injustamente. Pequeno ponto para ele, que confirma sua versão de sempre: somos injustos com ele. Podemos imaginar que, sem essa pequena compensação masoquista, não seria possível enfrentar a humilhação de dar o braço a torcer e acatar a lei. De qualquer modo, ele retorna ao grupo e participa de maneira colaborativa.

Na reunião clínica, pudemos ver que a divergência inicial no seio da própria equipe quanto a como lidar com a situação reflete exatamente a postura dos pais. O pai acha que Wilson ficou assim porque, quando era pequeno e o colocava de castigo, a mãe ia lá e tomava a atitude oposta, por não suportar vê-lo sofrer. Uma parte da equipe estava parcialmente identificada à mãe, que imaginariamente acredita não ter forças para impor um castigo até o fim e suportar o sofrimento do filho. Já a técnica responsável estava tentando sair desse lugar e identificar-se ao pai – mas a um pai potente embora paraplégico, capaz de fazer valer a lei. A identificação com a mãe é parcial porque a equipe conseguiu "lembrar-se" de consultar a técnica responsável, nascendo desse movimento outra solução, agora tomada em conjunto.

A equipe realiza um trabalho psíquico, aquele que a família não consegue realizar, no momento em que funciona como um casal unido que ocupa *psiquicamente* o lugar de autoridade perante o filho, marcando com clareza a diferença entre as gerações. Como resultado, interrompemos, ao menos dessa vez, a compulsão à repetição em que estávamos, nós e Wilson, aprisionados. O garoto assume seu desejo de participar do grupo, mesmo ao preço exorbitante de dar o braço a torcer e acatar a lei, demonstrando que desejo e castração andam juntos.

Simbolização

Ninguém gosta de submeter-se a regras, mas por que será que essa experiência é vivida por Wilson como algo tão insuportável? O que, em sua história emocional, faz que castração seja sinônimo de injustiça e humilhação?

Wilson, sempre ofendido, reclamava que era desprezado por não pagar sua internação – algumas vagas no hospital-dia são gratuitas –, enquanto os outros pacientes "recebiam tratamento *VIP*". Vingava-se, desprezando nosso trabalho e também humilhando os outros, especialmente as técnicas mulheres e os pacientes mais comprometidos, como Renata. Por outro lado, provocar Márcio ou um técnico qualquer era fazer-se humilhar pelo mais forte.

Wilson gosta de contar piadas. Entre elas, esta joia: "Um homem se apaixonou por uma mulher que via todos os dias pela janela do seu apartamento. Resolveram se casar e, quando a noiva entrou na igreja, estava numa cadeira de rodas. Ela era paralítica e da janela não dava para o homem ver!". Não só a piada não tinha graça nenhuma, como ele mesmo a havia inventado. Uma interpretação que não lhe foi dada, porque, no momento, prevaleceu uma resposta de tipo superegoica, seria: *você é uma piada, é filho de uma piada.*

Num passeio de sexta-feira ao centro da cidade, Wilson não admite ficar perto de um adolescente psicótico. Seu argumento: "Tenho vergonha de ser visto andando do lado deste debiloide, deste neurótico, desta coisa". Todos entravam num vagão do metrô, mas ele entrava por outra porta, no extremo oposto. O garoto, que gosta de Wilson, faz várias tentativas de aproximação, sendo enxotado da pior maneira todas as vezes.

Aos poucos, foi se delineando a hipótese de que o campo transferencial era determinado pela lógica emocional do desprezo/humilhação. Haveria alguma relação entre essa lógica e a maneira pela qual a deficiência física foi vivenciada pela família?

Possivelmente a deficiência física seria uma ferida narcísica duplamente profunda e dolorosa, por afetar pai e mãe, embora de maneira diferente. A mãe parece vivê-la preferencialmente sob o signo do preconceito. Quando vai à escola para a reunião de pais, ela ouve comentários do tipo: "Como uma aleijada pode ter um filho sadio?". Ainda nessa linha, conta que o obstetra que fez o parto não queria dar-lhe alta, temendo que ela não tivesse condições de cuidar do filho. Já o pai parece viver sua deficiência como uma castração injusta, ainda esperando alguma indenização por parte da vida. Quando criança, Wilson "aprontava" com os pais e saía correndo pela casa, sabendo que jamais poderiam alcançá-lo. Teria vivido a deficiência dos pais como um triunfo seu? Mas até aqui tudo são hipóteses.

É preciso que a equipe se dê conta de um ponto cego em sua atitude com relação aos pais de Wilson para que o campo da humilhação deixe de ser uma hipótese, tornando-se ocasião de um trabalho analítico concreto. Em primeiro lugar, o valor emocional da deficiência física não chegou a ser abordado por muito tempo, nem com os pais, nem com Wilson. Possivelmente seria prematuro, mas talvez houvesse, por parte da equipe, uma evitação fóbica ao tema. De qualquer maneira, o fato é que a equipe reagiu de várias maneiras. Quando o caso foi apresentado pela primeira vez, surgiram "piadinhas" sobre como o casal teria engravidado, se ambos são paraplégicos. Seria uma excelente oportunidade de alguém da equipe intervir no funcionamento psíquico da própria equipe, interpretando a piada como sinal de desprezo pelo casal de paraplégicos, o que não ocorreu. Além disso, o tema era tratado ora de maneira prática, do tipo "Em que andar faremos o trabalho com a família?", ora de maneira excessivamente natural, com uma atitude tingida de cores politicamente corretas.

Por fim, um incidente que talvez nada significasse fora do contexto que acabamos de descrever sinaliza, também, nosso ponto cego. A mãe de Wilson se prontificou a ajudar o Therapon, instituição sem fins lucrativos, conseguindo algumas doações. Para tanto, elabora uma carta-modelo solicitando as doações e aguarda um retorno nosso sobre a carta. Dois meses depois, não só ninguém lhe havia dado qualquer retorno como a carta havia sumido. Não estaríamos repetindo com ela a atitude de desprezo que Wilson exibe com relação à ajuda que podemos lhe oferecer? Sua deficiência física ou, retirando o eufemismo, o aleijão de Simone fez que desprezássemos sua ajuda? Qualquer ponto cego, quando deixa de ser cego, causa vergonha, como se fora um aleijão. Quem esperava encontrar, no seio da própria equipe, certa dose de preconceito, de desprezo e de evitação fóbica com relação à deficiência física dos pais de nosso paciente? Num segundo momento, percebemos que não há como escapar a esse campo transferencial, nem mesmo este relato, que o denuncia pelo tom excessivamente humilde.

De qualquer maneira, seria impossível não atuarmos, pelo menos num primeiro momento do nosso trabalho com Wilson, aquilo de que não se podia falar abertamente – de que *ninguém* pode falar abertamente, especialmente a família de Wilson. Assim, o tabu familiar, a ferida narcísica, aquilo que causa vergonha tanto aos pais quanto ao filho, que se transforma em sintoma por não ser passível de simbolização, foi atuado como ponto cego da equipe durante algum tempo. O trabalho institucional psicanalítico consiste em colocar tudo isso em palavras: primeiro para nós mesmos, depois no trabalho com a família, para Wilson e seus pais. Por enquanto, basta não evitarmos mais o tema quando ele insiste em surgir.

Aliás, Wilson é o primeiro a mover-se nesse tabuleiro. Certa tarde, brincando de Lego, faz uma casa térrea. O técnico que brinca com ele constrói uma "laje" para um segundo pavimento. O garoto acrescenta, de maneira quase inaudível, "como os paraplégicos vão subir?". Wilson sinaliza sua incipiente capacidade de abordar o tema tabu. É pouco, diante da gravidade do caso, mas é um momento de alento no lento trabalho com a psicose.

Sugestões de leitura

Cahn, R. (1991). *Adolescence et folie: les déliaisons dangereuses*. Paris: PUF.

Faimberg, H. (1993). Le télescopage des générations. À propos de la généalogie de certaines identifications. In R. Kaës, H. Faimberg, M. Enriquez, & J.-J. Baranes (Org.), *Transmission de la vie psychique entre générations* (pp. 59-81). Paris: Dunod.

Penot, B. (1999). Travailler psychanalytiquement à plusieurs en institution thérapeutique. (Trabalho apresentado no Encontro Clínico-Institucional sobre a Adolescência, 1. São Paulo, SP).

Scharmann, G. (1988). Narcisse contre narcisse: essai d'analyse d'une séquence institutionnelle. *La psychiatrie de l'enfant, 31*(2), 557-570.

Um olhar psicanalítico na escola[1]

Gosto deste pequeno texto porque mostra como o sofrimento psíquico produzido por lógicas socioculturais inconscientes pode ser apreendido na/pela transferência – seja com o corpo docente, seja com as psicanalistas que fizeram esse "diagnóstico transferencial". Esta breve experiência ampliou meus horizontes clínicos porque vi como esse conceito permite acessar não apenas o sofrimento psíquico individual como também o sofrimento psíquico produzido pelas distopias do mundo em que vivemos.

O leitor encontrará neste texto uma reflexão sobre a experiência de intervenção psicanalítica numa escola da rede pública estadual

---

1 Esta intervenção foi realizada por uma equipe do Instituto Therapon Adolescência, instituição para tratamento psicanalítico de adolescentes com transtornos emocionais graves. Escrito em coautoria com Ana Cristina Cintra Camargo, Silvia Bracco e Sonia Terepins. Publicação original: Minerbo, M., Camargo, A. C. C., Bracco, S., & Terepins, S. (2002). Um olhar psicanalítico na escola. In L. de Macedo, & B. A. de Assis (Org.). *Psicanálise e pedagogia* (pp. 75-80). São Paulo: Casa do Psicólogo.

de ensino. A intervenção deu-se em três etapas: observações em salas de aula, conversas com dez "alunos que dão trabalho" encaminhados pela coordenação e, finalmente, grupos de discussão com os professores. O recorte que vamos privilegiar é o trabalho realizado com dois grupos de "alunos que dão trabalho".

Do nosso ponto de vista, o olhar psicanalítico na escola não é o olhar do psicanalista clínico aplicado à situação escolar. O objetivo não é compreender a problemática individual subjacente a certo tipo de comportamento, mas o que o fenômeno observado pode significar em si mesmo e que lógica inconsciente o anima. O olhar psicanalítico se diferencia do olhar do educador na medida em que procura dar um sentido, para além do senso comum, ao significante "alunos que dão trabalho". Esse sentido é construído interpretativamente, buscando uma aproximação à sua ordem de determinação inconsciente, de modo a abrir, para o professor, outras possibilidades de compreensão.

No grupo A, os encontros se deram de maneira bastante intensa, e já no início o clima parecia ser de muita intimidade. O grupo funcionava de maneira homogênea. Traziam assuntos como drogas, sexo, delinquência e transgressões de vários tipos. Parecia haver, apesar de tudo, terreno fértil para uma conversa produtiva. Estávamos claramente diante de jovens com problemas, desejosos de serem escutados. No decorrer dos encontros, o cenário mudou radicalmente. Foi ficando claro que a intenção era chocar e escandalizar, trazendo coisas cada vez mais pesadas. Quando pensávamos que já haviam esgotado seu repertório escatológico, havia mais. O comportamento era tipicamente *trash* (lixo) – falavam de costas para nós ou deitados, assoprando camisinhas, coçando as nádegas. Já não havia um grupo. Eles agora se apresentavam encerrados em seu próprio universo, sem capacidade nem vontade de ouvir, impossibilitando qualquer tipo de troca. O ponto de virada parece ter sido o momento em que mostramos que tínhamos coisas a dizer. A partir daí, a mensagem era clara: vocês não existem para nós, nossos universos não se tocam.

O grupo B percorreu um caminho diferente. Nos encontros iniciais, os jovens ficaram reticentes, desconfiados, defendendo-se com uma postura cínica. As pessoas não se escutavam. A conversa não era direta como no outro grupo. Os temas abordados também foram diferentes. Falou-se, de maneira indireta, de morte, melancolia, desesperança, problemas em casa. Surpreendentemente, o grupo caminhou para a construção de um espaço de diálogo, de intimidade e de valorização da experiência. Nesse momento, tínhamos a sensação de estar diante de jovens lutando para ser alguém em condições ambientais muito difíceis. Eles relatavam suas experiências particulares, numa tentativa genuína de nos apresentarem seu mundo, sem desejo de escandalizar ou chocar. Por mais desconexo ou fragmentado que fosse o discurso, a postura era de tentar afirmar ali uma personalidade.

Para compreender, de um ponto de vista psicanalítico, que fatores inconscientes determinam o comportamento descrito pelos docentes como "alunos que dão trabalho", mantivemo-nos fiéis aos conceitos de inconsciente e transferência. Preocupamo-nos em compreender que lugar transferencial ocupávamos para cada um dos grupos e que fatores inconscientes organizavam sua maneira peculiar de estar conosco. Nossa perplexidade encontrou eco num estudo realizado nos subúrbios de Paris (França), por François Dubet, publicado em *La galère: jeunes en survie* (1987). Apesar de ser um estudo sociológico, ele se aproxima metodologicamente da psicanálise na medida em que o autor realiza uma imersão na experiência dos jovens para, de dentro, compreender o seu sentido e as lógicas que o determinam (pp. 57-60). Nossa experiência ganhou sentido à luz do estudo de Dubet. Uma vez que esse autor atende ao objetivo já anunciado – de esboçar uma reflexão –, deixamos a revisão bibliográfica para um segundo momento.

A tradução do termo *galère* não é simples. Designa a experiência de estar no mundo sem rumo, sem objetivos nem preocupação com o futuro, vivendo apenas o presente, enfim, tocando a vida como dá, um dia após o outro. A delinquência faz parte da galera, mas não define sua essência. A galera é uma experiência fragmentada, em que não é possível encontrar um eixo ou uma coerência interna em termos culturais, ideológicos ou de visão de mundo. O que se percebe é a existência de um espaço geral em que cada um circula e se reconstrói em função da natureza do interlocutor e das circunstâncias. Cada jovem é um agrupamento *per se*. Analisando o discurso e o comportamento dos jovens franceses, Dubet identificou três lógicas inconscientes que determinam a potencialidade delinquente da galera: *desorganização social, exclusão* e *raiva* (p. 67 ss.)

O discurso do grupo A parece maciçamente organizado pela *lógica da raiva*, com o transbordamento dos temas relativos à delinquência. Os jovens se referem a seus próprios atos delinquentes de maneira banal – o tom não é heroico nem envergonhado. A relação com a autoridade, com a lei, em especial com a polícia é ambígua: odeiam-na e a querem mais eficaz. Reclamam de seus abusos e, em seguida, perguntam como se faz para fazer parte de curso na Academia Militar. Um deles se refere a um episódio em que só aprendeu a respeitar o policial que o deteve quando pichava monumentos quando seu pênis foi tingido de preto. Usam expressões do mundo da marginalidade como "Dei fuga!" ou "Vou dar um passeio!", quando, depois de terem desacatado um policial, foram levados por um camburão. Esses relatos não expressam medo ou surpresa. Uma das jovens descreve a noite do último sábado: sua turma invadiu uma casa que estava para alugar;

tomaram banho, usaram o telefone, picharam as paredes, até a polícia chegar. Depois de tentar fugir pelo telhado, correndo o risco de cair, acabou detida pelos policiais. Comenta de maneira banal: "Meu pai me tirou de lá" e "Contei para minha mãe que eu estava brincando de esconde-esconde e ela acreditou". Outro integrante do grupo encontra dinheiro de um banco na rua e, em lugar de devolvê-lo, divide-o com o pai – a mesma figura que o manda para a escola e o encaminha para trabalhar. Quando perguntam a esse mesmo garoto quando um "não" é bom, ele responde: "quando é a gente que diz".

Segundo Dubet, a lógica da raiva contra tudo e todos tem a ver com um sentimento de dominação social. Esses jovens se sentem oprimidos, mas não conseguem identificar quem é o opressor e, portanto, não conseguem se organizar para lutar contra ele. Em outras palavras, é a expressão da ausência de um movimento social capaz de dar sentido à experiência de dominação vivida por eles. A raiva acaba se voltando contra eles mesmos, pois engole tudo, mesmo os aliados. Tudo é combatido de maneira absoluta. É como se dissessem: "A sociedade não nos quer, também não queremos a sociedade". Muitas vezes essa raiva latente explode como violência gratuita.

Retomando o grupo A, transferencialmente éramos representantes da "ordem e dominação da sociedade". Nesse momento, éramos a extensão da diretoria da escola. Transformamo-nos num adversário concreto, visível. É compreensível que, além de se recusarem a escutar, nos tomassem como alvo de ataque. Percebemos, pelo discurso dos alunos, que alguns interlocutores podem facilitar a eclosão da raiva. Por exemplo, professores que, por características pessoais, simbolizam a dominação e a violência. Mesmo o simples fato de "terem" de ficar sentados nas carteiras durante as aulas ou "terem" de fazer lição já podem ser vividos, por esses adolescentes, como "dominação". Quando interpretam sua situação escolar dessa maneira, a insubmissão dos alunos na classe se torna legítima a seus próprios olhos, sendo ostentada como um ato heroico. Não é de se admirar que "deem trabalho" aos professores. Em resumo, a lógica da raiva não procede de um sentimento de estar "de fora", mas de estar "por baixo", esmagados e dominados por um inimigo impalpável que pode se materializar em algum professor, como aconteceu conosco.

Já o discurso do grupo B tinha outra tonalidade, mais relacionada ao que Dubet chamou de *lógica da desorganização social* e *lógica da exclusão*. A primeira aparece como esfacelamento do tecido social e familiar, levando ao isolamento, à solidão, à indiferença, à apatia e ao niilismo. Por fim, a desintegração social e familiar conduz à melancolia, que é vivida como procedendo de "problemas pessoais e familiares". A lógica da exclusão, por sua vez, diz respeito à impossibilidade de participar do processo de mobilidade social, melhorar de vida, ter direito a um futuro. A marca desse discurso é a frustração, que pode ser apática, quando o sujeito culpa a si próprio pelo fracasso, ou rebelde, quando culpa o mundo.

Um aluno foi literalmente "catado" no corredor para integrar esse grupo, atestando a desorganização da escola. Ele não se reconhece como "aluno que dá trabalho" e abandona o grupo. Outra garota, com um *piercing* na língua e vários na orelha, quer ser uma "guerreira para mudar este mundo podre". Acha injusto o racismo contra os mendigos, com quem se identifica ao ponto de se sentar na rua com eles para ficar conversando. Diz que a lua é triste, pois não tem luz própria. A aluna que se ausenta em três dos cinco encontros diz: "Já tenho 120 faltas, para que vir, prefiro ficar dormindo". Sua postura demonstra que já não se importa com nada, o fracasso é inevitável, numa postura claramente niilista. Um aluno escolhe o apelido de Kurt, em homenagem ao roqueiro que se suicidou, mostrando um fundo melancólico. Ele acha "babaca" estudar, basta aprender as quatro operações matemáticas. Apenas os "*nerds*" estudam. Kurt se mostra surpreso, mas também despreza os jovens que pensam no futuro. O quinto componente do grupo é psicótico, com um discurso completamente delirante. Ninguém na escola se deu conta disso, ele apenas "dá trabalho", nem em casa, pois descobrimos que ele não está em tratamento. O sentimento que experimentamos diante do grupo, inicialmente, é de impotência. Estamos diante de jovens de 14 ou 15 anos que já estão velhos e não acreditam em nada. Transferencialmente, somos aquelas que "vêm de fora, do mundo dos vivos". O fato de estarmos lá parece ser interpretado por eles como uma tentativa de resgate, de inclusão, de construção de um espaço grupal. Aos poucos parecem se apoiar em nós para tentar reverter o isolamento inicial, a depressão e o niilismo. Começamos a funcionar como grupo de trabalho.

Finalizando, o olhar psicanalítico identificou um grupo que "dá trabalho" em função da raiva contra a dominação e outro que "dá trabalho" em função da melancolia e do niilismo decorrentes de exclusão e desorganização social.

Referência

Dubet, F. (1987). *La galère: jeunes en survie*. Paris: Fayard.

C(ã)es-terapeutas: o enquadre a serviço do método na análise de uma adolescente[1]

Escrito entre 2001 e 2002, este texto mostra de que modo o trabalho em instituição[2] fertilizou minha clínica. Quis registrar também minha descoberta do manejo da "transferência lateral". Este foi um dos trabalhos que apresentei na Sociedade Brasileira de Psicanálise de São Paulo para postular minha passagem a analista didata.

Tenho cá para mim que o trabalho analítico com Taís só foi possível graças aos cães, que desempenharam a função de *coterapeutas* – daí o termo "c(ã)es-terapeutas". Além do desejo de partilhar com os colegas uma experiência clínica *sui generis*, a apresentação deste caso permite esboçar algumas considerações sobre como o trabalho em hospital-dia fertilizou meu trabalho em consultório, resultando no híbrido que o leitor tem em mãos. A flexibilidade no enquadre externo depende de um rigor no enquadre interno

---

1 Publicação original: Minerbo, M. (2002). C(ã)es-terapeutas: o enquadre a serviço do método na análise de uma adolescente. *Estilos da clínica*, 7(12), 12-27.

2 O Instituto Therapon Adolescência funcionou entre 2000 e 2007.

134 C(Ã)ES-TERAPEUTAS

– a postura psicanalítica. Em outras palavras, muda o enquadre, mas não o método.

Então saímos, eu, minha paciente e meus dois cachorros, para mais uma de nossas sessões na praça ao lado do consultório. Eles haviam sido requisitados para compor nosso enquadre. A transferência maciça entre minha paciente e minha cachorra não me deixava alternativas. Meu lugar era acompanhá-las, quieta e atenta a esta curiosa lateralização da transferência. Na pele/mente de um cão me foi possível, aos poucos, ir humanizando essa garota.

a.C.

Os pais de Taís lhe propõem um trato. Ela deve iniciar uma análise, emagrecer, melhorar suas notas, fazer amigos. Em troca, em seu aniversário, ganhará o cãozinho tão desejado. Não me parecia uma maneira muito auspiciosa de iniciarmos um trabalho. A demanda de Taís não era de análise, mas de cachorro.

Na primeira sessão, vejo uma adolescente de uns 16 anos, alta, gorda, rosto bonito, ostensivamente descuidada no vestir. Sua primeira fala ao olhar para a cadeira de vime onde a convido a sentar: "Esta cadeira me aguenta?".

Esta análise se divide em dois grandes períodos: a.C. e d.C. – antes e depois do cachorro.

Nos primeiros meses do período a.C., conversávamos amigavelmente sobre cães, sua grande paixão. Frases recolhidas me ajudam a iniciar um esboço do universo mental de Taís: "O *pit bull* tem uma mordida equivalente a 5 toneladas, é assustador"; "O labrador é muito meigo, amigo"; "O *cocker* é lindo e fofo, mas fede". Em vista da possibilidade de ganhar seu cãozinho, Taís passa tardes inteiras num *pet shop* "escolhendo" o filhotinho mais lindo, mais perfeito.

Soube na entrevista que Taís e seu irmão são adotados. Não era difícil conversar sobre como ela se preparava para adotar um cachorrinho, desejava o mais perfeito etc. Ainda nesta linha, o material clínico que se segue era transparente: "Não entendo as pessoas que compraram um cachorrinho e depois não brincam com ele"; "Tem cachorra que tem mais instinto materno do que muita mãe. Vi uma que deu cria e um filhotinho morreu; a dona jogou no lixo e a cachorra foi buscar por três vezes. Ela não abandonou o filhote, nem morto".

Uma representação importante de sua identidade era o cachorro vira-lata:

> *Taís: Ninguém quer vira-latas, há preconceito. Também contra gordos.*
>
> *Marion: Ninguém quer cachorro de pais desconhecidos.*
>
> *Taís: Tá me chamando de vira-lata?*

A análise parecia ter engatado, principalmente depois de saber que tenho um *beagle* e uma labradora. Ouvira os latidos e perguntara se os cachorros eram meus, qual era a raça, o nome. Trazia revistas sobre cachorros e eu me sentia uma mãe acompanhando a gravidez da filha, folheando juntas revistas de decoração de quarto de criança. Seu aniversário se aproximava. Sim, tudo parecia ir bem.

Mas então o que era aquela verborreia amorfa quando a conversa não era canina? O que era aquele vago incômodo que eu sentia quando ia de um assunto a outro, sem que nada tivesse relevo emocional? E de onde vinha minha sensação de que ela "mentia" para mim? Não é que ela procurasse dissimular ou simular alguma

136 C(Ã)ES-TERAPEUTAS

coisa, apenas inventava histórias, sem convicção, para preencher a sessão. Histórias de plástico...

Será que Taís vinha às sessões apenas para garantir seu cachorro? Era estranho: ela me parecia tão verdadeira e transparente quando falava dos cães, mas também tão opaca e mentirosa com suas histórias de plástico. Fui percebendo que nem ela havia me adotado nem ia permitir que eu a adotasse. Assim era a transferência, essa estranha mistura feita de opacidade transparente, verdade mentirosa.

> Taís: Vi um gato persa, perfeito, branco, de olhos verdes. Em vez de cachorro, agora quero um gato.
>
> Marion: Não acredito que você seja capaz de fazer isto.
>
> [Taís leva um susto, fica imóvel, quieta.]
>
> Taís: Agora você me deixou muito sem graça.

Eu invadira seu refúgio. Ela não esperava que eu estivesse atenta ao outro lado de suas palavras que são e ao mesmo tempo não são "de verdade".

Chega o aniversário. Taís não passou em todas as matérias. Ao saber das notas, aquela menina durona que aguenta firme qualquer castigo chorou – escondido. A mãe simplesmente anuncia: "Seu cachorro 'dançou'". Taís joga no lixo tudo o que se relaciona com cães. Enlutece e emudece.

A mãe solicita uma entrevista: "Quero dar o cachorro a Taís, mas se eu voltar atrás no trato estarei falhando em meu papel de mãe. Mas também, por que ela não tenta me levar no bico para ganhar seu cachorro?". Eu escuto: "Por que raios ela não faz direito seu papel de filha?". A mãe quer ser mãe de verdade, mas se agarra ao papel de mãe, plastificando sua maternagem. *Mãe tem de ser dura por fora* (papel de mãe) *e mole por dentro* (mãe de verdade). O papel de filha, muito parecido com ser filha de verdade, *é chorar e levar a mãe no bico*. Enfim, reencontro no discurso da mãe a mesma opacidade transparente e verdade mentirosa que vinha observando em Taís.

Ao solicitar a entrevista, a mãe deseja que eu a autorize a ser mãe de verdade: "Quero dar o cachorro". Taís ganha seu cãozinho. Depois dessa conversa, o incômodo a que me referi ganhou um contorno: eu e Taís representávamos papéis, e isso plastificava nossa relação.

d.C.

Mudança brusca. Assim que ganha sua cachorrinha, Taís adota uma atitude de "cagar e andar" para tudo o que eu digo. Na escola, torna-se "delinquente". Em casa, não cuida do cachorro. Todos se irritam com ela, que apenas dá de ombros. Taís é psicopata? Ou seria apenas a encenação de mais um papel?

O trabalho ficou mais difícil. Eu tendia a ser superegoica, por exemplo, quando ela quase deixou sua cadelinha morrer. Tentava interpretações "continentes" de supostas angústias relacionadas à adoção. Conversei com ela sobre a distância entre a mãe ideal que imaginava ser e a mãe que ela era de verdade. Nada a toca.

Para falar a verdade, minhas interpretações também não me convenciam. Era estranho: eu começava a frase visando um suposto eu-angustiado e me descobria falando com um eu-cago-e-ando. Além de me deixar irritada, eu perdia o pé. Assim, fui obrigada a reconhecer que, apesar de mim mesma, eu continuava fazendo "papel" de analista e que era justamente este o campo transferencial (Herrmann, 1991) em que estávamos: o campo de plástico.

138   C(Ã)ES-TERAPEUTAS

O mesmo drama se passava com Taís. Eu percebia que, às vezes, ela desejava contar alguma coisa significativa. No entanto, quando ia dar o braço a torcer (como a mãe, que queria dar o cachorro, mas não podia dar o braço a torcer), quando iniciava uma fala de verdade, em pouco tempo estava falando da boca para fora. Fora dos papéis, Taís entrava em pânico de verdade. O eu-delinquente era, possivelmente, mais um papel. De onde surgira?

É importante frisar que, embora me refira à representação de papéis, não penso que sejam falsos, no sentido do falso *self*. Ao contrário, um papel é sempre de verdade, pelo menos enquanto dura. Como no teatro. Como o jogo das crianças. Como a transferência, pois é disso que se tratava.

Assim, em meio ao bombardeio das grosserias do eu-cago-e-ando, eu tinha duas preocupações. Evitar o tom superegoico que reforçava o eu-delinquente e procurar conversar de verdade com ela. Eu estava decidida a só dizer o que eu realmente quisesse dizer. Dar o cachorro, se esta fosse minha vontade, sem me preocupar com o papel de mãe-analista.

> *Sabe, Taís, eu começo a falar com você e de repente você não está mais lá, eu não sei mais com quem estou falando.*
>
> *Ah, mas eu não vou fazer como essa sua amiga, que fingia que tinha aulas particulares enquanto o professor fingia que dava aula.*
>
> *Olha, eu tenho todo o tempo do mundo para tentar ter uma conversa de verdade com você.*

Eu continuava a me perguntar de onde surgira aquele eu-delinquente.

Melancolia

Procuro outros canais de comunicação, já que no campo transferencial descrito as palavras, minhas e dela, tinham essa estranha propriedade de se transformar em plástico no meio do caminho. Instalo uma pequena oficina de artes no consultório. Minha hipótese era de que uma mudança no enquadre poderia colocar em cena outro eu de Taís, assim como no teatro a mudança no cenário indica a entrada de outros atores ou, pelo menos, de outra cena.

Ela faz um desenho significativo: um mergulhador sendo devorado por um tubarão, enquanto outro mergulhador olha, sarcástico, do lado de fora. Uma parte dela sofre, a outra finge que caga e anda; mas a quem eu poderia dizer isso? O eu que sofre não estava lá, o outro daria de ombros. Rapidamente, a produção artística foi se plastificando. Tentei jogos. Se vencesse, me maltratava, se perdia, dava um jeito de não se importar. Desânimo.

Nesse meio-tempo, seu comportamento na escola e suas notas estavam se tornando insustentáveis. Sugeri uma escola especial, cuja postura não é punitiva e que compreenderia a "delinquência" como sintoma.

Embora me xingasse como um *pit bull*, Taís tinha os olhos doces de um labrador. No dia em que veio bêbada à sessão, depois de ter embebedado seus colegas de classe, tinha certeza de ter atingido meus limites. Então eu me lembrava de sua primeira fala: "Esta cadeira me aguenta?". Eu imaginava que aqueles olhos de labrador tinham uma história para contar.

Para me contar essa história, entra em cena o eu-poeta de Taís. Ela escrevia bem! O tema foi outra surpresa. Todas as poesias falavam, de uma maneira ou de outra, do primeiro grande amor, para sempre perdido. Em algumas poesias jurava fidelidade eterna a um

140 C(Ã)ES-TERAPEUTAS

suposto namorado que falecera, deixando em seu lugar o esplendor da lua. "Não haverá outro além de você." Em outras, acusava o namorado de ter "aprontado" com ela e de não ser merecedor do imenso amor que, não obstante, ela continuava a lhe devotar. O curioso é que ela jamais se apaixonara por alguém nem tivera namorados. Enquanto ela lia os poemas, exigia que eu ficasse de costas para ela, de tão envergonhada. Jamais repetia um poema, nem sequer um trecho. Lembro-me de ter interpretado com outra poesia, em que eu lhe falava de seu pacto com "as sombras", sua dolorosa renúncia ao sol, às palavras, enfim, ao humano.

O diagnóstico de melancolia não é difícil. As poesias falam do investimento maciço no objeto perdido, ao mesmo tempo amado e odiado. A teoria fala em ódio ao objeto transformado em ataque ao próprio ego – "Você não presta para nada". Seria essa a origem do eu-delinquente? Se o "namorado" a tinha abandonado, é porque ela não o merecia. Afinal, era uma garota gorda, desleixada, insuportável. O mais grave, nesse quadro, era a impossibilidade de investir amorosamente num novo objeto. Como abrir espaço para o eu-amoroso, anunciado pelas poesias?

Consultório e instituição: enquadres diferentes, mesmo método

Antes de prosseguir, mostrando como e por que introduzi os cães no enquadre da análise, creio ser útil uma pequena digressão em torno do método e do enquadre.

Há trinta anos nascia em Paris (França) um hospital-dia para adolescentes com transtornos emocionais graves, o Cerep. Seus fundadores, dois psicanalistas, estavam às voltas com a necessidade de justificar, do ponto de vista teórico, por que uma tal mudança no enquadre – do consultório para uma instituição – não desnaturava o essencial de um tratamento psicanalítico.

A resposta era simples: o enquadre mudava, mas o método não, ou seja, no dia a dia da vida institucional garantia-se certo tipo de escuta, que só é possível quando balizada pelos conceitos de inconsciente e transferência. A postura psicanalítica – uma escuta descentrada do discurso do paciente – vai construindo uma compreensão teórica do caso, que orienta a resposta do analista. A fala do analista considera, porém não coincide, o desejo do paciente.

Neste trabalho, percorro o caminho inverso. Em certa fase da análise, criei um enquadre de hospital-dia para trabalhar com Taís no consultório: recorri a meus cães como coterapeutas. Do meu ponto de vista, o método exigia a mudança de enquadre, que se impunha a partir do processo analítico.

O enquadre é, frequentemente, problemático na análise de adolescentes bastante comprometidos (Cahn, 1991). Quando muito rígido, torna-se perigoso pela importância conferida à relação interpessoal. No outro extremo, quando é frouxo e diluído, não oferece uma continência adequada. Frequentemente, torna-se o lugar e o pretexto para transgressões de toda ordem. A partir de certo ponto, tais transgressões comprometem a própria continuidade do processo analítico.

O enquadre oferecido por um hospital-dia soluciona essas dificuldades. A instituição não só permite como encoraja *a atuação no sentido teatral do termo* – isto é, colocar em cena concretamente a complexidade dos dramas emocionais. Nas palavras de Bernard Penot (1999), a instituição funciona como um *neo-meio-de-vida*. O espaço de vida é partilhado por adolescentes com dificuldades emocionais e por adultos que vão implicar-se não apenas no nível da palavra como também e, sobretudo, por meio de tarefas, divididas com os jovens ao longo do dia. É com a experiência de vida

142   C(Ã)ES-TERAPEUTAS

cotidiana que pode ser produzida uma palavra em comum, portadora de um trabalho de *subjetivação*. A noção winnicottiana de *espaço transicional* é preciosa: o ambiente terapêutico é concebido como uma matriz de colocação em discurso da experiência vivida.

Ocorre que Taís não era tão perturbada a ponto de exigir um tratamento institucional nem suficientemente normal a ponto de suportar um enquadre tradicional. Creio ter deixado claro como era difícil estabelecer com ela uma distância ideal. Havia o risco de estar excessivamente próxima, intrusiva, ou muito distante, indiferente, estrangeira. A posição face a face deixava a paciente em pânico. O campo transferencial fazia que nos refugiássemos, ambas, no desempenho de papéis e transformava nossas palavras em falas de plástico. As tentativas de criar canais para a expressão artística ou lúdica tiveram o mesmo destino.

À semelhança do consultório, a equipe que trabalha numa instituição deve, em primeiro lugar, *deixar que surja* o material clínico. Entre outras coisas, o paciente vai repetir e colocar seus dramas em cena. Assim que algo tenha surgido, deve-se *tomá-lo em consideração* (Herrmann, 1991). Uma das maneiras de fazê-lo é assumir, transferencialmente, as características do meio de origem do adolescente, principalmente de seu meio familiar. O trabalho de *deixar que surja para tomar em consideração* é completado nas reuniões clínicas, ou de *síntese*, quando a equipe procura funcionar como a mente de um analista. As vivências de cada terapeuta são *tomadas em consideração* para, a partir do conjunto, tentar conferir um sentido ao que se observa no dia a dia. Como se vê, o método é o mesmo.

A grande diferença é que na instituição os vários eus do paciente podem escolher terapeutas *concretamente* diferentes para se apresentar. Um paciente (cada um de seus eus) pode grudar em certo técnico, hostilizar um segundo e erotizar a relação com um terceiro. Cada um desses eus cria um campo transferencial específico, determinando nos vários terapeutas reações diferentes ao mesmo adolescente – seja em função de características pessoais, seja em função daquilo que aquele eu põe em cena.

No consultório, isso também acontece: nem o paciente nem o analista são os mesmos, dia após dia. Nem sempre isso fica tão claro como na instituição. E pode acontecer de algum aspecto do paciente nem sequer se manifestar, por não encontrar no analista a ressonância necessária.

Retomando o caso de Taís, o enquadre tradicional mostrou seus limites para o bom funcionamento do método. As poesias expressavam a impossibilidade do luto pelo objeto primário. Trancada na melancolia, aderia a uma única representação de si mesma – a "delinquente". Ela se movimentava nos estreitos limites entre odiar e ser odiada. Se estivesse em tratamento num hospital-dia, certamente encontraria na equipe algum terapeuta ou mesmo outro paciente com quem estabelecer uma relação de outra natureza. Em outros termos, a diversidade de terapeutas, com suas características pessoais variadas, poderia mobilizar e colocar em cena outros eus de Taís. Por que não lhe oferecer essa possibilidade no consultório? Por fim, é ela mesma que me dá a dica quando começa a trazer sua cachorrinha Loli às sessões.

Campo transferencial: humanidade canina

O caminho para a recuperação do humano em Taís passou por um longo período canino. Sua paixão por cães continuava presente. O tema da adoção, provavelmente relacionado à melancolia, podia ser trabalhado com base na sua relação com Loli. A ideia de

144 C(Ã)ES-TERAPEUTAS

introduzir os cães no enquadre surgia, assim, "de dentro" do processo. Coloco o enquadre a serviço do método.

A primeira a entrar em cena foi sua "filha"; pouco depois, os meus cachorros. Loli, na verdade Lolita, era a única "pessoa" com quem Taís realmente se importava. É assim que entra em cena o eu-amoroso da paciente. Loli e eu nos cheiramos até ficarmos amigas. Enquanto Taís e eu jogávamos cartas, Loli brincava pelo consultório ou ficava a nossos pés.

"Ela não é uma fofa, um amorzinho? Viu como ela gosta de você? Quer trazer um osso para ela, na próxima sessão?" O tom carinhoso de Taís se destinava a mim por meio de Loli. Nessa nova fase, em lugar de me xingar ostensivamente, me acarinhava disfarçadamente. Também meus carinhos eram oferecidos ao cão, mas era Taís quem os recebia. Havíamos encontrado a distância ideal para uma relação afetuosa. A troca, indireta, já não ameaçava. A adoção bilateral começava a acontecer. Eu já não tinha a sensação de representar um papel nem de dizer coisas de plástico.

Um dia, Taís pega Loli no colo, "meu amorzinho", e depois a joga no chão, "sua vagabunda!". A ambivalência entra em cena. Pouco tempo depois, pergunta se pode conhecer meus cachorros, que ficam num quintal ao lado do consultório. Na verdade, eles já se conheciam. Sandy, uma labradora enorme, cor de mel, e Billy, um *beagle* safado, por vezes bravo, latem sempre que ela chega, e só quando ela chega. Por que latiam para receber alguém que nunca tinham visto?

A importância de Loli na criação de novos canais para a circulação dos afetos levou-me a atender à solicitação de Taís: trago meus cachorros para o consultório. Decido assumir os riscos. Num primeiro momento, entra apenas Sandy, que é mais dócil. As duas se jogam, uma nos braços da outra, com tal sofreguidão que me surpreendo. Parecia que as duas se conheciam há muito tempo.

Taís reencontrava a destinatária daqueles poemas que falavam do grande amor perdido. "Você é linda, maravilhosa!", diz Taís beijando Sandy, que também a lambia inteira. Comento que parecia que as duas se conheciam desde sempre. Se antes a troca amorosa entre nós era mediada por Loli, agora o campo transferencial esquenta porque, afinal, é *minha* cachorra que ela "ama de paixão".

Taís passa a trazer presentinhos para Sandy. Docinhos, ossos, biscoitos. Ela está, ostensivamente, tentando roubar, seduzir – ou seria *adotar*? – minha cachorra. E consegue! Minhas intervenções, como sempre, eram mínimas, respeitando os limites impostos por Taís. Eu dizia a Sandy: "Diz oi para a mamãe, mamãe chegou, o que ela lhe trouxe hoje?". E para a Taís: "Sua filhinha está com saudades!". Taís quer me mostrar o tempo todo como Sandy gosta mais dela do que de mim. A relação de adoção é mais forte do que a biológica?

Na realidade, as identificações possíveis eram muitas. Os papéis de mãe/filha/biológica/adotiva se alternavam entre Sandy, Loli, Taís e Marion. Também Loli veio conhecer os meus cachorros – irmãos de criação. Com a entrada de Billy, o consultório ficou pequeno. Saíamos, Taís, eu, Billy e Sandy, para passear na praça. Ali ficávamos a sessão inteira. Eu, a mãe biológica, ela, a mãe adotiva, e as crianças que, honestamente, gostavam mais dela que de mim. Conversávamos sobre amenidades, sobre nossos cachorros, e eu via Taís rir, quase descontraída! – coisa que jamais fizera no consultório. "Você viu, a Sandy gosta de nós duas!", eu brincava com ela.

Assim passaram-se muitos meses. Das três sessões semanais, uma ou duas eram na praça. As outras, jogando cartas em silêncio. Taís se encarregava de esfriar o clima afetivo, restabelecendo a justa distância entre nós.

Um fato curioso dá o que pensar sobre os mistérios da compulsão à repetição e à transmissão transgeracional da vida psíquica – quer dizer, das fantasias inconscientes dos pais. Taís viaja e, na volta, encontra Loli grávida. Era uma típica gravidez de adolescente, resultado da transa da jovem cadela em seu primeiro cio com o cachorro vizinho. "É uma vagabundinha, esta minha Loli!". O diminutivo e o tom amoroso sinalizavam as pazes com a *vagabunda* – expressão que usava para se referir, com desprezo e raiva, à mãe biológica. Ainda me lembro da sessão em que Taís alternava juras de amor e pontapés à pobre Loli.

A repetição frequente do termo "vagabunda/vagabundinha" e a gravidez precoce da cadelinha me fizeram imaginar um *mito de origem* para Taís. Curiosamente, seus pais – eu já lhes havia perguntado – não tinham nenhum. Suas características físicas, alta, pele clara, olhos esverdeados, traços finos, me fizeram imaginar uma jovem de classe alta – uma sensual Lolita? Uma "vagabunda"? – grávida aos 14 ou 15 anos. Em minha fantasia, a garota é obrigada, pela família, a livrar-se do bebê para evitar um escândalo. Taís tem seu próprio mito de origem: roubaram-na de sua mãe biológica, também contra sua vontade.

Pois bem, Loli dá à luz (Taís faz o parto) e logo depois Taís não quer mais ver Sandy. No início, eu fico chocada com o que me parece ser uma rejeição maciça. Onde foi parar todo aquele amor? Mas sua explicação me surpreende ainda mais: "Se eu passar o cheiro da Sandy para os filhotes da Loli, ela não vai mais reconhecê-los, não vai mais querer cuidar deles e dar de mamar". Assim, ela não hesita em abandonar Sandy para que Loli não abandone seus filhos. Taís se empenhava em garantir as condições necessárias para que Loli fosse uma boa mãe.

Retrospectivamente, o campo transferencial propiciado por esse enquadre ganha sentido.

De um lado, minha função era semelhante à presença silenciosa de um cão junto à mesa de trabalho do dono. Eu, sua analista, era um cão, um fantástico cão-falante. Criava-se um ambiente terapêutico semelhante ao de um hospital-dia, no qual as relações acontecem em todas as direções. Os vários eus de Taís se relacionavam com os c(ã)es-terapeutas, de acordo com suas características "pessoais". Uma delas era o amor incondicional. Em suma, eu era um cão e os cães eram os terapeutas.

No entanto, o inverso também era verdadeiro. Afinal, eu nunca deixei de ser sua analista e, na minha escuta, era comigo que Taís se relacionava por meio dos cães. Eles eram apenas os mediadores necessários entre mim e ela, eram meus embaixadores. O resultado disso é que certa gama de afetos, antes represada, agora fluía entre nós.

Passamos por vários períodos nessa análise. O campo da representação dos papéis, que plastificava as palavras; o da humanidade canina, que prescindia de palavras. Em ambos, havia uma mesma regra: encontrar e respeitar a justa distância entre nós. Se ficasse muito quente, Taís entrava em pânico; muito frio, ela era um cãozinho vira-lata abandonado à melancolia. Nesse sentido, as alterações introduzidas no enquadre facilitaram o trabalho.

Fui aprendendo que, para tocar Taís sem a assustar demais, não podia ultrapassar certo limite de palavras por sessão. Desrespeitar essa regra era colocar-me fora do *campo da justa distância*. Esse é o campo transferencial de minha presença canina, atenta, orelhas de pé, faro sensível. Como um cão de guarda, ou de companhia, eu podia quebrar o silêncio para apontar uma ou outra coisa. Soa estranho, mas penso ter conduzido a parte mais significativa dessa análise na pele/mente de um cão. Agora posso reinterpretar aquela demanda inicial de análise que me parecia tão pouco promissora: *faço análise, desde que ganhe um cachorro* – uma analista-cachorro.

Reinvestindo a palavra

Como costuma acontecer, quando percebi, Taís já não requisitava os cachorros na sala de análise. Sandy, Billy e Loli deixaram de fazer parte do enquadre. As coisas mudavam. Ela agora queria entrar na internet pelo meu computador. Entrava nas salas de *chat* e conversava com os rapazes. Era um território novo, para quem sempre preferira animais a gente. Não obstante, a regra da justa distância continuava presente nas conversas virtuais. Preservada pelo anonimato, Taís anotava *e-mails* e telefones dos rapazes para dar continuidade ao "relacionamento".

O papo era estereotipado, o que lhe convinha, dada sua falta de intimidade com as palavras. Entrava nas salas com o *nick* de Bonita e Gordinha e perguntava: "Alguém aí não tem preconceito contra gordinhas?". *Gordinha* era a nova maneira de trazer o *vira-lata* do início da análise, ambos alvos de rejeição e preconceito. Eu escutava: "Alguém, além dos cães, pode se interessar por mim?".

A conversa no *chat* segue um roteiro. Cedo ou tarde vem a pergunta: "Como você é?". Ela se descrevia de maneira vulgar: "Tenho pele dourada, peito, bunda... Gostou?". Certa vez, um rapaz quis saber mais: "Como é sua personalidade?". Taís balbuciou o que ouvia em casa – "Sou doce, mas agressiva..." –, não tinha ideia de como continuar. Frente à insistência do garoto, por quem ela se interessava, Taís me pede para descrevê-la como ela é. Não verbalmente, é claro, mas por escrito (ainda a justa distância!) para enviar um *e-mail* ao rapaz. Assim, sou diretamente convocada a falar com ela, sobre ela. O cão, apesar de ser o melhor amigo do homem, nada pode dizer sobre a personalidade de sua dona.

Nas sessões seguintes, em lugar de entrar no *chat*, Taís pesquisa sites de astrologia. Ela quer saber o que os astros têm a dizer sobre ela, imprime tudo o que encontra sobre seu signo. Recusa ou pedido de análise? Entra em sites esotéricos que ensinam a usar perfumes e velas coloridas para levantar o astral. Nem acredito no que vejo: ela, que era *dark*, gótica, da tribo que "cultuava a morte", agora procura algo para levantar seu astral! A melancolia vai se dissipando. É com interesse que ela anota que perfumes produzem quais benefícios. Fico sabendo que bruxas não são más criaturas, é o povo que as vê assim: "Elas ajudam a conseguir um amor, nem que seja roubando o namorado de outra, por isso têm fama de más". Taís imprime dos sites receitas de poções do amor e de banhos aromáticos.

Embora para nós, adultos, os sites possam ser vistos como uma fuga do mundo – afinal, são um universo virtual –, aprendi que, para os adolescentes, os sites podem ser objetos, como quaisquer outros, de intenso investimento libidinal. Pelo menos, era assim que eu via Taís, saindo do atoleiro em que se encontrava.

Ela nunca me contou nada sobre seu dia a dia. Nosso trabalho se processava em outra dimensão e ia discretamente produzindo seus frutos. Um dia, na praça, quando ainda passeávamos com os cachorros, ela anunciou que entrou em duas faculdades. Eu nem sequer sabia que havia prestado vestibular. Em outra ocasião, contou que fez 18 anos, ia tirar CIC, carta de motorista e ganhar um carro. Emagrecera. Tinha alguns amigos. Meses depois revelou que ia passar alguns meses fora, num intercâmbio para aperfeiçoar seu inglês. Entramos no site da cidadezinha em que ficaria. Vimos fotos do lugar, as dancetarias, o mapa da cidade. Viajávamos juntas.

Taís se vai, em seu primeiro movimento de autonomia. Antes, porém, ela me pergunta: "Você não vai me dar nenhum presente, nenhuma lembrança?". Eu lhe dou um marcador de livros que ficava perto de meu computador e com o qual ela brincava enquanto navegava na internet.

Nova história?

Uns cinco meses depois, Taís retorna. A viagem foi muito boa e importante. Agora estuda hotelaria. Iniciou um estágio. Capricha no visual para trabalhar. Senta-se na cadeira ao lado do divã. A timidez e a falta de jeito para conversar são notórias, mas ela faz um esforço. Chega perto do final de seu horário, para garantir a justa distância. E assim se mantém por várias semanas.

Um dia, ela aparece com uma nova proposta: quer comprar dois *hamsters* em sociedade comigo. Cada uma de nós pagaria a metade das despesas. Eu recordo, com ela, que na entrevista inicial seus pais haviam relatado que Taís tinha dois *hamsters*. Por várias vezes, ela permitira que eles escapassem do quarto e passeassem pelo apartamento. Essas escapulidas "sem querer querendo" contrariavam o combinado com a mãe, que tem pavor de ratos. Esta obrigou Taís a se desfazer dos bichinhos. Ela obedeceu sem reagir. Nunca mais teve notícias. "Talvez minha mãe os aceite desta vez, se eles pertencerem a nós duas."

Não é difícil atribuir um sentido à proposta. Ela deseja reconstruir uma história, a sua história. O destino dos "filhos" teria sido diferente, caso tivessem pai e mãe? Ou uma avó que aceitasse criar a neta? Conversamos também sobre o que aconteceria caso sua mãe não aceitasse os *hamsters* novamente. "Você cuida deles para mim, eles serão seus também!"

Para encurtar a história, as *hamsters* (eram duas fêmeas) passaram a morar comigo. Batizou-as de Taís I e Taís II. Uma era brava, mordia ("Não morde a mamãe, sua putinha!"), a outra era dócil, carinhosa. Os animaizinhos estavam sempre no consultório quando ela chegava. Taís brincava com elas, trazia comida, brinquedos e serragem limpa para a gaiola.

Com o tempo, esse tema foi se esvaziando, perdendo sua vitalidade. Taís propôs o fim de nosso trabalho. Percebo que o nó principal de sua história emocional fora desatado. O resto teria de ficar para outra análise. Ficou combinado que Taís pode vir visitar seus *hamsters* quando desejar.

Epílogo

Ela não retornou. Entretanto, seis meses após o término da análise, ao voltar de uma viagem, encontrei um presente que ela fizera especialmente para mim: uma pequena tela pintada em vermelho com vários rostinhos sorridentes e uma carta. Nela, dizia que recentemente se tinha dado conta de que me maltratara durante nosso trabalho. Explicou que me via como inimiga, mas agora entende que eu era sua amiga. Agradecia por tê-la ajudado, acrescentando, bem ao seu estilo, que não esperava nem queria que eu respondesse à carta. Desejava apenas que eu soubesse tudo isso. Fiquei satisfeita em ter notícias dela, mas também decepcionada, pois não havia qualquer menção aos *hamsters*, que continuam comigo. Tive de aceitar o fato de que ela não pretendia reabrir a questão da doação dos bichinhos que me havia feito. Para ela, era um fato consumado.

Pós-escrito

Vamos partir do pressuposto de o leitor reconhecer aqui um trabalho psicanalítico. Se assim for, problematiza a noção de transferência enquanto *relação intersubjetiva*. Em minha instituição de formação, a Sociedade Brasileira de Psicanálise de São Paulo, identifico pelo menos duas maneiras de concebê-la. Como relação entre a pessoa do paciente e a pessoa do analista; como

152 C(Ã)ES-TERAPEUTAS

relação entre os objetos internos do paciente, projetados sobre/ para dentro do analista.

Vejamos, primeiramente, a transferência como relação entre duas pessoas. De cara, soa estranho afirmar que a transferência possa ser a relação entre Taís e o cão. Por outro lado, não é exato supor que a repetição do passado no presente corresponde, ponto por ponto, à relação entre paciente e analista, mesmo que mediada pelo cão. As coisas que acontecem numa análise vão além disso, como se discutiu em reunião científica.

Dois exemplos dessa ultrapassagem. Em certo momento da análise, digo à paciente que não acredito que ela trocaria seu futuro cachorrinho por um gato bonito. Sua resposta sugere que minha fala teve efeito interpretativo – em outras palavras, foi uma interpretação transferencial. Em outro momento, percebo que "algo transforma as palavras, minhas e de Taís, em plástico". Nesses dois casos, é evidente que a transferência é algo diferente da relação concreta entre nós, até porque nos ultrapassa. É mais apropriado dizer que esse *algo* – o campo transferencial – organiza as relações entre analista e paciente de modo a excluir a possibilidade de uma troca verbal "de verdade".

O campo transferencial é aquilo que determina de que maneira a relação entre analista e paciente vai se estabelecer, durante cada período de análise. Dito de outro modo, é aquilo que faz que as relações entre mim, Taís e os cães tenham de ser desse jeito e não possam ser de outro. Assim, a transferência não é propriamente a relação emocional (que seria algo observável e, portanto, consciente), mas sua condição de possibilidade, sua ordem de determinação. Esta *não é acessível à observação (é inefável!) por ser inconsciente*, tanto para o analista como para o paciente.

Da mesma maneira que transferência não é sinônimo de relação emocional, também não se reduz "àquilo que Taís faz comigo", "como ela me vê", "quem ela quer que eu seja". Em outras palavras, transferência não pode ser sinônimo de identificação projetiva, exitosa ou não. Vimos que fui obrigada a desistir das palavras e a conduzir essa análise na pele de um cão. Não penso que tenha sido uma atuação, resultante de identificação projetiva exitosa. Os resultados mostram que a análise progrediu, o que não aconteceria em caso de atuação. Haveria algum objeto interno, em mim projetado, capaz de explicar as condições peculiares dessa análise? Dizer que precisei me identificar com um "objeto bom" é verdade, mas é pouco, porque não dá conta da especificidade do que aconteceu aqui. Afirmar que me identifiquei com um "objeto canino" é óbvio, mas o que é um objeto canino? Enfim, penso que essa análise problematiza a ideia de que a transferência seja sempre identificação projetiva.

Finalizando, o campo transferencial toma em consideração as concepções anteriores, porém se situa num lugar um pouco diferente em relação a ambas. Considera, certamente, a relação emocional da dupla, mas transferência seria, antes, sua ordem de determinação. Considera a identificação projetiva, mas como um mecanismo de defesa entre outros, capaz de conferir certas características ao campo transferencial. Enfim, se esse é um trabalho psicanalítico, ele nos encoraja a explorar outras técnicas para o manejo de pacientes difíceis, adolescentes ou não. É claro que há o risco do vale-tudo. Podemos optar: dominar o método e tentar chegar aonde está o paciente, ou?

Referências

Cahn, R. (1991). *Adolescence et folie: les déliaisons dangereuses*. Paris: PUF.

Herrmann, F. (1991). *Clínica psicanalítica: a arte da interpretação.* São Paulo: Brasiliense.

Penot, B. (1999). Travailler psychanalytiquement à plusieurs en institution thérapeutique. (Trabalho apresentado no Encontro Clínico-Institucional sobre a Adolescência, 1. São Paulo, SP).

PARTE III

Interpretando fenômenos socioculturais

Os textos que compõem esta parte são herdeiros do que chamei, na introdução ("De onde vim, onde estou"), "aventura epistemológica maravilhosa", vivida durante a elaboração do meu doutorado. Muitos outros textos publicados em revistas e em meu blog Loucuras Cotidianas têm essa marca. Ao perder a ingenuidade, como já assinalei, consegui algo que para mim tem muito valor: evitar uma postura moralista quando me proponho a analisar fenômenos contemporâneos. Enquanto "pessoa jurídica", um psicanalista interpreta, não julga – e isso tanto no consultório quanto fora dele. Já enquanto "pessoa física", são outros quinhentos...

Violência contemporânea e desnaturação da linguagem[1]

Na linha aberta por Freud com O mal-estar na civilização *de 1929, procuro mostrar como a miséria simbólica, característica da pós-modernidade, determina fenômenos socioculturais expressivos do sofrimento psíquico específico da nossa época. Descrevo aqui algumas figuras do mal-estar na pós-modernidade.*

Em *Laranja mecânica*, filme de Kubrick, lançado em 1971, há uma cena particularmente perturbadora. No palco de um teatro abandonado, a gangue de Alex vê outra gangue estuprando uma mulher. Por alguns segundos, não sabemos se é um ensaio, se eles estão representando, ou se aquilo é de verdade. O protagonista olha para a cena e comenta: "Estão fazendo o entra e sai". Esse fragmento do filme será o ponto de partida de minha interpretação de um tipo de violência praticada por certos adolescentes, relacionando-a com a desnaturação da linguagem.

---

1 Publicação original: Minerbo, M. (2007). *Reality game*: violência contemporânea e desnaturação da linguagem. *Ide, 30*(44), 103-107.

O filme trata de um tipo de violência que podemos denominar *contemporânea*, pois, como veremos, o que está em jogo é a fragilidade do símbolo. Trata-se de uma violência lúdica, aparentemente imotivada,[2] praticada por adolescentes contra alvos inocentes e fracos. Acode-nos à memória o caso da gangue que pôs fogo em um indígena em Brasília, em 1997, e outros atos de vandalismo violento praticados em condomínios de luxo. O filme trata também da tentativa de curar esse tipo de violência com métodos científicos "modernos". O condicionamento do comportamento pressupõe que o ser humano pode ser tratado como um animal destituído de linguagem e que se pode ignorar a determinação simbólica da subjetividade, passando-se ao largo dela. Assim, a falta de confiança na força do símbolo parece determinar os dois lados da moeda: a própria violência e o tratamento proposto. Não pretendo me estender sobre este último aspecto.

Tenho estudado outros fenômenos contemporâneos que também me parecem determinados pela fragilidade do símbolo: a *body art*, os *reality shows* e os crimes contemporâneos (a mídia nacional e internacional tem noticiado um número crescente de casos em que filhos matam pais, e vice-versa; entre nós, ficou famoso o caso Suzane von Richthofen). Em todos eles, uma nova relação entre a coisa e o símbolo parece estar em vigência: *o símbolo representa a coisa e, ao mesmo tempo, é a própria coisa.*

A psicanálise é chamada, com frequência, a se pronunciar sobre esse tipo de fenômeno. Acredito que, se há algo de novo na psicopatologia *psicanalítica*, é a fragilidade do símbolo na cultura contemporânea e o amplo espectro de fenômenos patológicos a ela relacionada. Ao analisar *Laranja mecânica*, reencontro essa mesma

---

2 As interpretações clássicas da violência social não parecem caber aqui: revolta pelo sofrimento da exclusão, opressão ou humilhação social, racismos e nacionalismos.

lógica, mas agora determinando uma forma de violência que vou denominar *reality game*, híbrido de *reality show* e *videogame*. É o que pretendo desenvolver ao longo deste capítulo.

Sinopse

Apesar de o filme ter sido produzido em 1971, o tipo de violência ali descrito continua atual. A alusão ao contemporâneo está presente na ambientação e na estética futuristas. Na leiteria em que a gangue de adolescentes se encontra para decidir o programa da noite, o "leite" sai de seios de acrílico, imagem poderosa de uma maternagem funcional/operatória e ao mesmo tempo excitante, pois trata-se de um leite que já vem aditivado por drogas. A decoração das casas também é futurista. O mais notável, contudo, é o clima emocional desafetado e frio. Os protagonistas não parecem engajados em nenhum tipo de relação significativa. Uma exceção: Alex, o chefe da gangue, é fascinado pela *Sinfonia n. 9*, de Beethoven, e adora seu animalzinho de estimação: uma cobra.

No início do filme, os quatro amigos estão na leiteria tentando decidir o programa da noite. Há um "esquenta": com a ajuda de substâncias psicoativas, entram no clima para melhor praticar e fruir a excitação proporcionada pelos atos de "ultraviolência". É o programa predileto do grupo. Alex, que ainda não tem 18 anos, está inscrito num programa de reabilitação para jovens delinquentes.

O rapaz tem casa, pai e mãe, vai à escola, tem amigos. Tem o que se convencionou chamar uma "família estruturada" e está inserido no social. Mas seu bicho de estimação é uma cobra, o que nos dá a medida da frieza do contato afetivo e das relações desumanizadas na casa. A porta de seu quarto é trancada com cadeado, sugerindo um isolamento total da família e uma vida mental da qual ninguém sabe nada. O clima emocional da casa é superficial e artificial. A mãe veste roupas ultramodernas de maneira estereotipada e ridícula. A decoração é a implantação de um cenário supostamente moderno, mas igualmente ridículo porque ela, a decoração, não é acompanhada por um modo de vida e ideias modernas. O interesse dos pais por ele é operatório – foi à escola ou não foi? Se foi, então tudo bem. Há um casal e um filho, mas não uma família. Há uma casa, mas não um lar. No fim do filme, eles abandonaram seu filho, trocando-o por outro melhor. Quando Alex volta para casa, não há mais lugar para ele, seu quarto é do novo filho. Ficamos chocados diante dessa lógica utilitária. Os pais só vão visitá-lo no hospital quando ele se torna útil no jogo político (há uma disputa política sobre como resolver o problema da violência social).

Os jovens usam roupas diferentes, que fazem deles um grupo à parte, uma tribo urbana. Conversam numa língua própria, cheia de neologismos. Não são neologismos que correspondam à necessidade de dar nome a algo novo, como toda a linguagem da informática. Nem são novas gírias. São palavras que substituem outras, sem que haja realmente necessidade disso. Por exemplo, em lugar de dizer "estupro", dizem "entra e sai".

A gangue sai da leiteria, e a primeira vítima é um velho bêbado. Ele está cantando músicas tradicionais irlandesas que aprendeu com seu pai. O velho reclama que não há mais lei no mundo e que o mundo atual fede. Depois é massacrado pelo grupo, que se diverte muito. Em seguida, há uma cena em que outra gangue está estuprando uma mulher no palco de um teatro abandonado. Vemos que a gangue de Alex não é um caso isolado naquela sociedade. Trata-se de um fenômeno social. O teatro, como as canções do velho, remete a um mundo de valores tradicionais. As duas gangues se enfrentam, a garota foge, a pancadaria parece um balé.

No começo dessa cena, ficamos em dúvida se se trata de um ensaio para uma peça ou de um estupro mesmo. É representação ou é "de verdade"?

Depois, os jovens dirigem em alta velocidade na contramão de uma estrada, provocando vários acidentes. Eles se divertem. O destino é uma casa de nome Home (Lar). Ali mora um casal de intelectuais. A casa é moderna, como a de Alex, mas cheia de vida, de livros, de diálogo. É realmente um lar. A arquitetura e a decoração combinam com um ideário humanista: o casal que mora lá adota posições libertárias, contra o estado autoritário e sua política alienante. O grupo estupra a mulher diante dos olhos esbugalhados do marido e o espanca até ele ficar paralítico.

A terceira casa invadida nessa longa noitada pertence a uma mulher "liberada" que mora sozinha. É uma professora de ioga, dona de um *spa*, bem-sucedida e apreciadora de arte erótica. Alex esmaga a cabeça dela com uma de suas esculturas representando um pênis. Ele é pego em flagrante. Pouco depois, a mulher morre.

Alex, que até então era um jovem delinquente, agora é um assassino. É preso e escolhe ser submetido a um "tratamento" para curar-se de sua violência. Passa por um condicionamento que faz com que se sinta fisicamente muito mal sempre que assiste ou participa de uma cena de violência. A cada vez que um impulso violento toma conta dele, tem a sensação de estar morrendo. Com isso, deixa efetivamente de praticar o mal. Não porque tenha tido qualquer *insight* a respeito da alteridade, mas porque não pode fazer de outra maneira. Já não pode escolher entre o bem e o mal. O estado totalitário pratica uma violência análoga ao destituí-lo de sua humanidade.

Depois de condicionado, quando Alex está mais manso do que um cordeiro, as pessoas que ele havia espancado começam a se vingar. Durante o condicionamento, assiste a um filme com cenas

162 VIOLÊNCIA CONTEMPORÂNEA E DESNATURAÇÃO DA LINGUAGEM

violentas cuja trilha sonora é a *Sinfonia n. 9*. O resultado é que não tolera mais nem a violência nem a música. A vingança mais sutil é a do escritor, que ficou paralítico e perdeu a esposa por culpa de Alex. Tranca-o num sótão e começa a tocar, em alto volume, a sinfonia. O rapaz não tem como escapar da sensação horrível que a música lhe produz e se atira pela janela. Pode ser que, diante do sofrimento produzido pela música, tenha, impulsivamente, tentado sair do quarto pela única saída disponível. Mas também é possível que, vendo-se obrigado a renunciar ao que dava sentido à sua vida, tenha preferido acabar com ela. Mas Alex não morre. No fim do filme, sua violência retorna tal qual.

Funções da violência na economia psíquica individual

Cabe mencionar, ainda que brevemente, interpretações sobre a violência adolescente que incidem sobre a função da violência na economia psíquica individual – penso em Alex quando as formulo. A intenção é diferenciá-las do *reality game*, forma de violência que configura um fenômeno social ligado à desnaturação da linguagem e à fragilidade do símbolo.

Vejamos, pois, algumas interpretações da violência entendida como sintoma individual.

1. A violência funciona como uma droga altamente excitante usada para combater o tédio. O tédio pode ser entendido como um sentimento de tipo depressivo ou esquizoide, resultado de um desinvestimento maciço dos objetos, tanto internos quanto externos. A excitação afasta temporariamente o sentimento de vazio e futilidade da subjetividade entediada.

2. A violência pode ser uma resposta do adolescente à indiferença do mundo. É preciso matar alguém para tornar-se visível, para ser alguém e se fazer ouvir. Na cadeia, pelo menos há um enquadre, uma rotina. Há uma "violência necessária" por parte do sistema carcerário que poderia ter uma função estruturante para o psiquismo. A violência é uma forma extrema de convocar o objeto e a lei: um grito de socorro.

3. O adolescente, em sua descontinuidade identitária, precisa, nessa passagem para a vida adulta, ser acolhido pelo social. Se o social está esgarçado, os adolescentes ficam pendurados num vazio simbólico. Não há instituições que os acolham nem que lhes ofereçam um lugar valorizado, referências identificatórias e ideais que possam ser investidos. Resta a pura sensorialidade excitante, que alivia a angústia de aniquilamento produzida pela descontinuidade identitária.

4. Alex inveja o velho bêbado que tem ideias, tem história, teve um pai que lhe ensinou canções. Inveja a relação amorosa intensa e significativa do casal de intelectuais que mora em Home. Inveja a mulher que tem uma carreira que a preenche, é uma apreciadora de arte, tem um projeto de vida. Ele só tem a cobra e a *Sinfonia n. 9* e não se sente capaz de criar para si um mundo caloroso nem conta com a ajuda necessária para tanto. A solução para apaziguar sua inveja é destruir o que ele não pode ter/ser. Isso nos lembra do massacre de Columbine, em que dois jovens atiraram em seus colegas de escola e depois se mataram. Ficamos sabendo que os atiradores eram os *nerds* da escola – alunos que são vistos e se veem como perdedores e excluídos. Ao que parece, tinham ódio e inveja dos que

estavam no páreo, construindo um futuro para si. Esses jovens também se afirmavam zombando dos considerados *nerds* – esse problema recorrente nas escolas vem sendo chamado de *bullying*.

Fragilidade do símbolo

Quem são as vítimas da violência da gangue de Alex? São indivíduos que representam valores de uma civilização em vias de desaparecer. Nesse sentido, Alex ataca símbolos. Mas são símbolos vivos, pois praticam efetivamente esses valores em seu cotidiano. Ou seja, eles representam e também são "de verdade". No ataque às Torres Gêmeas, em 11 de setembro de 2001, temos essa mesma situação: as torres representam o capitalismo selvagem e o imperialismo estadunidense. São um símbolo potente. Mas também são o lugar real em que decisões sobre a economia mundial são tomadas por pessoas reais que trabalham ali todos os dias. As Torres Gêmeas são um símbolo, mas são "de verdade".

Body art

O mesmo fenômeno pode ser observado na arte.[3] Marc Quinn, um artista inglês que trabalha na linha da *body art*, fez uma série de quadros chamados *Shit painting* (1997). Ele pintou as telas com as próprias fezes. Em certa interpretação psicanalítica a respeito da sublimação de pulsões anais, podemos dizer que a tinta representa as fezes. Mas, aqui, parece que o artista não acredita na capacidade

---

3 Explorei o sentido crítico da *body art*, cuja matéria diz respeito à diminuição da distância entre representação e coisa, em "Crimes Contemporâneos: uma interpretação, ou o inumano", de 2007.

da tinta de simbolizar as fezes e usa fezes "de verdade". Por outro lado, trata-se de uma tela exposta num museu: há uma dimensão de uma representação! No entanto, a representação está tão próxima da coisa "de verdade" que é como se a coisa e o símbolo estivessem superpostos. Como se trata de arte, entendemos que ele está fazendo a crítica da fragilidade do símbolo no mundo contemporâneo.

Reality show

Outro fenômeno contemporâneo da cultura de massa, o *reality show*[4] também está atravessado por essa fragilidade do símbolo. Mas ali o "defeito" é transformado em virtude: brincamos com o fato de não termos como saber quanto há "de verdade" e quanto há de representação naquele *show*. Os *Brothers*, como são chamados os jovens que participam do programa, são "de verdade" porque durante dois ou três meses se comportam na casa em que estão vivendo como o fariam em sua vida comum. Eles são aquilo mesmo que vemos. Ao mesmo tempo, são atores, embora sem um roteiro predeterminado. Representam a si mesmos diante das câmeras. A casa também é uma casa "de verdade", com sala, quartos, banheiro, cozinha; as pessoas comem, tomam banho e dormem. Entretanto, é claramente uma casa-espetáculo, com centenas de câmeras espalhadas e uma decoração minuciosamente estudada. O espectador aficionado não perde de vista essa duplicidade. É isso que diverte as massas e garante o sucesso do *show*.

---

4 Uma interpretação do sucesso dos *reality shows* foi desenvolvida em "Big Brother Brasil: a gladiatura pós-moderna", de 2007.

Reality game

Em *Laranja mecânica,* há uma forma de violência lúdica que bem podemos denominar *reality game,* híbrido de *reality show* e *videogame.* A graça toda do *reality game,* cuja tradução é "brincadeira de verdade", é brincar duplamente com a ambiguidade entre a coisa e sua representação. O ataque, a violência, é uma brincadeira, mas é de verdade. A vítima escolhida é um símbolo, mas é a coisa simbolizada. É a lógica do *reality show.* Por outro lado, o *reality game* se dá por meio da estética do *videogame:* um jovem entra numa sala de cinema, numa sala de aula, num *shopping center* e começa a disparar tiros nos colegas, matando-os, como acontece nos *videogames.*

No filme, os adolescentes batizam sua brincadeira de *Ultraviolência.* Em que consiste a brincadeira? Primeiro, tomam o seu leite aditivado. Quando estão no ponto, saem pela noite para brincar de atacar as pessoas. Há um critério na escolha das vítimas: são pessoas que representam, simbolizam, uma sociedade e valores em vias de desaparecer. Mas, ao mesmo tempo, são "de verdade": são gente de carne e osso que vive e pratica em seu dia a dia esses valores.

Estamos a léguas da situação clássica em que uma criança usa sua massinha para criar peões que representam algum personagem odiado para depois destruí-los, expressando assim a sua violência. Não adiantaria, para Alex, queimar a partitura da música tradicional irlandesa. É preciso atacar a pessoa que a está cantando. A representação só vale para o psiquismo se ela também for a própria coisa. Aqui o peão do jogo tem de ser de carne e osso. Embora a representação tenha, tradicionalmente, a função de estar no lugar da realidade, no mundo contemporâneo, em que a representação é frágil, a realidade é chamada a dar sustentação à representação.

O que aconteceu com o brincar? Retomemos uma das cenas mais chocantes do filme. Percebemos que Alex esmaga a cabeça da dona do *spa* como a criança esmaga a massinha que representa a mãe odiada. A criança sabe que a massinha não é a mãe. Ela é capaz de fazer o trabalho do negativo, conceito de Green (1990), que descreve a capacidade psíquica de sustentar a não percepção do objeto, fazendo o luto por sua ausência. Nesse espaço vazio, nasce a representação daquilo que não está, presentificando a *ausência do objeto* para o psiquismo. Ao criar uma mãe de massinha, sabe perfeitamente que está destruindo um símbolo, e não a própria coisa.

Há situações em que esse conhecimento se perde. Hanna Segal (1991[1957]) criou o conceito de equação simbólica para descrever a destruição da capacidade de discriminar o símbolo da coisa em pacientes esquizofrênicos. Observou que, nesses pacientes, a distância entre o símbolo e a coisa se esfuma. O símbolo é tratado como a própria coisa simbolizada. Um de seus pacientes parou de tocar violino porque não podia se masturbar em público. Em suma, o esquizofrênico confunde o símbolo com a coisa simbolizada.

Alex não é esquizofrênico. Ele não trata a representação como a própria coisa. Acontece algo diferente da equação simbólica: a coisa é tratada como símbolo, como representação. Não é que ele não consiga usar a massinha para brincar, não é que ele não simbolize. Tanto simboliza que identifica perfeitamente os símbolos de uma civilização em declínio. É que ele não acredita mais na capacidade da massinha representar a mãe, em sua ausência. A capacidade de simbolização é frágil: se quiser expressar o seu ódio, é obrigado a atacar a mãe em carne e osso. É como se uma criança, não confiando na capacidade do ursinho de representar a mãe em sua ausência, precisasse de um pedaço de seu corpo "de verdade". Como disse um filósofo, o conceito de cão não late. Hoje, para o conceito de cão ter força e ser significativo, deve de alguma maneira latir.

A mesma lógica que determina os fenômenos sociais e artísticos descritos anteriormente (e provavelmente muitos outros) é reencontrada no plano da psicopatologia individual: o não neurótico não é capaz de sustentar psiquicamente o negativo, a *ausência* da coisa; *a linguagem não veio substituir a coisa*. O símbolo não lhe diz nada, se não estiver minimamente acompanhado pela coisa simbolizada. Assim como Quinn "não confia" na capacidade de as tintas representarem as fezes e expressa essa descrença pintando com as próprias fezes, Alex não confia que a massinha possa representar o velho e suas canções tradicionais. Ao invejar o velho, tem de esmagar o próprio velho.

Sintetizemos o que vimos até aqui. Descrevi no início do texto a cena em que há um estupro acontecendo sobre o palco de um velho teatro. A cena é perturbadora e nos atinge de modo contra-transferencial precisamente porque vivenciamos em nós a fragilidade do símbolo: por alguns segundos, não sabemos se aquilo é de verdade ou se é uma representação. Mas a cena tem outro elemento fundamental que ainda não analisamos. Alex não chama aquilo de estupro, mas de "entra e sai". É um exemplo mínimo de desnaturação da linguagem. Vejamos agora o que isso tem a ver com o *reality game*.

Desnaturação da linguagem, esvaziamento semântico e alteração na sensibilidade

Quando a palavra estupro é substituída por "entra e sai", está em curso o processo de desnaturação da linguagem e sua consequência, o esvaziamento semântico. Veremos adiante as consequências, que são de peso.

A ideia de desnaturação do laço simbólico foi desenvolvida em outro texto. Ao estudar a lógica da corrupção, sugeri que a corrupção corrompe – rompe, desnatura – o laço simbólico que une a palavra juiz a uma série de significados como justiça, transgressão, culpa, pena etc. (Minerbo, 2000). Como consequência, a palavra justiça acaba por não ter mais o lastro necessário para constituir subjetividade. Houve um esvaziamento semântico. Isso afeta nossa sensibilidade: a toga não evoca mais em nós sentimentos como confiança e respeito.

Quando Alex usa outra palavra para denominar a cena de penetração sexual violenta, desfaz o laço simbólico que unia o significante "estupro" ao significado "crime sexual". A cena continua existindo, mas a palavra "entra e sai" a reveste de um novo significado. Isso significa que passamos a sentir coisas diferentes diante da mesma cena. A palavra "estupro" nos introduz ao campo da ética. Desperta em nós uma sensibilidade relacionada à violência e ao crime; evoca e produz sentimentos de repúdio moral e de horror. Já a expressão "entra e sai" evoca uma situação lúdica, de parque de diversões. Ela nos introduz ao campo do lazer, e não da ética. A expressão "entra e sai" evoca em nós movimentos do corpo numa gangorra ou num carrossel em que os cavalinhos "sobem e descem". Repito o que me parece essencial nesse processo: o esvaziamento semântico alterou nossa sensibilidade; a violência sexual passa a ser vivida como algo inocente e divertido. O conceito de estupro não existe mais; a ideia de violência sexual se perdeu. A partir desse ponto, um jovem pode forçar uma mulher a manter relações sexuais e tudo não passará de uma brincadeira (de verdade). Portanto, uma condição de possibilidade para que o *reality game* possa ocorrer é a alteração de nossa sensibilidade em função da desnaturação da linguagem.

Quando a mídia cria expressões engraçadas para se referir a casos de corrupção no Brasil, como "dança da *pizza*", "anões do orçamento", "valerioduto", está em curso o mesmo processo de esvaziamento semântico. Somos desalojados do campo da ética e introduzidos no campo do chiste. Quando rimos, estamos perdendo ou já perdemos a sensibilidade para o significado "corrupção obscena e escandalosa". Como nos indignar diante de fatos descritos por meio de expressões tão espirituosas?

A insensibilidade a certas situações também é condição de possibilidade para certos crimes que denominei, por falta de termo melhor, crimes contemporâneos, homicídios em que um filho mata a mãe ou a mãe mata o filho, sem que possamos identificar ali elementos trágicos. Ao contrário, os motivos para esses crimes são "utilitários". A antiguidade inventou a tragédia. A mãe, traída, humilhada e desesperada, mata os filhos para se vingar do marido; o pai, que também é o soberano da cidade-Estado, sacrifica a filha aos deuses para salvá-la; outro soberano mata seu filho para não ser destronado. O elemento trágico, nossa sensibilidade e nosso horror dependem exatamente de haver um reconhecimento claro dos lugares simbólicos: é um *pai* que está matando sua *filha*. Nos crimes familiares contemporâneos, uma mãe pode afogar a criança porque era um estorvo. Falta o elemento trágico porque essa mãe não significa, não representa, não simboliza aquele corpo como *meu filho*. Um pai pode vender seu bebê porque está sem dinheiro, como no filme *L'Enfant*, de 2005, dirigido por Jean-Pierre Dardenne e Luc Dardenne. Surpreso diante da reação de horror da mãe, ele argumenta: "Ora, podemos fazer outro!".

Processo de dissolução e reconstrução do laço simbólico

Quando um sistema simbólico está em plena vigência, unindo fortemente um significante a um significado, esse laço é difícil de ser desfeito espontaneamente. A desconstrução do símbolo exige um esforço. Um exemplo mínimo: é com esforço que, olhando para a tela que representa uma paisagem, em lugar de ver a paisagem, um significado possível, vemos ali "óleo sobre tela", puro significante.

No mundo contemporâneo, porém, essa desconstrução tem acontecido espontaneamente, em função da fragilidade das instituições. Vejamos como isso acontece na instituição família. Os genitores exercem sua paternidade e maternidade dos mais variados modos, dos mais adequados aos mais cruéis, passando pelos mais loucos. Em todos esses casos, os pais *se reconhecem* ocupando o lugar de pais, isto é, reconhecem sua responsabilidade em relação à vida e ao futuro de suas crias, que passam a ser significadas como "filhos". Isso fortalece a instituição. Ela se reproduz e se perpetua e, com isso, o sistema simbólico *mantém o seu lastro*, isto é, seu poder de criar subjetividades. Mas pode acontecer – e talvez venha acontecendo – de eles se autodestituírem dessa função, omitindo-se com relação ao destino dos filhos. Por motivos variados, há pais que não se sentem responsáveis por seus filhos. Como consequência, o sistema simbólico que deveriam encarnar se enfraquece, pois a instituição família – que não é mais do que uma matriz simbólica – só existe concretamente se e quando os pais ocupam efetivamente esses lugares. Caso contrário, a família é pura virtualidade. A omissão da mãe e/ou do pai rompe o laço simbólico que unia o significante "pai/mãe" ao o significado "responsável pelo filho".

Ora, um filho não escuta a palavra paterna por razões biológicas, mas só quando e só porque é lastreada pelo simbólico. Quando o sistema se enfraquece e se desnatura, o pai pode até tentar

172 VIOLÊNCIA CONTEMPORÂNEA E DESNATURAÇÃO DA LINGUAGEM

orientar seu filho, mas o lugar a partir do qual fala já não estará lastreado. Os lugares simbólicos de pai, mãe e filho já não existem e, portanto, não podem ser ocupados. A palavra do pai é letra morta. Outros afetos, igualmente lastreados por esse sistema, como respeito, gratidão, preocupação, amor, proteção, ódio, rivalidade, castração, são reduzidos a pó. A fratura do símbolo torna os significantes vazios de significado. Há um esvaziamento semântico e uma alteração na sensibilidade. Vale lembrar que o pós-modernismo tem sido descrito como a era em que as grandes narrativas subjetivantes estão desacreditadas. As narrativas se sustentam em e são sustentadas por instituições e pessoas que acreditam nelas!

Uma vez fraturado, o símbolo acaba por se consolidar em uma nova posição graças à formação de um novo laço simbólico unindo aquele mesmo significante a um novo significado. Por exemplo, o significante pai pode se unir ao significado "mala" ou "mala sem alça": um trambolho inútil. O significante filho pode se unir ao significado mercadoria, como no filme *L'Enfant*. O significante "mãe" pode se unir a uma significação utilitária. É o que permite a Eugênia, personagem de Sade (1999), dizer, antes de matar a mãe, quando esta se tornou inútil: "Que laços me prendem à mulher que me pôs no mundo?" (p. 37). Infelizmente, ela terá razão.

Miséria simbólica e banalidade do mal

Para finalizar, sintetizando as ideias aqui expostas, gostaria de sugerir que a desnaturação progressiva de várias instituições – família, justiça, educação, saúde – deixa a sociedade num estado de *miséria simbólica* – Bernard Stiegler (2003) cunhou essa expressão para descrever o atual contexto cultural. Essa miséria determina fenômenos diversos entre os quais uma nova forma de violência social, que denominei *reality game*. Acaba por alterar nossa sensibilidade. Quando um jovem diz "meu pai é um mala", a palavra "pai" saiu do campo do respeito afetuoso e passa a evocar afetos de tipo utilitário. O crime por motivos banais passa a ser possível. A miséria simbólica produz infinitas figuras mínimas da banalidade do mal, expressão de Hannah Arendt (1999).

Referências

Arendt, H. (1999). *Eichmann em Jerusalém: um relato sobre a banalidade do mal*. São Paulo: Companhia das Letras.

Freud, S. (1974). *O futuro de uma ilusão, o mal-estar na civilização e outros trabalhos* (Vol. XXI). Rio de Janeiro: Imago (Trabalho original publicado em 1929.)

Green, A. (1990). *Le travail du negatif*. Paris: Editions Minuit.

Minerbo, M. (2000). Que vantagem Maria leva?: um olhar psicanalítico sobre a corrupção. *Percurso, 24*(1), 89-95.

Minerbo, M. (2007a). Crimes contemporâneos: uma interpretação, ou o inumano. *Percurso, 38*(1).

Minerbo, M. (2007b). Big Brother Brasil: a gladiatura pós-moderna. *Psicologia USP, 18*(1), 153-158.

Sade, M. de. (1999). *A filosofia na alcova*. São Paulo: Iluminuras.

Segal, H. (1991). Notas sobre a formação de símbolos. In E. B. Spilius (Org.), *Melanie Klein hoje* (Vol. 1, pp. 167-184). Rio de Janeiro: Imago. (Trabalho original publicado em 1957.)

Stiegler, B. (2003, 10 de outubro). De la misère symbolique. *Le Monde*. Recuperado de http://1libertaire.free.fr/BStiegler01.html. Consultado em: 31/3/2020.

Um olhar psicanalítico sobre a corrupção[1]

Escrevi uma série de textos sobre corrupção. O primeiro deles, publicado em 2000 – e com modificações em 2007 –, procurava desvelar sua lógica inconsciente: a corrupção corrompe o quê? Ou melhor, o que se corrompe na corrupção? Outros textos se seguiram, mas em um plano epistemologicamente distinto: como os espaços psíquicos individual, intersubjetivo e transcultural se articulam para transformar a corrupção em um modo de vida? Em todos esses textos, procuro me posicionar enquanto "pessoa jurídica", passando ao largo do viés moral ou político.

A corrupção corrompe o que, segundo que lógica e com que consequências? Como veremos, o que se corrompe não é o indivíduo, que só pode ser subornado, mas o sistema simbólico que ele representa, tendo como consequência o esvaziamento semântico e

---

1 Publicações anteriores: Minerbo, M. (2000). Que vantagem Maria leva?: um olhar psicanalítico sobre a corrupção. *Percurso*, 24(1), 89-95; Minerbo, M. (2007). A lógica da corrupção: um olhar psicanalítico. *Novos estudos CEBRAP*, (79), 139-149.

176 UM OLHAR PSICANALÍTICO SOBRE A CORRUPÇÃO

a fratura do símbolo. Consequências: o laço simbólico fraturado tende a se refazer, ligando o mesmo significante a um novo significado. Por exemplo, o significante "justiça" pode ligar-se ao significado "terminar em *pizza*". A partir de então, produz uma forma de subjetividade para a qual o natural, o esperado diante de uma transgressão, é a impunidade.

Posto isso, cabe retomar a ideia de que a psicanálise opera desconstruindo realidades, psíquicas ou sociais, recriando diversas, ampliando possibilidades. Não há julgamento ou valoração. Mas há subversão dos usos rotineiros de um termo, de um conceito, de uma ideia até então consensual, eventualmente naturalizada em ideologia.

O primeiro e melhor exemplo da subversão de uma categoria operada pela psicanálise continua sendo a desconstrução da sexualidade. Para o senso comum, sexualidade é sinônimo de genitalidade. Mas Freud mostrou o que há de sexual no ato de chupar o dedo, no sintoma, no sonho e nas atividades sublimatórias. Por fim, mostrou que a sexualidade infantil, em seu polimorfismo e em sua pulsionalidade, está na própria raiz do psiquismo.

A abordagem psicanalítica da corrupção se afasta de uma atitude valorativa para tentar desvelar a *lógica* que confere à corrupção sua especificidade. Em outras palavras, o que faz que a corrupção seja corrupção, e não algo próximo, como a perversão. Nessa abordagem, o foco é a corrupção enquanto *fenômeno social*, que não é uma somatória de manifestações individuais.

A caminho da corrupção

Consultando no *Dicionário Aurélio* (1999) o verbete "corrupção", encontramos como sinônimos: putrefação, depravação, adulteração, perda da pureza ou integridade; perversão ou deterioração de princípios morais. Quanto aos usos do termo, temos: corromper um juiz; corromper a juventude. Nossa investigação começa com a seguinte questão: trata-se do mesmo processo aplicado a pessoas diferentes (o jovem e o juiz)? Ou seriam processos diferentes determinados por lógicas diversas? Deve haver uma diferença entre corromper um indivíduo e corromper um representante de uma instituição. Embora a primeira seja lamentável, intuímos que a segunda tenha graves repercussões, pela importância social das instituições e da justiça, em particular.

Para investigar a chamada corrupção da juventude, recorro a um fragmento de *A filosofia na alcova*, de Marquês de Sade, que ilustra bem o processo.

> *Saint-Ange: Trata-se da educação de uma garota que conheci no convento . . . Dolmancé (outro libertino) e eu incutiremos em sua linda cabecinha todos os princípios da libertinagem mais desenfreada.*
>
> *Cavaleiro: Ah, sacana, que prazer terás educando esta criança! Como será delicioso corrompê-la, abafar num coração juvenil as sementes da virtude e de religião que suas preceptoras lhe incutiram!*
>
> *(Mais adiante) Eugênia: Mas a virtude não se opõe a tal conduta?*
>
> *Dolmancé: Ah, renuncia às virtudes, Eugênia! Haverá algum sacrifício feito a estas falsas divindades que valham um só minuto dos prazeres que sentimos ultrajando-as? (Sade, 1999, p. 37)*

A educação na alcova é um sucesso. Eugênia passa a acreditar tão sinceramente no Diabo quanto antes acreditava em Deus. Agora, a virtude é um mal a ser combatido e ser prostituta é uma honra. Tudo indica que estamos diante de um caso exemplar de corrupção da juventude. Castidade, pureza e virtudes – aqui, palavras sinônimas de integridade moral – foram transformadas em seu exato oposto: devassidão, maldade e libertinagem. É exatamente o que o *senso comum* – que qualifica, descreve e se detém nas aparências – entende por corrupção dos valores morais.

Mas o psicanalista, que não tem um olhar valorativo sobre a castidade, percebe que o senso comum aproximou pureza sexual de pureza moral por um efeito de palavra, sem reconhecer o que há de ideológico nessa aproximação. A verdadeira *integridade moral* – esta que se opõe à corrupção no sentido forte do termo – não é ideológica. Veremos, adiante, em que consiste essa integridade.

A inversão de valores produzida pela educação na alcova ("Oh, como acolho o mal em meu coração!", diz Eugênia, recém-convertida) lembra a "saída do Édipo pela tangente" (Sade, 1999), característica da perversão. O perverso não passou pelo doloroso trabalho psíquico de temer a castração e renunciar à mãe, identificando-se com o pai (entendido como suporte do simbólico). O curto-circuito do Édipo faz que transgressão, castigo e renúncia não signifiquem rigorosamente nada para essa forma de subjetividade. Ao contrário do neurótico, ele não reconhece a lei. Do seu ponto de vista, a transgressão é um valor. É importante notar que, embora invertida, há uma moral particular, e o perverso está inteiramente comprometido com ela (novamente: "Oh, como acolho o mal em meu coração!"). Nesse sentido, ele age de boa-fé: tanto acredita no que diz como se conduz de acordo com suas convicções. O perverso é incorruptível: jamais aceitaria suborno para abandonar sua fé. Essa breve análise é suficiente para mostrar que a corrupção de um jovem só o é no sentido fraco do termo; é um mero adjetivo que nos remete à lógica da perversão.

Lógica da corrupção

O que seria então a corrupção no sentido forte do termo? Passando de Sade a Diderot (1973), vejamos o que nos ensina *A religiosa*.

Suzanne Simonin é uma moça cheia de qualidades, porém filha bastarda da senhora Simonin e prova viva do pecado materno. Sua existência é altamente inconveniente, de modo que a família gostaria que ela desaparecesse para sempre num convento qualquer. Embora temente a Deus, não sente a menor inclinação para vida no claustro. Ao contrário, por temer a Deus e amar a verdade acima de tudo, recusa a hipocrisia de entrar para o convento. Certa madre superiora recebe um dinheiro para "convencer" – ou, em último caso, para obrigar – Suzanne a entrar para a vida monástica. A jovem acaba cedendo, mas se arrepende pouco depois. Agindo de boa-fé, em acordo com sua consciência, decide pedir a anulação dos votos, o que contraria os interesses do convento. A moça é "torturada" (submetida a jejuns prolongados, claustros intermináveis, banhos de água fria, tudo para exorcizar o "demônio") para que desista de seu projeto. Como sobrevive, Susanne acaba sendo transferida para um segundo convento. Ali, a superiora se apaixona por ela e deseja torná-la sua amante. O diálogo que nos interessa é o seguinte:

> *Superiora: E eu não sou sua madre querida?*
>
> *Susanne: É, mas isto que a senhora me pede é proibido.*

> *Superiora: Querida amiga, sou eu que o proíbo às ou-*
> *tras, e que o permito e o peço a ti.*
>
> *(Diderot, 1973)*

Susanne resiste e se mantém fiel a si mesma, mesmo quando percebe que a madre superiora enlouqueceu e está morrendo de amor. É isso integridade moral.

No primeiro convento, temos a ação de um *lobby* (grupo de pessoas que faz pressão para obter privilégios ou defender seus interesses): a madre superiora convoca as demais freiras para impedirem Suzanne de obter a anulação dos votos, o que abriria um perigoso precedente em prejuízo do convento. Para demovê-la, "torturam" a pobre moça. Elas agem legalmente (jejuns, claustro etc.), porém contrariando o espírito da lei e, principalmente, sustentando uma verdade parcial ou mesmo uma mentira (Susanne estaria possuída pelo demônio). Há dois códigos superpostos: o religioso e o dos interesses (econômicos?) do convento. O *lobby* ainda não é a corrupção no sentido forte, pois faz, *abertamente*, parte do jogo.

É apenas no segundo convento, onde a superiora apaixonada diz "*sou eu que o proíbo às outras, e que o permito e peço a ti*", é que encontramos realmente a lógica da corrupção. Diferentemente da perversão, aqui existe uma lei: a homossexualidade é proibida no convento. Na primeira parte de sua fala, ela se reconhece ocupando o lugar de suporte dela, "*sou eu que o proíbo às outras*", defendendo a moral religiosa. Mas na segunda fala, "*sou eu que o permito e peço a ti*", defende a moral da paixão. O discurso cínico reconhece a lei enquanto tal, porém sustenta um descompromisso com ela. Como veremos, acaba por instituir a imoralidade.

A madre viola, em benefício próprio, a lei que deveria encarnar, contando com a impunidade que a função pública lhe garante.

O problema surge, portanto, quando ela sustenta ao mesmo tempo duas lógicas incompatíveis: a religiosa, que rege sua vida pública, e a amorosa, que rege a vida privada. Como consequência, temos a corrupção de ambas: do ponto de vista religioso, a homossexualidade não é compatível com a moral do "casamento com Cristo" que sustenta essa instituição; do ponto de vista da paixão, a moral da entrega amorosa não é compatível com a coação. Instala-se a imoralidade, pois a superiora afronta simultaneamente a moral pública e a privada.

Eis nossa primeira conclusão: *o que se corrompe quando a superiora sustenta, simultaneamente, duas lógicas contraditórias (a pública e a privada) são os dois sistemas simbólicos envolvidos. A moral de ambos é corrompida e, em seu lugar, institui-se a imoralidade.* E a segunda: *inversamente, a integridade moral pode ser definida como a recusa, por parte do sujeito, a sustentar simultaneamente duas lógicas contraditórias. O sujeito íntegro é aquele que se vê confrontado com a exigência de uma renúncia: no caso da madre, ou renuncia à sua posição pública para poder amar Susanne, ou renuncia ao amor para continuar representando os valores da instituição. A integridade moral faz parte da lógica da tragédia.*

A mesma lógica pode ser encontrada em Sade, quando ele nos conta que Eugênia parte para seu destino com a anuência do pai e a conivência da mãe. O pai fechou os olhos depois de ter sido subornado por Saint-Ange. A mãe tentou se opor, mas se calou com medo do pai. Foi conivente. Subornar os fortes e atemorizar os fracos é o primeiro passo para a institucionalização da corrupção. O pai de Eugênia, como a superiora de Diderot, sustenta ao mesmo tempo sua posição de pai e seu interesse pessoal em usufruir dos favores da libertina. A mãe age da mesma maneira: prefere salvar a pele a salvar a filha. Corrompeu-se o sistema familiar. Sade é cruel, mas consequente: Eugênia acaba matando sua mãe. O mais interessante é que não se trata de um matricídio *à la* Édipo, pois não há propriamente conflitos – ódio, ciúme, inveja, rivalidade, vingança – relacionados aos lugares simbólicos que as duas ocupam na estrutura familiar. Eugênia a mata simplesmente porque a velha se tornou um estorvo. E, antes de matá-la, pergunta: "Que laços me prendem à mulher que me pôs no mundo?" (Sade, 1999). Ela tem razão. A mulher já não é sua mãe, é apenas um corpo que a pariu. A corrupção da função paterna e materna, ao fim e ao cabo, leva à sua morte. Não necessariamente uma morte concreta, embora isso venha acontecendo cada vez mais no mundo contemporâneo, mas certamente uma morte simbólica.

Essa ideia é importante. Há morte simbólica porque os lugares, as funções, as representações e os afetos que cercam os significantes "pai", "mãe" e "filha" (amor, respeito, ódio, culpa, gratidão, cuidados etc.) devem-se à lógica simbólica que faz, de um grupo de pessoas, uma família. Fora dessa lógica, tais palavras são sons ocos e vazios de significação afetiva e efetiva. Os pais de Eugênia podem tratá-la bem ou serem cruéis. Ela pode ser uma boa filha ou mesmo matar os pais. Em todos esses casos, os lugares simbólicos são *reconhecidos* enquanto tais por todos os membros da família.

Entretanto, a corrupção do sistema faz que ele deixe de existir. Eugênia deixa de ter pais, não no sentido biológico, evidentemente, mas no sentido simbólico, isto é, no nível da linguagem. *Uma mulher a colocou no mundo*, eis a que ficou reduzido o significante "mãe", completamente esvaziado de sua carga afetiva. Dessa perspectiva, não se pode falar em matricídio: esse assassinato é um "simples" homicídio. Talvez seja o caso da jovem paulistana Suzane von Richthofen, que planejou, com a cumplicidade do namorado, o assassinato de seus pais.

Fratura e reconstrução do laço simbólico

Qualquer sistema simbólico, por ser uma virtualidade, necessita de suportes concretos e ocasiões concretas para existir. A cada vez que um juiz julga de acordo com os códigos da justiça (mesmo que sua sentença seja injusta) e que sua sentença é acatada e cumprida, a ideia de justiça tem continuidade. Em outras palavras, quanto mais confirmamos os códigos, mais o conceito de justiça se fortalece e se reproduz. E continua a constituir aspectos essenciais de nossa subjetividade: acreditamos na justiça e nos comportamos de acordo com essa crença. É isso que garante a sobrevivência da justiça enquanto instituição.

Ao contrário, quando o representante emblemático de uma instituição (juiz, madre superiora, pais, educadores, médicos) sustenta simultaneamente uma lógica privada, ligada a interesses pessoais, as duas se corrompem. Como consequência, o vínculo até então naturalizado entre o significante "juiz" e o significado "justiça" vai se enfraquecendo, até que, no limite, se dissolve e se desnatura. O juiz deixa de simbolizar justiça. Houve uma *fratura do símbolo*.

Segue-se um efeito em dominó, em que todas as palavras perdem o lastro que o símbolo forte garantia. Há um esvaziamento semântico. As palavras que eram determinadas por aquele sistema se esvaziam de significação. A toga e a beca, por exemplo, tornam-se engraçadas, fantasia de carnaval, em lugar de inspirar um temor respeitoso. As palavras "réu", "culpa", "transgressão", "punição", "lei" e "justiça" ainda existem, mas já não significam. Não são mais *significações operantes* (a expressão é de Castoriadis), uma significação é operante quando tem o poder de produzir subjetividade. As subjetividades aí constituídas – o modo de ser, pensar, agir e sentir das pessoas – já não serão determinadas pelas significações ligadas a esse sistema simbólico. Quando um juiz aceita suborno, coloca em andamento um processo que culmina na corrupção do sistema que ele representava.

O mais grave, porém, ainda está por vir. *O laço simbólico fraturado tende a se refazer, ligando o mesmo significante a um novo significado. Por exemplo, o significante "justiça" pode agora ligar-se ao significado "terminar em pizza". A partir disso, ele produzirá, graças ao poder instituinte do novo laço simbólico, uma forma de subjetividade para a qual o normal e o esperado diante de uma transgressão é a impunidade. Institui-se a imoralidade.*

Corrupção em seu sentido ampliado

No início do texto, propusemos algumas questões a que pensamos ter respondido: a corrupção corrompe o que, segundo que lógica e com que consequências. Mas dissemos também que, ao olhar psicanalítico, certos modos de ser que não pareciam fazer parte do campo da corrupção mostram sê-lo, enquanto outros o são apenas para o senso comum (como a "corrupção" do jovem). Ficou faltando mostrar um caso que não parece fazer parte do campo da corrupção, mas que é determinado pela mesma lógica.

Tivemos a oportunidade de observar salas de aula numa escola pública e verificamos que, para boa parte dos alunos, expressões como aprender, estudar, profissão, futuro e sala de aula não significavam rigorosamente nada. Não é de se admirar que os alunos sequer consigam ficar sentados durante as aulas, quanto mais prestar atenção e estudar. Para o senso comum, trata-se de indisciplina. Entretanto, se atentarmos para a lógica que determina esse comportamento, perceberemos que estamos diante de um esvaziamento semântico. Como tudo isso começou? Segundo os professores, foi quando as "autoridades" aboliram arbitrariamente, por decreto, a "repetência". Alegou-se que todos os alunos devem "passar de ano" para evitar a evasão escolar. Mas os professores se sentiram – e foram – desautorizados por esse decreto, tanto quanto um juiz cuja sentença fosse, subitamente, anulada por decreto. O professor deixou de ocupar o lugar que lhe cabia no sistema educativo, qual seja, o de avaliar se o aluno aprendeu e se está – ou não – em condições de passar de ano. Ele foi obrigado a sustentar outra lógica contraditória com essa: a da "não evasão escolar". Não se trata, propriamente, de uma lógica privada, do benefício próprio, como no caso do juiz, da madre superiora e dos pais de Eugênia, mas ainda assim trata-se de uma lógica em benefício próprio das autoridades, que sabem que deveriam encontrar uma solução real para o problema da evasão escolar, em lugar da pseudossolução via decreto. Enfim, quando o professor é obrigado a sustentar duas lógicas contraditórias, a de educador e a de cúmplice involuntário das autoridades que se furtam a suas responsabilidades, há a corrupção do sistema educacional. A fragilidade do símbolo é visível na sala de aula: o professor não representa mais uma autoridade educadora digna de respeito e, reciprocamente, o lugar simbólico do aluno se esvazia de sentido. Os professores fingem que ensinam, e os alunos fingem que aprendem.

Fragilidade do símbolo e a pós-modernidade

A corrupção dos sistemas simbólicos com a consequente fragilidade do símbolo – o símbolo já não se sustenta na ausência da coisa simbolizada – manifesta-se em vários fenômenos da pós--modernidade.

Há um tipo de violência lúdica adolescente, antecipada pelo filme *Laranja mecânica* (1971), que tenho estudado com o nome

186 UM OLHAR PSICANALÍTICO SOBRE A CORRUPÇÃO

de *reality game* (Minerbo, 2007c). No filme, Alex e sua gangue brincam de *horrorshow*, traduzido como "ultraviolência", atacando e matando pessoas durante uma noitada. É uma brincadeira, mas os "peões do jogo" (as pessoas) são mortos "de verdade". A dimensão propriamente simbólica do jogo se perdeu. A semelhança com o crime dos adolescentes que atearam fogo em um indígena em Brasília, em 1997, durante a noitada, ou com a gangue carioca que, voltando da balada, atacou uma doméstica no ponto do ônibus, em 2007, é gritante.

Ainda no campo da violência, há uma incidência crescente de filhos que matam pais, e vice-versa (Minerbo, 2007b). Esses crimes parecem dever-se mais a um esvaziamento semântico do que a conflitos edipianos. O significante "mãe", atualmente, tem se ligado ao significado "mala sem alça", para usar a gíria adolescente, isto é, algo que perdeu sua utilidade e pode ser descartado. Citei neste texto o crime de Eugênia, que mata sua mãe perguntando-se: "Que laços me prendem à mulher que me pôs no mundo?". Há uma semelhança inequívoca com o crime de Suzane von Richthofen, para citar apenas um dos mais comentados pela mídia.

Um novo tipo de lazer tipicamente pós-moderno, o *reality show*, permite fazer virtude do defeito. O sucesso desses programas se deve ao fato de não sabermos, ao certo, quanto de representação e quanto de realidade há ali. O *reality show* é um *show*, um espetáculo, mas ao mesmo tempo é "de verdade". Em *Extreme make over*, seguimos o "antes e o depois" de pessoas que realmente se submetem a cirurgias plásticas. Outros programas reformam a casa do competidor, ou o guarda-roupa, ou mesmo sua atividade profissional. *Supernanny* coloca uma babá na casa de famílias que não conseguem educar os filhos, enquanto em outro programa há troca de mães, que fazem um "intercâmbio" de famílias durante algum tempo. Outros, ainda, mostram ao vivo, num *show*, o processo de seleção de desempregados que sairão de lá com um emprego de verdade. Quanto de realidade e quanto de representação há em cada um deles não sabemos ao certo. Entre nós, há o *Big Brother Brasil*, em que pessoas comuns representam pessoas comuns lutando pela ascensão social via se tornarem celebridade instantânea, o que acontece "de verdade" com o vencedor (Minerbo, 2007a).

Finalmente, há uma corrente artística chamada *body art*, em que o suporte do artista é o corpo. Essa forma de arte parece fazer a crítica da fragilidade do símbolo. Marc Quinn, um artista inglês, fez uma escultura de seu busto usando 5 litros do seu próprio sangue e a denominou *Self*. Pintou quadros com as próprias fezes e os denominou *Shit painting*. Trata-se de representação, são obras que estão num museu, mas ao mesmo tempo são "de verdade". É como se ele não acreditasse no poder de outro material para simbolizar a si mesmo, tendo de recorrer a uma parte de seu corpo para tanto (Minerbo, 2007c). Esteve em cartaz, recentemente, em São Paulo, uma exposição intitulada *Corpo humano: real e fascinante*. Eram cadáveres "de verdade", porém submetidos a procedimentos estetizantes, isto é, transformados em arte.

Uma conclusão que se abre

Concluímos a análise sobre a corrupção dos sistemas simbólicos com a menção a alguns fenômenos, os quais bem poderiam ser ditos pós-modernos. Essa análise vai ao encontro de Lyotard (1986), quando ele define a pós-modernidade como uma *descrença* generalizada nas grandes narrativas que organizavam nossa sociedade, narrativas essas que constituíam a subjetividade moderna. As grandes narrativas eram produzidas e sustentadas por algumas instituições que caracterizavam a cultura moderna. Parece que, com a "morte de Deus", não foi apenas a instituição religiosa que perdeu

188 UM OLHAR PSICANALÍTICO SOBRE A CORRUPÇÃO

seu lastro de transcendência. Esse fato parece ter afetado outras instituições: se um juiz aceita suborno, é porque já não *acredita* na justiça de modo quase transcendente. O sistema todo se corrompe, levando a um descrédito crescente na instituição, num movimento dialético em que novos juízes aceitam suborno, e assim por diante.

Para finalizar, lanço uma hipótese para futuras investigações. A forma psicopatológica típica de uma civilização que acredita demais nas suas instituições é a neurose: o laço simbólico que une significantes e significado é excessivamente rígido, o que restringe as possibilidades de ser a poucas formas consensuais. A análise procura afrouxar um pouco esse laço e devolver mobilidade ao psiquismo. Já a forma psicopatológica de uma civilização que não acredita em suas instituições é a não neurose. O que a caracteriza é a fragilidade do laço simbólico, que tende a se desfazer à menor tensão, permitindo que a violência pulsional circule livremente e produza um amplo espectro de sintomas. O sofrimento decorrente da fratura do símbolo não é, como na neurose, uma restrição das formas de ser. Ao contrário, quanto a isso, há uma enorme liberdade, o que representa um ganho; em compensação, faltam as mediações simbólicas que poderiam conter a violência pulsional e, principalmente, falta o sentido do ser. O sujeito pós-moderno ganhou de um lado, mas perdeu de outro.

Referências

Castoriadis, C. (1975). *L'institution imaginaire de la société*. Paris: Éditions du Seuil.

Diderot, D. (1973). *A religiosa*. São Paulo: Círculo do Livro.

Ferreira, A. B. H. (1999). *Novo Aurélio Século XXI*: o dicionário da língua portuguesa. Rio de Janeiro: Nova Fronteira.

Lyotard, J.-F. (1986). *O pós-moderno*. Rio de Janeiro: José Olympio.

Minerbo, M. (2000). Que vantagem Maria leva?: um olhar psicanalítico sobre a corrupção. *Percurso*, *24*(1), 89-95.

Minerbo, M. (2007a). Big Brother Brasil: a gladiatura pós-moderna. *Psicologia USP*, *18*(1), 153-158.

Minerbo, M. (2007b). Crimes contemporâneos: uma interpretação, ou o inumano. *Percurso*, *38*(1).

Minerbo, M. (2007c). Reality game: violência contemporânea e desnaturação da linguagem. *Ide*, *30*(44), 103-107.

Sade, M. de. (1999). *A filosofia na alcova*. São Paulo: Iluminuras.

Mudando de posição subjetiva diante da corrupção[1]

Em função do contexto político, entre 2014 e 2016, dei muitas entrevistas sobre corrupção. As perguntas que me fizeram foram muito úteis no sentido de me obrigar a pensar ângulos novos e ir amadurecendo o tema. Este texto, publicado em 2016, sintetiza da maneira mais clara possível o conjunto de minhas ideias sobre o tema. Com o acréscimo da análise de um filme que mostra como é árduo o caminho para desconstruir a corrupção quando se tornou um modo de vida.

Passados dezesseis anos desde meus primeiros ensaios sobre o campo da corrupção e sua lógica, pretendo abordar agora a corrupção do ponto de vista metapsicológico. Dessa perspectiva, pode ser pensada como um processo que se produz e se perpetua no entrecruzamento de três espaços psíquicos: (a) individual, em que

---

1 Publicação original: Minerbo, M. (2016). Mudando de posição subjetiva diante da corrupção: uma análise do filme *Sindicato de ladrões*. *Jornal de Psicanálise*, *49*(91), 63-73. Recuperado de: http://pepsic.bvsalud.org/scielo.php?script=sci_arttext&pid=S0103-58352016000200007&lng=pt&nrm=iso. Consultado em: 31/3/2020.

um sujeito com fortes traços paranoicos acede a uma posição de poder; (b) intersubjetivo, no qual a pessoa que tem poder "enlouquece" com a ajuda das pessoas com quem convive; (c) transubjetivo, em que a desqualificação da lei é instituída e se transforma em uma cultura. Neste ponto, ela se torna constitutiva das subjetividades e se naturaliza.

A corrupção sempre foi endêmica entre nós, mas nos últimos anos foi oficialmente instituída. Corromper, diferentemente de subornar, significa quebrar em pedaços, desnaturar, tornar podre. O que apodrece? No limite, as próprias instituições. Pois, uma vez instituída, a corrupção torna natural um modo de vida no qual a lei que funda o pacto social é sistematicamente desqualificada. A desconstrução desse processo depende, como veremos, de uma mudança de posição subjetiva dos atores sociais sustentada pela transferência com figuras que encarnam a lei.

Como mencionei, a corrupção pode ser entendida como um processo que se produz no entrecruzamento de três espaços psíquicos distintos: individual, intersubjetivo e transubjetivo. A participação de cada um desses três espaços psíquicos pode se dar em "proporções" diferentes, originando "corrupções" distintas. Respectivamente: (a) como sintoma de uma organização patológica, (b) como efeito de um "enlouquecimento" mais ou menos transitório e (c) como modo de vida. A corrupção descarada e deslavada é efeito da potencialização recíproca desses três espaços psíquicos.

Começo abordando o funcionamento paranoico ligado ao espaço psíquico individual. O termo "indivíduo" aqui se refere tanto a uma pessoa quanto a um grupo, por exemplo, um partido político.

Psiquicamente, o paranoico não é capaz de conceber nem de processar situações complexas. Ele simplesmente não tem esse "*chip*". Por isso, as situações são simplificadas e reduzidas a um esquema binário no qual o bem e o mal são vividos como absolutos. Sua visão de mundo é sempre "nós, os bons, contra eles, os maus". O paranoico se percebe como perfeito, melhor do que os outros: é justo, correto e bom, enquanto os outros são injustos, estão errados e são do mal. Candidamente, ele se põe no centro do mundo: só existe uma opinião, a dele. Por isso, tem a expectativa sincera de que o outro reconheça sua superioridade e se submeta a ele, renunciando a suas próprias necessidades e desejos. Espera amor incondicional. É autoritário, tem ideias de grandeza e certezas absolutas e não admite críticas. Se alguém tem uma opinião diferente, é visto como desleal e traidor. Ou, então, é visto como incapaz e fraco, digno de desprezo. O paranoico também não tem o "*chip*" que lhe permitiria empatizar com o sofrimento do outro; não o vê como um "semelhante", que tem as mesmas necessidades e os mesmos direitos.

Para o paranoico, seus objetivos, que são sempre bons, justos e nobres, justificam os meios. Ele fará qualquer coisa para alcançar seus objetivos. Se é acusado de alguma coisa, ofende-se, porque a acusação é vivida como injusta. Sente-se cronicamente lesado em seus direitos, por isso é ressentido e rancoroso. Estrutura-se em torno do ódio ao outro, sempre visto como inimigo e ameaça a seus projetos pessoais. Nessas condições, o paranoico pode se tornar violento, e as pessoas sentem medo dele. Para Elias Canetti (1983), o paranoico, como o ditador, sofre de uma doença do poder, que se caracteriza por uma vontade patológica de sobrevivência exclusiva e por uma disposição, ou mesmo um impulso, para sacrificar o resto do mundo em nome dessa sobrevivência.

Naturalmente, a relação entre paranoia e poder é complexa e, mesmo correndo o risco de generalizações abusivas, arrisco uma hipótese. Por um lado, é possível que aceder a uma posição de poder "acorde" o núcleo paranoico do sujeito – núcleo que todos nós abrigamos em alguma medida. Por outro lado, é possível que a visão de mundo determinada por fortes traços paranoicos torne o poder particularmente atraente, ou necessário, para tais sujeitos. O fato é que a história mostra que a associação entre paranoia e poder é tão frequente quanto perigosa.

O segundo espaço psíquico que contribui para o fenômeno da corrupção é o espaço intersubjetivo. Para a psicanálise, ninguém enlouquece sozinho, mas no espaço psíquico constituído da relação com outros sujeitos. O poderoso pode enlouquecer num vínculo com pessoas que, sistematicamente, assumem uma posição reverente, intimidada, subserviente, de devoção fascinada e apaixonada. Por todas as características já descritas, o paranoico está bem talhado para produzir exatamente esse tipo de reação nas pessoas que o cercam. Aliás, é a mesma atitude acrítica que a criança pequena tem em relação aos pais, que são vividos como aqueles que "podem tudo".

O poderoso enlouquece quando se identifica, isto é, quando "acredita" na mensagem que lhe é transmitida inconscientemente pelo lado mais infantil das pessoas com quem convive: que ele é superior aos outros e, por isso, tem o direito e o dever de gozar mais do que todos. Dessa perspectiva, a corrupção pode ser entendida como sintoma de certo tipo de enlouquecimento – não no sentido de doença mental, mas no de *hybris*, palavra que em grego significa excesso ou desmesura.

A *hybris* pode acometer a pessoa que tem poder político, financeiro e/ou simbólico. Sua loucura consiste em tentar se igualar aos deuses – que não precisam temer nada, porque estão acima do bem e do mal. Quanto mais ficamos fascinados numa posição de submissão apaixonada, menos nos atrevemos a lhe mostrar que a lei vale para todos e mais contribuímos para enlouquecer quem tem poder.

O terceiro espaço psíquico que contribui para o fenômeno da corrupção é o transubjetivo ou institucional. Para a psicanálise, os sistemas simbólicos instituídos em certa época e lugar formam o pano de fundo de nossa vida psíquica. Isso quer dizer que instituem ideias e valores que determinam nossa maneira de sentir, pensar e agir. Ora, a corrupção pode deixar de ser uma prática ocasional para se tornar uma instituição e uma cultura. Esse processo se dá em duas etapas: a desnaturação da ordem simbólica que funda uma instituição e a institucionalização da corrupção, que se torna um modo de vida.

A primeira acontece quando alguém que ocupa formalmente o cargo de representante de uma instituição se "demite psiquicamente" de seu lugar simbólico: ele deixa de sustentar, por meio de seus atos cotidianos, os valores instituídos. (Como veremos, a reversão do processo depende, inversamente, da transferência que se estabelece entre atores sociais e figuras que encarnam a lei.) Em vez disso, coloca interesses pessoais acima dos interesses da instituição. O efeito dessa "demissão" é a corrupção e a desnaturação da própria ordem simbólica que funda e sustenta aquela instituição.

Um exemplo ajudará a esclarecer essa ideia. Quando um juiz se deixa subornar ou simplesmente intimidar – e vimos antes como o paranoico pode se tornar violento a ponto de realmente causar medo –, ele está se "demitindo" de seu lugar simbólico. O que acontece é que o vínculo, até então naturalizado, entre a palavra "juiz" e o significado "justiça" vai se enfraquecendo, até que, no limite, se dissolve e se desnatura. Segue-se um efeito em dominó: todas as palavras ligadas a esse sistema simbólico perdem o *lastro* que a instituição viva e o símbolo forte garantiam. Em lugar de inspirar afetos do tipo temor respeitoso, a toga e a beca nos parecem roupas engraçadas; as palavras "réu", "culpa", "transgressão", "punição", "lei", "justiça" continuam existindo no vocabulário, mas estão vazias de significado emocional, pois já não acreditamos nelas. A instituição se torna disfuncional; ideias e valores que justificavam sua existência entram em crise. Instala-se uma condição de miséria simbólica que deixa as pessoas sem rumo. O suborno do juiz corrompe a instituição justiça.

Paralelamente, a corrupção se institucionaliza: torna-se uma cultura que tende a se reproduzir de forma autônoma. O pacto social está baseado em um "contrato" mediante o qual cada um de nós aceita renunciar às aspirações infantis de realizar todos os nossos desejos de maneira absoluta, para, em troca, fazer parte da comunidade humana. Aceitamos que a lei vale para todos porque todos precisamos da proteção da lei. A renúncia ao absoluto e a submissão à lei, contudo, são feitas a contragosto e nunca de maneira definitiva. Gastamos bastante energia psíquica para fazer a gestão desses desejos e mantê-los sob certo controle civilizado. Por isso, essas fantasias regressivas de plenitude e onipotência, que estão latentes em todos nós, podem ser "acordadas" a qualquer momento. Basta que "alguém" acene com essa possibilidade: aí é a fome e a vontade de comer.

Esse "alguém" é a máfia, instituição que transformou a corrupção em valor e modo de vida. Ela seduz o sujeito ao lhe propor um pacto perverso no lugar do pacto social: ele é convidado a desqualificar a lei e a renúncia, em troca da possibilidade de realizar o desejo imorredouro de transcender os limites inerentes à condição humana. A desqualificação da lei se torna um valor e origina um modo de vida. Não é difícil perceber que o pacto perverso não tem condições de garantir a vida em sociedade.

Reunindo os fios da meada: quando um indivíduo ou grupo tem uma visão de mundo paranoica do tipo "nós, os bons/justos/

donos da verdade, contra eles, os maus/desleais/que ameaçam nossa sobrevivência"; quando esse indivíduo ou grupo convoca, pela via do amor ou da intimidação, o lado inconsciente, infantil, submisso e reverente das pessoas que o cercam; quando a instituição torna natural a desqualificação da lei e acena sedutora, mas perversamente, com a possibilidade de realização das fantasias infantis de onipotência, estão dadas as condições, do ponto de vista psíquico, para a corrupção descarada e deslavada.

A corrupção é uma grave "patologia social" – tem sido comparada a um câncer que infiltra e destrói as instituições –, porque *institui como valor a desqualificação da lei*. Não apenas da lei definida pela Constituição como também da lei no sentido psicanalítico do termo: aquela que nos torna humanos na medida em que coloca limites à desmesura de nossos desejos, fundando, assim, o pacto social. Por isso a corrupção pode ser definida como o processo por meio do qual a desqualificação da lei vai sendo institucionalizada. O processo se completa quando a corrupção se torna, em si mesma, uma instituição.

* * *

Gostaria agora de mostrar como se dá na prática o processo de institucionalização da corrupção e como ele pode ser revertido. Como se verá, a "cura" dessa grave "patologia social" depende de uma mudança de posição subjetiva do sujeito – individual ou social – e nesse sentido se aproxima de um processo psicanalítico. Uma sinopse do filme *Sindicato de ladrões* (1954), de Elia Kazan, fará as vezes de "material clínico". Na análise que faço desse material, procuro mostrar como a articulação dos já mencionados três espaços psíquicos – intrapsíquico, intersubjetivo e transubjetivo – determina a institucionalização e a reversão do processo de corrupção.

O filme se passa em torno do sindicato de estivadores do porto de Nova York, que nos anos 1950 estava em poder da máfia. Johnny Friendly teve uma infância miserável e tornou-se estivador. Finalmente, consegue ser eleito presidente do sindicato. Empoderado, passa a usar a instituição para atender a seus interesses pessoais. Com a ajuda de seus capangas, passa a exigir propinas para liberar o carregamento e descarregamento dos navios. Esse dinheiro é distribuído entre o bando, que garante o funcionamento da máquina corrupta. Os trabalhadores recebem um salário miserável, mas se submetem, com medo de ficarem sem trabalho e/ou de serem mortos, como aconteceu antes.

Doyle, um dos estivadores, resolve colaborar com os policiais que estão investigando as atividades do sindicato. Considerado traidor, é assassinado com a ajuda involuntária de Terry Malloy, irmão mais novo de Charley, braço direito de Johnny. Ninguém ousa dizer à polícia quem o matou. Terry, o protagonista da história, não quer se envolver e não se decide a contar o que sabe. Com o apoio de duas lideranças esclarecidas – um padre e Edie, irmã do rapaz assassinado –, mudará de posição subjetiva.

O filme conta a história dessa transformação interna, que, como já mencionei, pode ser comparada a um processo de análise: Terry sairá de uma posição subjetiva de indiferença (à vida e às pessoas) para começar a construir para si um ideal, algo pelo que lutar, que dará sentido à sua existência. O enredo fornece elementos para entender os motivos da indiferença de Terry a tudo e todos. Ele era um jovem lutador de boxe talentoso e com um belo futuro pela frente. A pedido do irmão, aceita fazer um favor à máfia: perder a final de um campeonato de boxe para um lutador muito inferior, no qual os criminosos haviam apostado alto. O bando embolsou o dinheiro e ele se viu sem nada, depois de ter arruinado sua carreira promissora. Desde então, ele se sente um fracasso, não tem mais projeto de vida, vive um dia atrás do outro tentando não afundar e se divertir um pouco. Ele se melancolizou.

A transformação interna de Terry, que acaba levando ao desmanche da organização mafiosa, tem dois motores. De um lado, a transferência positiva que estabelece com Edie e o padre, representantes do casal parental que lhe transmite valores humanos de justiça, igualdade e fraternidade. De outro, o ressentimento contra o chefão, figura paterna violenta e autoritária. Em um primeiro momento, Terry quer fazer justiça com as próprias mãos e matar os assassinos de seu irmão, mas o padre insiste no valor da justiça e da lei como único caminho legítimo contra a corrupção.

Terry acaba decidindo depor contra a máfia, comprando uma briga difícil e arriscada. No começo, até os estivadores se voltam contra ele. Mas ele sabe que não tem opção: só pode recuperar sua autoestima se não entregar os pontos novamente – se, desta vez, ele lutar até o fim. O chefe de máfia acabará perdendo o apoio do político que lhe dava garantias de impunidade e se curvando à força da lei. O boxe é a metáfora da luta de um homem para recuperar sua dignidade, bem como a confiança nas instituições que formam a base do tecido social.

Passo agora à análise do filme acompanhando de perto, como se fossem "sessões", as cenas mais esclarecedoras desse processo.

Na primeira cena, Terry participa, sem saber, do assassinato de Doyle, o estivador que denunciou o esquema corrupto. Terry fica chateado por ter sido usado para atrair Doyle para uma emboscada. Sente-se culpado pela morte do rapaz. Johnny e Charley explicam a ele por que foi necessário eliminar Doyle. Johnny e seus dez irmãos tiveram uma infância miserável. Aos 16 anos, implorava por trabalho. Com muita luta, chegou a presidente do sindicato. Nessa posição, instituiu propinas para quem quisesse descarregar o navio. Ninguém descarrega um navio sem pagar propina a ele e seu bando. Charley, o irmão mais velho de Terry, faz parte do bando. Ele nos conta como pensa um mafioso: "Se pudermos pegar, temos o direito. Não vamos perder tudo isso por causa de um rato como Doyle". Ou seja, estão dispostos a tudo para se manter no poder.

Essa conversa mostra que eles *honestamente* acham justo fazer de tudo para se manter no poder, duramente conquistado. Subornar, extorquir e matar são atos legítimos. Agem dentro da lei. Só que é uma lei própria. Doyle foi morto porque era um traidor da lei da máfia. E, na lógica da máfia, só há duas possibilidades: ou é amigo, leal, fiel, ou é inimigo e traidor. É uma lógica paranoica.

No entanto, Terry, que ainda está na periferia do sistema, não está convencido de que as coisas têm de funcionar assim. Johnny, o chefão, tenta suborná-lo com vantagens materiais (dinheiro e um trabalho fácil), mas principalmente com vantagens afetivas. Pois o chefão funciona como um pai que oferece amor, proteção e amizade. Em troca, exige apenas que ele aceite as regras do jogo:

desqualificação da lei que rege a sociedade e submissão absoluta à sua autoridade. É esse contrato – também chamado pacto perverso – que, uma vez selado, dá início ao processo de corrupção.

Como vimos, todos nós abrigamos desejos primitivos de gozo absoluto que estão adormecidos, mas podem ser "acordados" – é exatamente o que Johnny está tentando fazer com Terry. O desejo imorredouro é a contribuição do espaço psíquico individual (intrapsíquico), sem o qual não é possível firmar o pacto perverso que está sendo proposto. A sedução dessa proposta é perversa porque desqualifica o duro e lento trabalho civilizatório. É com esforço que todos nós acordamos de manhã e vamos ganhar o pão com o suor do rosto. E, de repente, aparece alguém para dizer que tudo isso é bobagem.

Como veremos adiante, no entanto, é no espaço intersubjetivo entre dois ou mais sujeitos – a relação entre Johnny e seu bando – que o pacto perverso se reproduz e se fortalece. É graças aos capangas que Johnny se percebe como chefão; é graças ao chefão que os capangas se sentem amados e protegidos por uma figura paterna forte, ao mesmo tempo que se submetem por medo de sua violência.

O filme mostra que, quando Terry finalmente decide depor no tribunal contra os criminosos, passa a ser hostilizado pelo grupo como se fosse um traidor. Há uma inversão total de valores. E, de fato, há várias cenas em que a lei é abertamente desqualificada. O agente da polícia que está investigando a morte de Doyle é "o palhaço da comissão de crimes". No tribunal, o grupo todo zomba dos advogados e do juiz ao afirmar, cinicamente, que, "infelizmente, os documentos solicitados foram roubados ontem".

Terry não se deixa seduzir pela proposta de Johnny porque está deprimido e porque não investe transferencialmente o chefe da máfia. Como foi dito, perdeu uma luta que estava ganha para fazer

202 MUDANDO DE POSIÇÃO SUBJETIVA DIANTE DA CORRUPÇÃO

um favor a ele, mas não imaginava que se vender a Johnny pudesse lhe custar tão caro. Com o título, perdeu o amor-próprio. Sente-se um fracasso. Na cena em que os dois irmãos estão dentro de um carro, Terry diz a Charley: "Podia ter sido alguém, em vez de ser um vadio".

A corrupção faz do pacto com o diabo um valor e um modo de vida. Mais cedo ou mais tarde, paga-se, como na lenda sobre o Dr. Fausto, o preço de se vender a alma ao diabo. Tanto que agora nada mais lhe interessa realmente. Não tem mais ambições. Nada o seduz. Nem mesmo o pacto perverso. Ele fica na periferia do sistema, oscilando entre as duas éticas: a da máfia, que não o seduz, e a do pacto social, na qual ele não acredita. Acha Edie ingênua quando diz que sua vida só tem sentido se puder fazer algo pelos outros.

Como foi dito, a corrupção depende também de elementos pertencentes ao espaço psíquico intersubjetivo. Johnny tem uma personalidade "forte" – isto é, fortes traços paranoicos – bem talhada para produzir efeitos transferenciais nos seus capangas. Ele representa uma figura paterna violenta e tirânica, mas também amorosa e protetora.

Essa mistura de amor e violência convoca a criança aterrorizada e obediente que existe em cada um. Fortemente transferidos, todos têm medo de sua fúria, mas desejam seu amor. Por isso, aceitam pagar o preço da submissão absoluta. Cria-se uma dinâmica que contribui para perpetuar o sistema. Quanto mais todos se submetem, mais contribuem para empoderar Johnny. Quanto mais ele é empoderado, mais todos se comportam como crianças aterrorizadas. Humilhados, os estivadores vão perdendo sua dignidade e sua autoestima. Vão ficando apáticos, perdem a esperança em uma vida melhor. A cena da distribuição das senhas é terrível. Vemos nos rostos e nas mãos semiestendidas a vergonha de terem de mendigar uma senha para ter o direito de trabalhar.

Apesar de odiá-lo, não se revoltam. Passam fome, submetem-se, mas não ousam matar o próprio "pai". O chefe da máfia é poupado pelos filhos.

Ora, por que uma centena de homens fortes, como os estivadores, se submete à tirania de meia dúzia? Para entender isso, precisamos recorrer ao terceiro espaço psíquico, o transubjetivo ou cultural. Além do medo e da infantilização cultivados no espaço psíquico intersubjetivo, a impossibilidade de reagir se deve ao fato de que a corrupção se tornou, ela mesma, uma instituição. Isso significa que agora tem poder para instituir um modo de vida que se torna natural, como se não houvesse outra modo de viver fora do domínio da máfia. A repressão se torna desnecessária, pois a própria ideia de se revoltar contra o sistema se tornou impossível. Inclusive, quando Terry decide contar o que sabe, é visto como traidor pelo próprio grupo de estivadores, mostrando a que ponto o sistema se naturalizou. A meu ver, essa é a face mais perversa da corrupção, pois, como qualquer cultura, tende a se reproduzir e a se perpetuar sem questionamentos – e com a participação de todos.

* * *

Desde o título deste texto venho anunciando que o processo de "cura" da grave patologia social chamada corrupção depende de uma mudança de posição subjetiva – que, nesse sentido, se aproxima de um processo analítico. A mudança começa com a entrada em cena de outra figura paterna, o padre, também investida transferencialmente pelos estivadores. Ao contrário do chefão, que encarna a desqualificação da lei, o padre vive na e pela lei: não apenas ele a encarna de modo exemplar como afirma a validade do pacto social contra o pacto perverso. Ele funciona como catalisador de uma transformação social que, depois de tantas mortes, já está madura para acontecer.

Ao contrário de Johnny, o padre convoca o lado mais adulto dos estivadores: "Vocês vão continuar aceitando isso até quando?"; "Só acabaremos com a máfia não os deixando impunes". Ele lembra que não estão sozinhos nessa luta: "Neste país temos meios para reagir". Mostra aos estivadores que *eles contribuem para perpetuar a situação perversa em que se encontram. Quanto mais se submetem, mais fortalecem o sistema.* Mobiliza e organiza os diversos setores da sociedade que estavam dispersos.

Dugan representa o cidadão que mantém seu senso crítico e só se submete à máfia porque precisa trabalhar. Mas, depois de ser espancado e humilhado, entende que não adianta continuar vivo sem dignidade. Edie representa a intelectual que tem uma formação humanista – é a única que estudou – e não aceita simplesmente cruzar os braços diante da injustiça social. Não tem preconceitos e aposta no potencial de desenvolvimento de cada um. No entanto, é Terry que representa a possibilidade concreta de mudança de posição subjetiva. É com ele que nos identificamos. Tanto quanto num processo analítico, a transformação de Terry se apoia na relação transferencial, não apenas com o padre como também com Edie. Ambos formam o casal parental graças ao qual Terry passa da alienação apática à possibilidade de se apropriar de uma luta que é dele e de mais ninguém.

Primeiro, Terry se humaniza na relação com a moça, que funciona como uma figura materna. Ela não o vê como um vadio nem como um bandido, apesar de ser irmão de um mafioso e apesar de ter sido cúmplice da morte do irmão dela. Ela o vê como um menino perdido, carente, abandonado. Enxerga nele o potencial humano que não foi desenvolvido por falta de oportunidade. Ele mesmo, que se via como um burro, como um vadio, passa a se ver de outra maneira nessa relação.

Graças a ela, Terry consegue recuperar alguma autoestima e sai do buraco melancólico. Vai depor à justiça contra a máfia. Vai dizer que sabe quem matou Doyle. Faz isso não só porque foi pessoalmente prejudicado (seu irmão também é morto porque se recusou a matar Terry), mas porque é a única maneira de recuperar a dignidade perdida com o título de boxeador. Num primeiro momento, todos os estivadores se voltam contra ele, chamando-o de traidor. Embora o sistema fosse perverso, funcionava, todos tinham trabalho. Por outro lado, a máfia garante que ele nunca mais vai conseguir emprego nos Estados Unidos, mas ele vai lutar pelos seus direitos. Enfrenta o chefão na frente de todos os estivadores. Apanha muito, mas consegue ficar de pé e liderar o grupo de volta para o trabalho, desmoralizando Johnny.

Depois que Terry depõe contra a máfia, há uma cena rápida em que alguém, possivelmente um político, assiste ao depoimento pela televisão. Quando percebe que a lama pode respingar nele com a delação de Terry, desliga a televisão e se retira. Dá instruções ao mordomo: se Johnny ligar, é para dizer que ele não está. Não quer que a lama respingue nele. Entendemos que a máfia não teria poder algum se não tivesse por trás o apoio de um político. Quando o político retira seu apoio, essa instituição começa a se desmanchar. Tanto que, pela primeira vez no filme, Johnny afirma que não pode matar Terry porque seria preso. *Pela primeira vez ele sente medo da lei.* O medo é sinal de que reconhece a castração e que a lei do pacto social voltou a valer para ele. Volta a se sentir um homem como os outros.

O filme mostra que reverter o processo é difícil, mas não impossível.

Referências

Canetti, E. (1983). *Massa e poder*. Brasília: UNB.

Minerbo, M. (2000). Que vantagem Maria leva?: um olhar psicanalítico sobre a corrupção. *Percurso*, *24*(1), 89-95.

Minerbo, M. (2007). A lógica da corrupção: um olhar psicanalítico. *Novos Estudos CEBRAP*, (79), 139-149.

Minerbo, M. (2011). Poder e loucura. *Revista Poder, Joyce Pascowitch*.

Minerbo, M. (2012). Corrupção, poder e loucura: um campo transferencial. *Revista Brasileira de Psicanálise*, *46*(1), 162-172.

Minerbo, M. (2014, 6 de novembro). A corrupção no divã. *Folha de S.Paulo*. Recuperado de http://www1.folha.uol.com.br/opiniao/2014/11/1543886-marion-minerbo-a-corrupcao-no-diva.shtml. Consultado em 31/3/2020.

Minerbo, M. (2015, janeiro). A corrupção no divã. *Revista Psique Ciência e Vida*, (109), (versão ampliada).

PARTE IV
Textos de maturidade

PART IV

Textos de maturidade

Assassinato e sobrevivência do pai[1]

Este é o único texto que foi escrito "por encomenda". Na época, fiquei muito feliz por ter tido a oportunidade de pensar um pouco sobre o pai. Digo "o pai", e não "função paterna", pois não queria chover no molhado, falando de lei e suporte do simbólico. Neste texto, descobri o pai real, aquele que responde aos movimentos pulsionais da criança e do adolescente com base em seu próprio inconsciente. No recorte que escolhi fazer, a relação com o pai é pensada em termos intersubjetivos, e não apenas intrapsíquicos ou culturais.

Este texto foi apresentado em um colóquio intitulado "Onde está o pai?". Optei por manter sua redação original, concebida para a exposição oral.

---

1 Texto apresentado em 2014 no III Colóquio de Psicanálise com Crianças: Onde está o pai? Desafios da atualidade na clínica com crianças, do Instituto Sedes Sapientiae, e publicado nos anais virtuais do evento. Recuperado de: http://www.sedes.org.br/Departamentos/Psicanalise_crianca/coloquio2014/programa.html. Consultado em: 31/3/2020.

210 ASSASSINATO E SOBREVIVÊNCIA DO PAI

Esta apresentação está dividida em três partes:

I. Na primeira, apresento uma situação que nos ajudará a problematizar a função paterna, e a *desconstruir alguns lugares comuns*. A ideia é dissociar função simbólica de função paterna.

II. Na segunda, abordo as dimensões do pai na *história da constituição do psiquismo*. Enfatizo a importância da sobrevivência do pai real durante o processo de assassinato do pai imaginário.

III. Na terceira, retomo a situação clínica para indicar os aspectos *intrapsíquicos, intersubjetivos* e *transubjetivos* que dificultam a sobrevivência do pai real no cotidiano.

I. Problematizando a questão de função paterna

A família que vai nos servir de modelo para problematizar a função paterna está organizada, do ponto de vista sociológico, segundo os padrões patriarcais. O pai tem um bom emprego e é o provedor. A mãe cuidou dos filhos até sua adolescência e agora voltou a estudar. Mas, do ponto de vista psíquico, é a mãe que impõe sua visão de mundo e toma as decisões. O marido lhe entrega todo o salário e ela gerencia as finanças da família. Todos, inclusive o marido, estão constantemente referidos a ela. Na hora do jantar, os dois filhos e o marido disputam sua atenção e tentam falar com ela ao mesmo tempo.

Quando o filho é agressivo com a mãe, ela compartilha o problema com o marido. O pai repreende severamente o garoto e o coloca de castigo por ter faltado ao respeito com a mãe. Aparentemente, um belo exercício de função paterna. No entanto, o que será que desencadeia a agressividade do filho? Para essa mãe, "educar e colocar limites" é algo próximo a *impor sua vontade de maneira abusiva, esmagando a subjetividade do garoto*. Ela desqualifica sistematicamente os desejos do adolescente e ridiculariza seu ódio quando ele se revolta. O pai não percebe essa dinâmica. Não importa o que esteja acontecendo, ele se alia incondicionalmente à esposa, contra o filho. Ou seja, quando o pai repreende o garoto pela falta de respeito com a mãe, intervém *como extensão da mãe*, e não como um terceiro. O filho fica ainda mais revoltado, porque o pai está lá, mas não o protege do abuso de poder da mãe.

E por que o pai se alia incondicionalmente à mãe contra o filho? Para ser amado por essa mulher, que está sempre irritada com ele. O filho é um rival que ele tenta suplantar. Ora, se o pai rivaliza com o filho, quem está lá não é o pai, *mas a criança-no-pai, o infantil* do pai. É do seu lugar de criança edipiana que o pai repreende e castiga o filho. Portanto, é uma atuação, e não um ato com função simbolizante. O pai está lá, mas nesse momento não há função paterna.

Já em outro momento, a função paterna parece estar preservada. O casal foi chamado à escola do filho, que anda desafiando a autoridade dos professores e negligenciando os estudos. O diretor tenta sensibilizar o pai no sentido de estar mais presente na vida do filho adolescente. O pai, contudo, não entende bem o que se espera dele. Para ele, ser pai é ser o provedor da família. Diante da ameaça de reprovação, o pai afirma que apoiará a decisão da escola: se seu filho não tem a nota mínima, não deve passar de ano. Ele mesmo só aprendeu a estudar depois de repetir de ano. Aqui, o pai se coloca como suporte da lei. Parece exercer a função paterna, embora com representações estereotipadas e pouco criativas sobre o que significa ser pai.

Outra cena. Pai e filho estão brigando, quase se atracando. Ele telefona para a mulher, que estava na academia. Explica o motivo da briga como se estivesse falando com a autoridade. Diz: "Você resolve quando voltar". Nesse momento, o pai se demitiu temporariamente da função paterna.

Em muitos momentos, essa família parece ser monoparental. O pai está sempre muito ausente, física e psiquicamente. Não se interessa muito pelos filhos, e estes, reciprocamente, não contam com ele emocionalmente. Não perguntam onde está o pai, e sua presença ou ausência não altera a rotina da casa.

* * *

Esta vinheta me ajuda a desconstruir alguns lugares-comuns, no que diz respeito à função paterna.

- Primeiro, mostra que ela é intermitente. O mesmo homem, na mesma família, ora exerce, ora não exerce, a função paterna, dependendo do que está em jogo do ponto de vista intrapsíquico e dos vínculos intersubjetivos. Essas nuances mostram como é arriscado fazer generalizações sobre o lugar do pai na atualidade.

- Segundo, mostra que as falhas no exercício da função paterna não têm a ver necessariamente com mudanças na estrutura familiar nem com o apagamento dos lugares simbólicos. Têm a ver, sim, com a presença excessiva do infantil do pai, como quando ele rivaliza com seu filho pelo amor da esposa. A função paterna cessa quando o pai atua suas próprias questões edipianas no vínculo familiar.

- Terceiro, mostra que o pai precisa se interpor como terceiro, não só para barrar o incesto entre mãe e filho como também para barrar o "filicídio". Refiro-me aos momentos em que a mãe abusa de seu poder sobre o filho e tenta, em função de suas próprias questões inconscientes, aniquilar a subjetividade dele. A mãe também teria a função de barrar o abuso de poder do pai, caso houvesse.

- Por fim, embora o pai sustente a lei junto ao diretor da escola, nada indica que função paterna e função simbólica podem ser equiparadas. Como sabemos, a mãe também tem um papel fundamental na instalação da função simbolizante no psiquismo infantil.

* * *

A sobreposição, problemática, entre função simbólica e função paterna resulta, entre outros fatores, de uma confusão epistemológica entre os planos histórico-sociológico e psicanalítico. É importante recuperar a especificidade de cada um.

Para Christian Delourmel (2013), o que está em declínio no século XXI é uma das figuras históricas do pai, a do pai patriarca, que se reproduziu até o fim do século XX. Essa figura garantia a estabilidade da ordem religiosa e social e, esta, reciprocamente, garantia a posição do pai patriarca. O autor alerta para o fato de que a psicanálise não pode pensar a função paterna com base em uma das figuras históricas do pai.

A teoria que equipara a função paterna à função simbólica, *como se a função materna se restringisse à natureza*, está infiltrada pela ordem patriarcal. Michel Tort (2005; 2013/2015) esclarece que, mesmo no plano psicanalítico, há uma confusão epistemológica em relação à figura do pai:

- Há o pai que emerge da clínica e se transforma em teoria. Por exemplo: no começo da história da psicanálise, o pai aparecia na clínica como sedutor. Depois, a sedução passa a ser entendida como uma fantasia produzida pela sexualidade infantil. Nessa passagem, surge a categoria do pai edipiano.

214 ASSASSINATO E SOBREVIVÊNCIA DO PAI

- Há também o discurso dos "pais" da psicanálise – Freud e Lacan – sobre o pai. Esse discurso está necessariamente marcado pela ordem patriarcal, que se infiltra na teoria, produzindo conceitos como falo, castração, falta, recusa do feminino.

Um recorte propriamente psicanalítico sobre a função paterna teria de começar interrogando *o que é um pai do ponto de vista metapsicológico*.

- Como se constitui a figura paterna?

- Qual é sua função na constituição do psiquismo?

- Onde entra o pai real, concreto, com suas particularidades psíquicas, nesta família, nesta época e neste lugar?

- Onde entra o social, com suas inegáveis transformações?

II. Dimensões do pai na história da constituição do psiquismo

Com base em algumas ideias de Roussillon, apresento um esquema, um modelo ideal, das dimensões do pai na constituição do psiquismo.

1. Como a criança descobre o pai?

Para a psicanálise, descobrir o pai não é um ato meramente perceptivo, e sim um *ato psíquico*. O pai enquanto novo objeto, como *primeiro "não mãe"*, é apresentado pela mãe para ser descoberto pela criança. O pai é *criado-achado*, como diria Winnicott.

A mãe apresenta esse novo objeto por meio de sua sexualidade adulta, que infiltra inconscientemente a relação com a criança. A sexualidade da mãe sinaliza que tem *prazer com alguém que é diferente dela*. Nesse sentido, a figura do pai – ou *substituto* (Gross, 2006) – se constitui *no espaço formado pela subjetividade da mãe e da criança*.

2. Do ponto de vista metapsicológico, descobrir o pai significa descobrir que é possível ter prazer com um objeto que não é a mãe.

O pai encarna para a criança a possibilidade de se ter prazer com o diferente. Ele institui uma nova matriz simbólica: aquela que faz do outro diferente uma possibilidade de prazer, e não apenas uma ameaça.

Essa matriz torna possível, para a criança, ter prazer na convivência com a avó, com a tia e com os amigos. Torna possível gostar de comidas que não são as que a mãe apresenta. E de lugares em que a mãe não está. Sem essa matriz, o diferente continua a ser significado apenas como intrusão e produz angústia.

Essa é a primeira dimensão do pai: sua dimensão simbólica. O pai simbólico, o pai em sua função simbolizante, simboliza o prazer com a diferença.

3. Há também outra dimensão do pai: *o pai real*, aquele com o qual a criança se relaciona no cotidiano.

Quando a criança investe esse primeiro "não mãe", o pai – ou substituto (Gross, 2006) – se torna um objeto significativo e, portanto, disponível para a transferência. A criança vai transferir para esse novo objeto os aspectos da sexualidade materna que não consegue metabolizar nem integrar. O pai terá de dar alguma resposta às moções pulsionais e às demandas, que agora a criança dirige especificamente a ele.

Assim, a primeira função do pai real é responder a essas moções pulsionais, concretamente, a partir de sua singularidade.

4. Essa resposta, que provém do lugar paterno investido pela transferência, precipita-se psiquicamente como imago paterna, ou *pai imaginário.*

O pai imaginário continua a ser construído pela criança graças a novas transferências: a criança projeta nele o ideal narcísico perdido na relação com a mãe. Esse ideal se refugia e sobrevive em uma *figura ideal*, o *pai da horda*. Esse pai, que é idealizado para o bem ou para o mal e que aos olhos do filho *pode tudo*, terá de ser destruído. Esta imago terá de ser desconstruída, assassinada, para que a criança aceda a uma representação do pai e de si, marcada pelos limites do humano.

5. No entanto, o assassinato do pai não se dá num plano abstrato ou puramente intrapsíquico. Para que esse processo tenha êxito, o pai real e o prazer possível que ele encarna precisam sobreviver aos embates cotidianos.

Assim, a segunda função do pai real é sobreviver aos ataques da criança. É a sobrevivência do pai real que define a função paterna, como pode ser efetivamente exercida por ele no cotidiano.

Para Roussillon: "O que não foi suficientemente dito é que a morte simbólica do pai, a morte do ideal, que está na origem da instauração das capacidades de simbolização, depende *tanto do assassinato perpetrado pela criança quanto da capacidade do pai real de sobreviver*" (2003, p. 196).

6. O que significa que o pai real precisa sobreviver para que o pai da horda possa morrer?

- Que o pai real se deixa atingir psiquicamente pelo ataque, pelas críticas, sem revidar demais nem se retirar do vínculo.

- Que aceita *ser modificado* pelas novas necessidades que o latente e, depois, o adolescente vão sinalizando a ele.

Ou seja, o pai precisa aceitar modificar o *tipo de vínculo* com o filho.

No entanto, quando o pai real está identificado com o pai da horda, quando *acredita* que pode tudo ou deveria poder tudo vai lutar para não ser destituído da idealização infantil. Ele precisa dessa idealização para sustentar seu narcisismo. Por isso, vai tentar perpetuar o vínculo infantil, no qual ele ainda é tudo para a criança. Nessas condições, o pai real não permite o assassinato do pai da horda.

É importante notar que o vínculo antigo não é destruído de uma vez, como o termo "assassinato" poderia sugerir. O pai da horda morre pouco a pouco, vai sendo transformado parte por parte.

Idealmente, ao fim do processo, o vínculo é reencontrado vivo, mas diferente, reconstruído em outra base. O vínculo sobrevive, mas *modificado*. O novo vínculo estará marcado pelo *luto pelo ideal perdido* e pelas formas *possíveis* de satisfação da pulsão. É isso que permite à criança se separar *psiquicamente* do ideal que o pai da horda encarnava.

7. O pai real que sobrevive ao assassinato simbólico do pai da horda tem *uma terceira função*: encaminhar o adolescente para a cena

social. Porque é lá, *com a ajuda do grupo*, que os restos não resolvidos da relação entre eles podem ser elaborados.

Esses restos são dados pelo inconsciente do pai real. Nenhum pai sobrevive integralmente ao processo de desidealização. Por isso, sempre algum aspecto do vínculo infantil acaba persistindo. Esses aspectos são transferidos para o grupo. O pai indica ao filho que vai ter de *simbolizar em outro lugar* o que não pode ser simbolizado no universo familiar.

III. Aspectos intrapsíquicos, intersubjetivos e transubjetivos que dificultam a sobrevivência do pai real no cotidiano

Isidoro Berenstein e Janine Puget (*apud* Weissmann, 2009) reconheceram que o psiquismo apresenta três dimensões que se articulam dialeticamente: intrapsíquico, intersubjetivo e transubjetivo – que nos permite incluir os elementos ligados à história e à cultura, como a crise das instituições no mundo contemporâneo. A questão da sobrevivência do pai e, portanto, *as condições de possibilidade para o exercício da função paterna*, exige que se tome em consideração a articulação entre essas três dimensões do psíquico. Embora as três estejam sempre presentes, vou usar as vinhetas para colocar em evidência uma de cada vez, mostrando como incidem sobre a sobrevivência do pai.

Primeira situação

A mãe impõe de maneira abusiva sua subjetividade e desqualifica a do filho. Ele fica com ódio e briga com ela. O pai não percebe essa dinâmica. Ele se alia incondicionalmente à esposa, contra o filho. Em minha hipótese, a criança-nele [o infantil] rivaliza com o filho pelo amor da esposa, confundida com a própria mãe. Estou considerando três gerações: o pai, os restos não elaborados de seu próprio Édipo e como isso estaria sendo atuado com a geração seguinte. Esta vinheta coloca em evidência como a *dimensão intrapsíquica* [articulada com as outras duas] impede o pai real de sobreviver aos ataques do filho. Por conta de suas questões edipianas não elaboradas, acaba retaliando os ataques do filho: coloca o garoto de castigo, quando este deveria ser protegido do abuso materno. Ele acaba funcionando como o pai da horda, que mata o filho para ficar com a fêmea.

Segunda situação

Pai e filho estão brigando. O pai delega à mãe o poder de resolver a situação. O lugar paterno nessa família é o de uma figura fraca, secundária. É um lugar desvalorizado por todos, inclusive por ele. O lugar simbólico do pai está apagado. Sua palavra não tem força nem credibilidade. Ele se demite de sua função. Só que, quanto mais ele se demite, mais contribui para desvalorizar o lugar que ocupa. Ele vai sendo cada vez mais marginalizado, enquanto a mãe vai tendo de ocupar, sozinha, o lugar de autoridade. Enfraquecido por esse tipo de *dinâmica intersubjetiva*, o pai real acaba se retirando do vínculo com o filho, colaborando para perpetuar a idealização negativa do pai da horda.

Terceira situação

Na cena da escola, o diretor tenta sensibilizar o pai para a qualidade do vínculo com o filho, que pode estar interferindo em seu rendimento escolar. Mas ele não chega a entender o que mais o diretor quer dele, uma vez que já faz sua parte sendo o provedor da casa e apoiando qualquer decisão que a escola venha a tomar.

Aqui, é a *dimensão transubjetiva* [articulada com as outras duas] que impede o pai real de sobreviver. Para sobreviver, precisaria se deixar transformar pelos ataques do filho – ataques que estão sendo deslocados e transferidos para os professores. Precisaria conseguir se adaptar, de maneira criativa, às novas necessidades do filho adolescente, assinaladas pelo diretor. No entanto, a resposta dele está determinada por *representações estereotipadas*, dadas por sua cultura, do que é ser pai. Sua rigidez dificulta ao filho o assassinato do vínculo infantil com o pai da horda.

Finalizando

Embora essa família esteja organizada sociologicamente de um modo bastante tradicional, isso não garante nada em relação ao lugar do pai. Do ponto de vista psicanalítico, a sobrevivência do pai real no cotidiano depende de como se articulam as três dimensões do psíquico, como acabamos de ver.

Isso posto, cabe reconhecer o impacto da *crise das instituições na pós-modernidade* no exercício da função paterna, mas também da função materna!

Por um lado, a falta de referências, ligada à crise da instituição familiar tradicional, obriga cada um a inventar, a partir de si próprio, o que é ser pai e o que é ser mãe. É uma tarefa solitária, exaustiva e angustiante, tanto para o pai como para a mãe. Em compensação, há espaço e liberdade para que cada um seja pai e mãe à sua maneira, sem ter de se adaptar aos padrões rígidos e excludentes da família patriarcal tradicional.

Por isso, o atual declínio de uma das figuras *históricas* do pai, o pai da família tradicional moderna, **tem vantagens e desvantagens** (Minerbo, 2013). A relação custo-benefício dessa crise – liberdade *versus* falta de chão – depende de cada um.

Deixo como sugestão o filme *O último concerto* (2012), de Yaron Zilberman. A perda da figura paterna – o violoncelista que é de uma geração anterior aos demais – desorganiza o quarteto. Este representa uma sociedade em sintonia, que funciona de modo harmônico, em que cada um tem uma função e as diferenças entre violinos, viola e violoncelo são respeitadas e valorizadas. A perda da figura paterna promove o desligamento pulsional, a desorganização do grupo, com atuações violentas de todos os tipos. O imperativo de simbolizar faz da arte um caminho privilegiado para religar as pulsões e recuperar algum sentido para a existência.

Referências

Delourmel, C. (2013). De la fonction du père au principe paternel. *Revue française de psychanalyse, 77*, (5), 1283-1353.

Gross, M. (2006). *L'Homoparentalité*. Paris: Le Cavalier Bleu (Coleção idées reçues).

Minerbo, M. (2013). Ser e sofrer, hoje. *Ide, 35*(55), 31-42.

Roussillon, R. (2003). IV. Figures du père: le plaisir de la différence. In J. Guillaumin, & G. Rocher (Org.), *Le Pére* (pp. 185-203). Paris: L'Esprit du temps. Recuperado de https://www.cairn. info/le-pere--2847950109-page-185.htm. Consultado em 31/3/2020.

Tort, M. (2005). *La fin du dogme paternel*. Paris: Champs Flammarion.

Tort, M. (2013/2015). La subjectivation patriarcale et la fonction paternelle de refus du féminin. *Revue française de psychanalyse*, 5(77), 1665-1673.

Weissmann, L. (2009). *Famílias monoparentais*. São Paulo: Casa do Psicólogo.

Sobre o supereu cruel[1]

Este texto é importante para mim porque, depois de um longo percurso teórico-clínico, ousei propor algo novo a respeito da constituição do supereu cruel. E, para isso, precisei abordar um tema tabu: movimentos filicidas inconscientes das figuras parentais. Fiquei feliz porque o trabalho mereceu um prêmio num congresso brasileiro de psicanálise, o que ajudou minhas ideias a circular mais amplamente.

Introdução e hipótese

Todo psicanalista sabe como é difícil trabalhar com o sofrimento ligado aos ataques do supereu cruel contra o eu. Tentar atenuar a ferocidade do primeiro é tão inútil quanto limitar-se a empatizar com o sofrimento do segundo. Impotente e ameaçado em seu narcisismo, o analista pode atuar sua contratransferência negativa, levando

---

1 Uma versão anterior deste capítulo foi publicada em 2015 na *Revista Brasileira de Psicanálise*, *49*, 73-89 e recebeu o Prêmio Durval Marcondes no XXV Congresso Brasileiro de Psicanálise.

224 SOBRE O SUPEREU CRUEL

o processo a um impasse. O caminho para a análise e a desconstrução do supereu cruel passa, necessariamente, por uma teoria sobre como ele se constitui. Meu objetivo é contribuir para essa teoria com algumas hipóteses, a fim de, no final do capítulo, sugerir possíveis caminhos para o trabalho clínico com esses pacientes.

Essa instância ataca e desorganiza o eu em três figuras da psicopatologia psicanalítica: (1) no *funcionamento melancólico*, o embate entre supereu e eu se dá principalmente no plano intrapsíquico ("sou um fracasso, um ser desprezível, indigno de amor"); (2) no *funcionamento paranoico*, o sujeito se identifica ao supereu e coloca o outro no lugar do eu, tratando-o com a mesma crueldade com que o supereu trata o eu na melancolia ("você é mau, um ser desprezível, não merece o meu amor"); (3) no *funcionamento masoquista*, o sujeito "convoca" o outro por identificação projetiva a se identificar com o supereu cruel e a massacrá-lo ("sou culpado, sou mau e desprezível, mereço ser punido").

Frente aos desafios colocados pela análise desses pacientes, não encontrava na literatura respostas para as seguintes questões: por que o supereu tem tanto ódio do eu? Por que é controlador e tirânico? O que ele não tolera no eu? Qual é o gatilho que desencadeia o ataque feroz do supereu ao eu? O que ele exige do eu? Por que não é capaz de empatizar com suas limitações e deficiências?

Não pretendo fazer uma revisão da bibliografia sobre o supereu, apenas contextualizar minhas hipóteses. Encontramos em Freud duas acepções distintas sobre a origem do supereu. Por um lado, é apresentado como instância gestora e legisladora do desejo e do prazer, herdeiro do Édipo (Freud, 1975d[1923]), que se manifesta na clínica como *culpa neurótica*. Mas o supereu aparece também, na melancolia, como resultado da identificação do eu com a sombra do objeto (Freud, 1975b[1917]). É uma instância que planta suas raízes no "isso" e extrai sua força das pulsões de morte

(Freud, 1975d[1923]). Esse supereu – Freud o denomina *severo e cruel* – tem características *psicóticas*: não critica algo que o sujeito fez, como o herdeiro do Édipo, mas ataca, desqualifica e destrói aquilo que ele é. O que significa "a sombra do objeto"? O que, do objeto, cai sobre o eu, levando às identificações que constituem o supereu cruel? É o que tentarei desenvolver ao longo do capítulo.

Melanie Klein (1975[1932]) foi a pioneira no estudo da constituição do supereu cruel. Para ela, essa instância está diretamente ligada à presença e à atuação, desde o início da vida, de uma pulsão de morte inata. A projeção defensiva do sadismo e da destrutividade leva à constituição do objeto mau, que será internalizado, originando o núcleo desse supereu. Essa teoria toma em consideração o corpo pulsional do sujeito, mas não o inconsciente do objeto, justamente o elemento que estará no centro do meu argumento.

Ferenczi não se ocupou diretamente do supereu cruel, mas em seu texto "A criança mal acolhida e sua pulsão de morte" (2011a[1929]) coloca o inconsciente do objeto no centro da constituição do psiquismo e da própria pulsão de morte. Nessa mesma linha, em sua tese de doutorado orientada por Jean Laplanche, Marta Rezende Cardoso encaminha a hipótese de ser essa instância um enclave psicótico constituído de aspectos inconscientes e, portanto, *não metabolizáveis*, da alteridade do objeto. Remeto o leitor ao excelente livro de Cardoso intitulado *Superego* (2002). Quais seriam esses aspectos inconscientes do objeto?

Dando continuidade a essa hipótese, gostaria de acrescentar que os aspectos não metabolizáveis do objeto dizem respeito ao seu núcleo paranoico. O supereu cruel é um núcleo psicótico *específico* que se organiza no *infans* em resposta aos momentos de *funcionamento paranoico do objeto primário*. Nesses momentos, o objeto projeta no *infans* seus próprios objetos internos maus. Essa hipótese constitui, por assim dizer, a outra face da moeda da

226 SOBRE O SUPEREU CRUEL

idealização do bebê apontada por Freud em "Introdução ao narcisismo" (1975a[1914]). Nesse texto, o fundador da psicanálise afirma que os sentimentos ternos e a idealização que os pais fazem de seu bebê resultam da projeção de seus próprios aspectos infantis idealizados. Os pais *transferem* para o bebê os aspectos imorredouros ligados ao próprio narcisismo. Visto como perfeito, o bebê é amado pelos pais. A outra face da moeda seria a transferência, ou a projeção, para dentro do bebê, dos aspectos maculados e persecutórios dos pais – na linguagem de Klein, projeção de seus objetos internos maus. Visto como "mau" pelo aspecto paranoico da figura parental, o bebê é odiado e atacado. Não por sadismo, que implica o gozo ligado ao sofrimento do outro, mas porque nesse momento ele representa uma ameaça ao narcisismo dos pais. Naturalmente, essas duas correntes afetivas coexistem, ou melhor, se alternam, no vínculo primário.

Uma situação banal do cotidiano de todos nós ajuda a esclarecer essas ideias. Uma criança passa correndo pela sala e derruba um vaso, que se quebra. A mãe avança para cima dela, berrando: "VOCÊ QUER ME DEIXAR LOUCA!!!". É um micromomento de funcionamento paranoico. Por quê? Porque durante alguns segundos – apenas na vigência da identificação projetiva – as fronteiras sujeito-objeto se desfazem, e a mãe confunde seu filho com seu próprio objeto interno mau. Por alguns segundos, ela vê o filho como um inimigo que quer destruí-la e o odeia por isso. Essa cena é muito diferente daquela em que a mãe diz: "Tenho vontade de esganar essa criança!". Aqui, em vez de atuar, ela é capaz de *representar* o seu ódio, que por isso mesmo já não é ódio, mas "mera raiva".

É importante notar que não há, na cena do vaso, um terceiro que intervenha com firmeza dizendo tanto para a mãe quanto para a criança algo como: "Calma, ela não quer te deixar louca, apenas foi desastrada". Ele está ausente por omissão ou por medo, caso em que abandona a criança à própria sorte. Ela se vê confundida com algo, ou alguém, que não é ela e, ao mesmo tempo, se vê objeto de uma carga de ódio em estado bruto, um ódio não simbolizado. Nesse sentido, trata-se de um microvoto inconsciente de morte. No segundo seguinte, a mãe se recompõe e volta a ser a mãe amorosa de sempre. Nem se lembra da violência com que atacou a criança em seu microssurto psicótico. Mas a criança registrou com terror que a mãe, de quem depende de maneira absoluta, avançou para cima dela com ímpetos assassinos. Cenas como essa podem ser muito esporádicas. No entanto, há casos em que se repetem o tempo todo, deixando marcas profundas. Quanto mais extenso o núcleo paranoico do adulto, mais cruel é o supereu que se constitui no psiquismo em formação.

As hipóteses delineadas até aqui começaram a ser gestadas num trabalho anterior (Minerbo, 2010). Na ocasião, sustentei que, na ausência de função alfa, o objeto primário responde a certas demandas da criança com elementos-beta – tóxicos e não metabolizáveis pelo psiquismo em formação. Denominei-os *elementos-beta tanáticos* (eβ-T)[2] porque, para defender seu próprio narcisismo, o psiquismo parental *ataca inconscientemente o narcisismo da criança com identificações projetivas.*[3] Essa experiência é vivida

---

2 Numa extensão do conceito bioniano de *elemento-beta*, propus no texto "Núcleos neuróticos e não neuróticos: constituição, repetição e manejo na situação analítica" (2010) uma distinção entre *elementos-beta eróticos* e *tanáticos*: os primeiros dizem respeito aos elementos não simbolizados ligados ao Édipo e à sexualidade (o recalcado), que serão atuados com a geração seguinte; os segundos são aos elementos não simbolizados ligados às dificuldades na constituição do eu (o clivado).

3 No original: "La mort pourrait-elle venir aussi de l'objet primaire . . . sous forme de mouvements ou de souhaits de mort? . . . Les cliniques de l'objet meutrier et de ses effets sur la pulsion de mort du sujet restent, quant à elles, peu défrichées et c'est tout un pan de cette clinique observable de la pulsion de mort qui demande a être exploré" (Roussillon, 2008b, pp. 208-209). Em português: "Será que a morte poderia vir também do próprio objeto primário . . . na

228 SOBRE O SUPEREU CRUEL

como agonia e terror sem nome. Duas defesas primárias interligadas procuram garantir a sobrevivência do eu: a clivagem (Freud, 1975f[1938]; Roussillon, 1999) e a incorporação da sombra do objeto (Roussillon, 2002; 2012). Segundo minha hipótese, a clivagem dos afetos em estado bruto e as identificações narcísicas com os aspectos tanáticos do objeto estão na origem do núcleo psicótico denominado *supereu cruel*.

Dando continuidade a essas ideias, o objetivo deste capítulo é reconhecer, a partir de dois fragmentos clínicos, quais são e como agem esses eβ-T. O primeiro mostra como a figura parental abusa de seu poder sobre a criança, obrigando-a a "pagar a conta" do trabalho psíquico que não consegue realizar. O segundo revela que as características do supereu (ódio ao eu, controle tirânico, crueldade) decorrem da incorporação de eβ-T, que se originam no aspecto paranoico do objeto primário. Esse objeto ataca sistematicamente o eu do *infans* porque não consegue empatizar com suas necessidades e desejos nem tolera as manifestações de sua subjetividade.

Abuso de poder no vínculo primário

Márcia e sua família estavam em férias num *resort*. O filho de 10 anos entra suado no quarto, toma um banho rápido e sai correndo para continuar brincando. Nisso, deixa a toalha molhada jogada no chão. Fervendo de ódio, ela cata a toalha e a pendura no banheiro. Horas depois, ainda estava profundamente irritada.

---

forma de movimentos ou votos de morte? . . . A clínica do objeto assassino e de seus efeitos sobre a pulsão de morte do sujeito permanecem, quanto a elas, pouco esclarecidas, e há toda uma parte da clínica em que a pulsão de morte é observável que precisa ser explorada" (Roussillon, 2008b, pp. 208-209, tradução nossa).

Dirige-se a mim num desabafo indignado: "*Custava ele catar sua toalha do chão?*".

Por que Márcia fica com tanto ódio do filho? Não pode ser só porque ele não pendurou a toalha. Outra mãe poderia ver a mesma cena como um descuido ou como pressa de ir brincar, e não sentiria ódio. Mas Márcia "vê" ali alguma coisa que toca em um nervo exposto e a retraumatiza. Tanto é que ela pula de ódio. O caráter *alucinatório* da experiência indica *a atualização transferencial de um núcleo psicótico.*

O que será que ela "vê"? Pergunto a ela por que ficou com tanto ódio. Responde que ele pensa que o tempo dele vale mais do que o dela e espera que ela fique à sua disposição 24 horas. Além disso, como sabe que a mãe vai acabar pendurando a toalha, empurra para ela a tarefa que caberia a ele. É um abusado. Todas essas leituras são autorreferidas e "contra ela": o filho pode viver (ir brincar), mas ela não (tem de ficar à disposição 24 horas) – o que revela a atividade de um *núcleo paranoico.*

Mas quem é o filho que, nesse momento, ela odeia? Certamente não é mais o filho querido, mas um abusador que tenta submetê-la tiranicamente, exigindo que fique à sua disposição 24 horas. Ele representa um aspecto abusador do objeto primário. É esse objeto que ela odeia. É com ele que Márcia confunde seu filho nesse momento.

De que abuso se trata? Ela afirma que o filho é um abusado porque o trabalho de pendurar a própria toalha caberia a ele, mas sobra para ela. Na escuta analítica, a toalha molhada representa o trabalho psíquico que caberia ao objeto – trabalho que, por algum motivo, ele não faz e sobra para ela. No exemplo da criança que quebra o vaso, o trabalho psíquico que cabe ao adulto é, primeiro, ser capaz de conter sua própria angústia e, segundo, assumir sua parte de responsabilidade no desastre – afinal, quem deixou o vaso em lugar impróprio foi ele. Mas, como isso ameaça seu narcisismo, defende-se pondo a culpa na criança. É como se dissesse: "Não sou eu que não consigo fazer o trabalho psíquico que me cabe, é você que é mau, que quer me destruir, e eu te odeio por isso".

Como afirma Ferenczi em seu artigo "Confusão de língua entre os adultos e a criança" (2011b[1933/1932]), o elemento traumático no abuso (sexual) é o *desmentido* do adulto. O adulto não assume que abusou da criança. Em vez disso, acusa-a de estar mentindo ou até de tê-lo seduzido. "Não fui eu que... é você que...". O que faltaria acrescentar é que o desmentido nem sempre é resultado de má-fé, caso em que estaríamos diante de um núcleo perverso. Na situação que estamos examinando, o desmentido está ligado às limitações psíquicas do adulto em função de seu núcleo paranoico. Ele *de fato* não tem como pagar a conta e, por isso, a empurra para a criança. Do ponto de vista do adulto, a identificação projetiva é necessária e defensiva. Mas, do lado da criança, ela é vivida como abuso psíquico.

Como o adulto "passa a conta" para a criança? Por meio de identificações projetivas ou de evacuações de elementos-beta. Em função da assimetria da relação, a criança não tem como recusar: vai ter de se virar para pagá-la. Trata-se, por assim dizer, de um abuso de poder: o adulto faz um uso não consentido do psiquismo infantil, que a criança não tem como impedir.

Afirmei antes que, se Márcia pula de ódio ao ver a toalha no chão, é porque se *retraumatiza*. Gato escaldado tem medo de água fria. Se o gato tem medo de água fria, é porque foi escaldado. Já viveu o terror de quase morrer e não está disposto a viver isso novamente. Se Márcia interpreta a toalha no chão como abuso, é porque ela já viveu algo análogo no vínculo primário. Esse "algo análogo" nunca foi digerido nem integrado.

Qual seria a experiência indigesta? Na linha proposta por Freud em "Construções em análise" (1975e[1937]), o analista precisa ser capaz de imaginar, de criar com sua própria mente – em linguagem contemporânea, ele precisa sonhar – *o núcleo de verdade histórica contido no pesadelo que se repete*. Do meu ponto de vista, a experiência indigesta é a identificação projetiva do adulto. No exemplo do vaso, a criança se vê confundida com um objeto mau, destinatária de um ódio que não lhe diz respeito, sem um terceiro que possa intervir para salvá-la.

A experiência completa de abuso inclui não apenas o ódio do adulto, mas o terror da criança (angústia de aniquilamento), que está "nas mãos" do adulto, e o ódio pela injustiça de se ver alvo de moções pulsionais tanáticas que ela "não merece". Ainda não foi dito que o abusador pode ser o aspecto paranoico do pai, da mãe ou de ambos. Seja como for, essa experiência não tem como ser metabolizada. Até porque o adulto, que geralmente é quem ajuda a criança a dar sentido a suas experiências, não percebe nem a própria violência nem o terror que ele produz na criança. A experiência não integrada volta e volta, como o sonho de angústia (Freud, 1975c[1920]): o pesadelo que se repete reapresenta, na forma de percepções alucinatórias,[4] o traumatismo precoce não simbolizado.

---

4 Em "Le processus hallucinatoire", Roussillon (2001) discute a diferença entre a realização alucinatória do desejo e o retorno alucinatório do traumático: a primeira pressupõe que o princípio do prazer já foi instaurado, o que ainda não é o caso na segunda situação. "Já evocamos que depois de 'Construções em análise' e 'A clivagem do eu' ... [Freud acrescentará] a ideia da coexistência da percepção e da alucinação na clivagem, mas também remeterá a alucinação não mais às representações do objeto do desejo, mas a percepções traumáticas anteriores não subjetivadas" (p. 93, tradução nossa). Por outro lado, mas na mesma linha, retoma as consequências da revolução epistemológica feita por Winnicott com o conceito de *objeto criado-achado*. Roussillon mostra como esse conceito desconstrói a clássica, mas ingênua, oposição entre percepção

232 SOBRE O SUPEREU CRUEL

A criança não tem alternativa a não ser pagar a conta. Como? Sacrificando seu narcisismo em favor do narcisismo do adulto. Isso é feito por meio de duas defesas primárias: a clivagem dos afetos envolvidos na experiência e a identificação com o agressor. São elas que vão constituir o núcleo psicótico a que chamamos *supereu cruel* (Roussillon, 2002; 2012). Veremos adiante como isso se dá.

Agora podemos entender a pergunta que Márcia me dirige: *"Custava ele catar sua toalha do chão?"*. Em termos metapsicológicos: custava meu objeto primário fazer o trabalho psíquico que lhe cabe, sem empurrar (evacuar) esse trabalho para mim? Custava ele dar um destino mais apropriado a seus dejetos psíquicos – sua toalha molhada? Custava ele não me usar como continente para suas identificações projetivas?

Ela recorre a mim como a um terceiro capaz de dar um testemunho sobre o trauma. Como veremos na última parte do capítulo, uma das funções do analista é instalar a função do terceiro, sistematicamente ausente da cena traumática. De fato, o objeto primário deveria ser capaz de realizar o trabalho psíquico que lhe cabe. O que ela ainda não sabe – e de alguma maneira isso teria de ser descoberto em análise – é que, se o adulto não faz sua parte de trabalho psíquico, não é propriamente por abuso, mas por suas limitações.

---

e alucinação: é possível *perceber alucinatoriamente*. O ursinho de pelúcia é *percebido* na realidade, ele existe, é macio e, por isso mesmo, se presta a *ser alucinado* como a mãe. A criança não poderia alucinar a mãe em um ursinho áspero ou espinhudo. Para Roussillon, a percepção é infiltrada pelo alucinatório quando determinada situação atual tiver elementos reais que remetam o sujeito à experiência traumática não simbolizada e não integrada (clivada). Esta se reapresentará – o termo é de Freud – à psique tal qual, sem transformação, infiltrando a percepção. O retorno alucinatório do traumático clivado infiltra a percepção da situação atual resultando em uma *percepção alucinatória*.

Falta de empatia e intolerância à alteridade no vínculo primário

O segundo fragmento vai nos ajudar a reconhecer outro tipo de microvotos inconscientes de morte que estão na origem do supereu cruel. Eles têm a ver com a falta de empatia e com a intolerância do aspecto paranoico do adulto em relação às manifestações da subjetividade da criança.

Márcia vai comemorar o aniversário do filho com um lanche para a família. Está angustiada, pois teme o olhar crítico da sogra. O marido se oferece para ajudá-la depois do almoço, já que de manhã vai jogar tênis. Márcia ferve de ódio. Pergunto-lhe o que esperava.

> *Esperava que ele acordasse às 7 horas da manhã e passasse o dia ao meu lado, ajudando em tudo o que eu precisasse. Mas ele não está nem aí para mim, vai jogar aquela merda daquele tênis ridículo. Custava ele abrir mão do tênis por mim?*

Aqui, Márcia ocupa uma posição identificatória inversa à do primeiro fragmento, mostrando que as posições ocupadas pelo eu e pelo supereu são complementares e intercambiáveis.

Mas quem é o marido nessa cena? Na minha escuta, ele representa a criança-abusada-nela. Embora o trabalho psíquico ligado à festa caiba a ela, tenta empurrar a conta para ele, exigindo que abra mão do tênis e fique às suas ordens o dia todo. Exatamente como o filho que, segundo ela, exigia que ela ficasse à disposição 24 horas por dia. Reencontramos aqui a fórmula do abuso: "Não sou eu que não dou conta do lanche, é você que não está nem aí para mim".

Enquanto Márcia me relata essa cena, minha contratransferência acusa o massacre à subjetividade do marido (que representa a criança-abusada-nela). Em identificação com ele, consigo imaginar seu sofrimento e sua perplexidade frente (1) à exigência tirânica (*passar o dia todo às ordens dela*), (2) à desqualificação (*a merda do tênis*) e (3) ao desprezo (*tênis ridículo*) por seu desejo. Se insiste em ter existência própria (*jogando tênis*), é considerado um fraco (*precisa do tênis ridículo*) e um traidor (*não está nem aí para mim*). Ele é desprezado e odiado por isso.

Ao mesmo tempo, percebo que ela não se dá conta, de modo algum, do abuso, da tirania e do massacre à subjetividade do marido. E faz todo sentido: esse comportamento não está subjetivado (Roussillon, 2002). Não é ela (enquanto um eu-sujeito), mas, sim, o supereu-nela, que tenta aniquilar a subjetividade do marido (que representa, na minha escuta, a criança-nela). Por isso, se eu tentasse lhe mostrar que faz com o marido a mesma coisa que, segundo ela, o filho faz com ela, seria incapaz de reconhecer isso. Minha fala seria vivida como uma crítica injusta, e eu me transformaria imediatamente no supereu cruel, retraumatizando-a e colocando a análise em risco.

Como veremos na última parte, o segundo *front* no trabalho com o supereu cruel é criar as condições para que a alteridade possa ser tolerada, em vez de sistematicamente atacada.

Por que ela tenta aniquilar a subjetividade do marido? Porque tem uma intolerância às suas manifestações. Uso o termo *intolerância* no mesmo sentido de intolerância à lactose. Quando a pessoa não tem a enzima para digerir leite, apresenta uma série de sintomas desagradáveis. Naturalmente, vai evitar esse alimento para não sofrer. A mesma coisa pode ser dita da intolerância de Márcia (identificada ao supereu cruel) às manifestações da subjetividade do marido (que representa a criança-nela). Quando ele diz que vai jogar tênis, ela tem uma espécie de reação alérgica porque não tem a "enzima psíquica" para metabolizar a alteridade.

Entende-se, então, que Márcia tenha de atacar, desqualificar, desprezar e tentar controlar tiranicamente as manifestações da subjetividade do marido (microvotos de morte). São tentativas de evitar aquilo que ela não tem condições de digerir e que, por isso mesmo, a retraumatiza. A pergunta *"Custava ele abrir mão do tênis por mim?"* indica que ela acredita que seria perfeitamente possível ele abrir mão de sua subjetividade para cuidar da angústia dela na preparação do lanche. Se não o faz, é porque é um fraco e *"não está nem aí para mim"*.

O supereu é cruel porque, para dispensar o seu amor ao eu, faz uma exigência impossível de ser cumprida: que o eu renuncie a ser e a existir. É como se o supereu dissesse ao eu: "Não sou eu que não consigo tolerar sua subjetividade, é você que se recusa a renunciar a ela, o que prova que você não me ama; você é mau e eu te odeio por isso". A acusação é, obviamente, injusta. Reconhecemos aí um sintoma muito comum entre os paranoicos: a extrema sensibilidade a situações injustas e a luta feroz para fazer valer os seus direitos (ou de outros, com quem se identifica). Trata-se, nem mais nem menos, do direito de existir. Metapsicologicamente, são os traços mnésicos perceptivos da experiência real de injustiça que se reapresentam de maneira alucinatória (cf. nota 4).

Apesar disso, é fundamental reconhecer que, se o supereu faz essa exigência, é porque não tem empatia para com as necessidades e desejos do eu, vistos como fraquezas inadmissíveis, intoleráveis e desprezíveis.

Como exemplo da falta de empatia, cito outra paciente, que ouvia de seu avô: *"Se pedir, não ganha, e se chorar, apanha"*. Em submissão a essa injunção, o eu se dilacera tentando não ter necessidades e desejos para, enfim, merecer o amor do supereu.

236   SOBRE O SUPEREU CRUEL

Eis a origem da exigência de perfeição, sempre presente nesses pacientes. É interessante notar que o supereu funciona como se ele mesmo fosse perfeito. Entende-se, pois o aspecto paranoico da figura parental que lhe deu origem projetou suas imperfeições "desprezíveis" na criança, se livrou delas e se tornou, por assim dizer, "perfeito".

Por que o supereu não tem empatia pelas necessidades do eu? A empatia, que é a capacidade de se identificar com os estados emocionais do outro, é construída no vínculo primário (Roussillon, 2014[2010]), contanto que o bebê encontre as condições necessárias para isso. E quais são essas condições? Roussillon (2008a) resume com o conceito de *homossexualidade primária em duplo* as condições que o bebê precisa encontrar no vínculo primário para que a alteridade possa ser tolerada e até, quem sabe, vir a ser fonte de prazer.

- *Homo* significa *igual* e se opõe a *hétero*, que significa *diferente*. O bebê precisa descobrir seu objeto como um *igual* a ele. Como uma massinha de modelar viva, a mãe apaga, tanto quanto possível, sua subjetividade e se adapta às necessidades dele. Ela aceita não introduzir as diferenças antes da hora. Caso contrário, a alteridade será vivida como traumática, produzirá alergia e será recusada.

- O termo *sexualidade* indica que a mãe e o bebê precisam sentir prazer um com o outro. Ao lado do prazer de encher a barriga e de sugar, que são só do bebê, é fundamental que ambos, graças às suas respectivas competências, consigam estabelecer uma comunicação primitiva, corporal e emocional, bem-sucedida. Quando isso acontece, a satisfação experimentada cria condições libidinais para que as inevitáveis frustrações ligadas à alteridade do objeto possam ser toleradas e metabolizadas.

- Com a expressão *em duplo*, Roussillon se refere à *função reflexiva* da mãe. Como um espelho vivo, ela se disponibiliza para traduzir o bebê para ele mesmo. Aqui entra a empatia da mãe: ela precisa ser capaz de se identificar com os estados emocionais dele para fazer uma tradução mais ou menos compatível com o que ele está sentindo. Caso contrário, vai refletir uma imagem em que o bebê não se reconhece. Ele não poderá empatizar consigo mesmo nem com o outro.

Tudo isso nos auxilia a entender a exigência, aparentemente absurda, de que *o marido passasse o dia à disposição, ajudando em tudo o que ela precisasse*. Para a escuta analítica, é um apelo desesperado para que o marido funcione como duplo, limitando-se a se adaptar, a ecoar e a compartilhar com prazer os movimentos de Márcia na preparação do lanche. A persistência dessa demanda tão primitiva mostra que seu objeto fracassou em criar, no vínculo primário, as condições que acabamos de ver. Essa compreensão orienta o trabalho do analista, que precisa "se fazer de duplo", evitando intervenções em que sua subjetividade apareça demais: interpretações simbólicas ou diretamente transferenciais. Ou elas não farão sentido algum, ou retraumatizarão o paciente.

Núcleo paranoico do objeto primário e a constituição do supereu cruel

Por que, afinal, o objeto primário não é capaz de criar as condições sintetizadas na expressão *homossexualidade primária em duplo*? Por que a mãe não consegue ser empática, por que se enrijece, por que não consegue atenuar sua subjetividade nem refletir ao *infans* apenas coisas que digam respeito a ele?

238 SOBRE O SUPEREU CRUEL

Do meu ponto de vista, o fracasso se deve à atividade do núcleo paranoico do objeto. Quanto mais extenso, mais a mãe faz identificações projetivas com o bebê e *menos ela consegue se identificar empaticamente* com ele. Em vez de interpretar corretamente suas necessidades, responde a partir de interpretações paranoicas.

Para o núcleo paranoico da mãe, *o bebê não chora porque sente desconforto, mas para tiranizá-la*, ou seja, em vez de refletir ao bebê algo que diga respeito a ele, ela introduz no campo intersubjetivo elementos que dizem respeito a ela. Em vez de apagar sua subjetividade, o objeto a impõe precocemente, na forma de interpretações paranoicas nas quais o bebê não se reconhece – e que serão, contudo, internalizadas em uma identificação com o agressor (Ferenczi, 2011b[1933/1932]).

Além disso, se ela vê o bebê como um tirano, inevitavelmente precisa se defender do abuso. Ela se enrijece e entra em um braço de ferro com ele. Resiste à suposta tirania, não se submete, exige que ele não chore, que não lhe faça demandas: "Não sou eu que sou paranoica, é você que é um vampiro voraz, e eu te odeio por isso". Aterrorizada, a criança percebe que suas demandas produzem uma reação de ódio no objeto, mas não é capaz de dar sentido a essa experiência absurda. Naturalmente, todo esse processo é inconsciente para o objeto. Ele não é capaz de reconhecer que se sente ameaçado pela subjetividade do bebê nem que se defende atacando o psiquismo em formação. Por isso, não consegue ajudá-lo a metabolizar as mensagens tanáticas que ele mesmo emite.

Não é demais insistir que tais elementos tanáticos são evacuados defensivamente por uma figura parental que, quando entra em funcionamento psicótico, alucina o bebê como abusador e tirânico. O adulto pode entrar e sair desse estado em questão de segundos, e por isso tal dinâmica não é fácil de ser reconhecida a olho nu. Uma mãe suficientemente boa tem seus microssurtos psicóticos quando seu narcisismo se sente ameaçado e responde com microvotos de morte sem sequer se dar conta disso, já que tais atuações defensivas são da ordem do inconsciente. E isso não a impede, em absoluto, de ser extremamente amorosa e adequada no exercício da função materna na maior parte do tempo. O mesmo vale para o pai ou substituto.

Percebe-se que, quanto mais extenso o núcleo paranoico da figura parental, mais intensos os microvotos de morte e mais cruel o supereu. No limite de sua crueldade, o supereu força o melancólico ao suicídio e o paranoico ao homicídio.

Clivagem e identificação com o agressor

Acompanhamos até aqui o papel do inconsciente do objeto na constituição do supereu cruel. Cabe agora detalhar o papel do psiquismo em formação. Dois mecanismos de defesa primários são acionados automaticamente para garantir a sobrevivência do eu na situação traumática: clivagem e identificação com o agressor (Roussillon, 2012).

Identificação com o agressor

Em função da violência da comunicação psicótica, bem como de sua imaturidade, o *infans* não tem alternativa a não ser acolher a identificação projetiva. Percebe, aterrorizado, que o (aspecto paranoico do) objeto vê suas demandas como ofensa ao seu narcisismo. E vai se identificar ao projetado: "Meu objeto tem razão em me odiar, sou mau, sou culpado, sou fraco e desprezível, não mereço existir". Assim se constituem as identificações tanáticas com as quais o supereu ataca o eu.

É importante notar que o eu se sente culpado não por ter atacado o objeto bom, como na posição depressiva, mas por causa da identificação primária com a paranoia do objeto: "Se você não erradicou sua subjetividade por amor a mim, então você é mau e eu te odeio por isso". E ainda: "Se você afirma que não consegue erradicar sua subjetividade, então é um fraco, e eu te desprezo por isso". Em consequência, o sujeito não consegue legitimar os próprios desejos e necessidades, que são vistos por ele mesmo como egoístas e desprezíveis. *Ele se sente culpado e envergonhado por existir.* É o que Roussillon (2006) chama de *culpa primária pré-ambivalente.* Evidentemente, essa culpa psicótica nada tem a ver com a culpa neurótica, efeito da ação do supereu edipiano.

A incorporação forçada de eβ-T que pertencem ao espaço psíquico do objeto agressor origina uma zona de confusão sujeito-objeto. O sujeito não pode integrar tal corpo estranho, porque ele não é metabolizável. Mas também não consegue se diferenciar dos elementos tanáticos pertencentes ao inconsciente do objeto que o colonizam. É por isso que ele passa a vida se debatendo contra as vozes do supereu psicótico, mas também se submetendo a elas. A tentativa de atingir a "perfeição" para merecer o amor do supereu cruel leva o eu ao desespero. Ele se dilacera na tentativa de atender essa exigência, pois, ao lado dos paranoicos que são, com toda razão, odiados, o objeto certamente tem muitos aspectos bons, adequados, cuidadores, amorosos e amados.

Quando o sujeito se submete às exigências e tenta aniquilar sua subjetividade na esperança de ser amado pelo supereu, ele *se melancoliza.* Quando se identifica às acusações do supereu, culpa-se por seus desejos e necessidades e sente que merece ser castigado: torna-se *masoquista.* E quando resiste às acusações e se revolta contra a tirania do supereu, paga o preço de se estruturar em torno do ódio à alteridade, tornando-se *paranoico.*

Clivagem

Como vimos, instala-se uma luta de vida ou morte entre o aspecto paranoico da figura parental e o psiquismo em formação, pois cada um representa uma ameaça ao narcisismo do outro. Essa situação vai gerando, além do terror ligado à ameaça de morte (angústia de aniquilamento), um ódio que se potencializa reciprocamente. Como esse ódio excede a capacidade do psiquismo de metabolização, será clivado, indo reforçar o contingente pulsional do "isso". Quando essa dinâmica tanática se instala precocemente – como é o caso nos pacientes que apresentam um núcleo psicótico importante –, podemos ter a impressão, como Klein (1975[1932]), de um ódio constitucional que ataca e estraga o objeto bom.

Quando a figura parental abusa inconscientemente da criança, quando não tolera as manifestações de sua subjetividade, ela se sente injustiçada e reage com ódio. Mas a figura parental também não tolera o ódio da criança e reage com mais ódio – com mais acusações e mais intolerância. Por isso, do meu ponto de vista, o ódio é recíproco e constitui dialeticamente um campo intersubjetivo tanático no qual já não é possível identificar o ponto zero. Este tende ao paroxismo, pois essa dinâmica torna o objeto cada vez mais paranoico, cada vez menos capaz de acolher e transformar as angústias de ambos.

A clivagem (Freud, 1975f[1938]; Roussillon, 1999) salva o psiquismo de ser totalmente inundado e desorganizado pelo ódio. Em compensação, esse afeto em estado bruto vai "turbinar" o supereu. É esse ódio não subjetivado que Márcia destila cotidianamente contra o marido ou, quando isso não é possível, contra si mesma. É notável que, com tudo isso, Márcia não imagina sua vida sem o marido. Entende-se, pois, por pior que seja a relação entre a mãe e seu bebê, estão destinados a permanecer juntos. Reitero que o ódio

242 SOBRE O SUPEREU CRUEL

do bebê se dirige ao aspecto paranoico do objeto que, inconscientemente, deseja a sua morte, o que não o impede de lançar apelos desesperados aos aspectos amorosos e cuidadores do objeto, do qual depende de modo absoluto. Márcia (a criança-nela) sente que não conseguiria sobreviver sem o marido, em absoluta contradição com a realidade, como ela mesma reconhece.

Antes de passar à última parte do capítulo, na qual abordarei o trabalho do analista com o supereu cruel, gostaria de retomar as questões formuladas no início para sintetizar o percurso realizado. *Como se constitui o supereu cruel?* Pela clivagem e identificação com microvotos inconscientes de morte, isto é, com elementos-beta tanáticos provenientes do aspecto paranoico do objeto primário, na ausência de um terceiro que possa barrá-lo. *Por que o supereu cruel tem tanto ódio do eu?* Porque o aspecto paranoico do objeto interpreta certos movimentos pulsionais do eu como ameaça à sua integridade. *O que o supereu não tolera no eu? Por quê?* Não tolera as manifestações de sua subjetividade, porque, como não tem as "enzimas psíquicas" para processar o que vem do outro, a alteridade é vivida como traumática – produz "alergia psíquica". *Por que o supereu é controlador e tirânico?* Para impedir que o eu tenha vida própria, evitando a emergência da alteridade, vivida como traumática. *O que o supereu exige do eu?* Exige uma prova de amor impossível de ser dada pelo eu: que se submeta inteiramente à injunção de "não ser". *Qual é o gatilho que desencadeia o ataque feroz do supereu ao eu?* A "insistência" do eu em ter vida própria é interpretada pelo supereu como afronta, ofensa ou traição, o que desencadeia microvotos inconscientes de morte contra o eu. *Por que ele não é capaz de empatizar com as limitações e deficiências do eu?* Porque a empatia consigo próprio e, depois, com o outro, depende de certas funções que o objeto não consegue realizar devido à atividade de núcleo paranoico. São elas: a função meio maleável, necessária para se adaptar às necessidades da criança; a função reflexiva, necessária para traduzir a criança para ela mesma; e a capacidade de estabelecer uma comunicação corporal/emocional prazerosa e satisfatória para ambos, mãe e bebê, necessária para instalar o processo de simbolização da alteridade e da diferença.

Trabalho do analista com o supereu cruel: caminhos possíveis

Como afirmei na introdução, minha tentativa de esboçar uma teoria sobre a constituição do supereu cruel se deve inteiramente às dificuldades encontradas na clínica. E é na clínica que podemos comprovar, ou não, se essas hipóteses são produtivas.

Strachey (1934) argumentava que, para serem mutativas, as intepretações deveriam ser transferenciais. A expressão costuma ser entendida como sinônimo de interpretações que apontam diretamente para a transferência *com* o analista. Mas ela pode ser entendida também como interpretações (ou manejos) *na* transferência, isto é, no campo transferencial-contratransferencial que se estabelece *entre* paciente e analista. Nessa compreensão, o analista não é apenas uma tela de projeção da transferência das questões intrapsíquicas do paciente. Ele também participa, com sua subjetividade, com o paciente, na criação do campo transferencial--contratransferencial. Ou seja, a transferência depende não só das questões intrapsíquicas do paciente como também de como o analista "se comporta", de como ele responde.

No trabalho com o supereu cruel, o analista pode de fato ser confundido transferencialmente com essa instância, mas isso apenas *potencialmente*. Se ele interpretar qualquer coisa que se pareça, mesmo de longe, com a fórmula "Não sou eu que... é você que... não é o esperado", o analista se transforma *efetivamente* em uma

244 SOBRE O SUPEREU CRUEL

nova encarnação desse supereu. A repetição se instala na transferência de maneira idêntica, retraumatizando o paciente e levando a análise a um impasse.

Como exemplo, trago uma vinheta da análise de Márcia. A cada vez que a recebo na sala de análise, ela diz: "*Obrigada*". Intrigada, eu lhe pergunto, ainda no primeiro mês: "*Obrigada, por quê?*". A pergunta era no sentido de identificar o que ela sentia que recebia de mim antes mesmo de iniciada a sessão. Sua resposta ficou no plano formal da boa educação. No entanto, como ela me contou *três anos depois*, sentiu hostilidade no tom da pergunta e a recebeu como uma "bronca". Fico sabendo, então, que quase foi embora no primeiro mês. Já fora do âmbito do retorno alucinatório do traumático, ela me explica o motivo: sentiu que estava sendo criticada, não por algo que fez, como entrar com sapatos sujos de lama, mas por algo intrínseco a ela. Ela aprendeu a agradecer e não pode deixar de fazer isso. Se eu não permitia que agradecesse, ela não poderia continuar ali. Para ela, minha pergunta tinha um tom hostil e evocava a segunda parte da fórmula: "Você está errada em me cumprimentar". Sem que eu tivesse a mais pálida ideia, minha intervenção funcionou como um microvoto de morte. Três anos depois, quando eu repito a pergunta, ela me conta tudo isso. Mas, então, graças ao caminho percorrido, eu já podia me atrever a fazer uma interpretação diretamente transferencial. Acompanhando o humor com que ela se recorda do passado, digo que "*hoje a gente entende por que ela me agradece toda vez que entra na sala de análise. É porque, por mais um dia, eu lhe concedo a dádiva de tolerar a sua existência!*". Rimos juntas.

Pois bem, de um lado, procuro evitar a repetição do mesmo. Mas como abrir espaço para a criação do novo? O que fiz durante esses três anos? Trabalhei *na transferência* orientada pelas ideias que apresentei na primeira parte do capítulo. Da mesma maneira como, potencialmente, posso vir a repetir o supereu cruel, levando a análise a um impasse, posso também, potencialmente, vir a ser dois novos objetos que lhe possibilitem sair da repetição psicótica em que está aprisionada. Mas isso vai depender das respostas que eu puder dar a ela na situação transferencial.

O primeiro novo objeto que eu precisaria encarnar na transferência é o objeto capaz de realizar a função *duplo de si*. Como vimos, esse objeto é necessário para que Márcia consiga empatizar consigo mesma e "instalar o *software*" (matriz simbólica) para metabolizar a alteridade. Para tanto, eu preciso conseguir me adaptar às suas necessidades, empatizar com suas experiências e traduzir a paciente para ela mesma. No segundo fragmento, relatei uma situação em que Márcia exige que o marido fique à sua disposição para ajudar na preparação do lanche. Evito intervenções na linha "É você que…". No lugar disso, eu me identifico e empatizo com o terror que ela sente da sogra, reapresentação alucinatória do supereu cruel. Digo: "*Você fica tão aterrorizada com as críticas da sogra que precisa fazer o lanche perfeito. E fica com ódio do marido porque ele não percebe o seu terror. Em vez disso, vai jogar tênis e te abandona à própria sorte*".

São dezenas, ou centenas, de situações desse tipo, nas quais intervenho mais ou menos nessa linha. Depois de um ano e meio de trabalho, sou surpreendida com um novo primeiro objeto empático, que surge na figura de um chefe. Ele diz algo que a toca profundamente, algo que "*eu nunca tinha ouvido de ninguém até hoje*". Ela reproduz o tom de aceitação carinhosa com que o chefe lhe diz: "*Eu entendo o que você está dizendo, sei do que você está falando*".

O segundo novo objeto que eu precisaria encarnar na transferência é o *terceiro*, aquele que não estava presente na cena em que o objeto primário evacua $e\beta$-T no psiquismo da criança. Em praticamente todas as situações relatadas, só estão presentes ela e

246 SOBRE O SUPEREU CRUEL

seu objeto primário, geralmente representado pelo marido, engalfinhados em uma luta de vida ou morte. Com sua ausência, o terceiro deixou a criança abandonada à própria sorte e não a ajudou a dar sentido à sua experiência. Até pouco tempo atrás não havia, no material, nem sombra de um terceiro que pudesse se interpor entre a criança e o objeto para barrar os microvotos de morte.

Como encarnar esse objeto *na transferência*? Mais uma vez, esse é um lugar que está potencialmente presente, mas só se torna de fato presente nas/pelas respostas que eu posso dar, a cada vez que o microfilicídio se reapresenta de maneira alucinatória. E isso vai depender da minha capacidade de sonhar o pesadelo que se repete. Por exemplo, quando ela traz situações com o marido que seguem o modelo "Não sou eu que... é você que...", procuro imaginar, com ela, por que será que ele precisa ficar tão na defensiva. Tenho em mente a teoria de que é o aspecto paranoico do objeto, portanto, sua fragilidade, que o leva a atacar para se defender. É uma tentativa de permitir que apareçam outros aspectos do marido, visto como entidade onipotente detentora dos poderes de vida e morte sobre ela.

Um fragmento clínico recente mostra um primeiro esboço do lugar do terceiro sendo construído. A sogra temida quer passar o *réveillon* com Márcia e seu marido. É praticamente impossível dizer não, pois ela estará comemorando seus 80 anos. O marido, que não quer viajar com a mãe, não sabe como sair dessa situação. Na frente da mãe, ele pergunta para Márcia, fingindo inocência: "*Querida, nós temos algum plano para o* réveillon?". Pela primeira vez, ela se deu conta de que o marido tem pavor da própria mãe. É claro que ele sabe que têm planos de viajar só com os filhos! Com essa pergunta, o coitado estava implorando para ela se interpor entre ele e a mãe e salvá-lo da fúria dela. O marido, que para ela sempre foi uma "*entidade*" que desconhece as fraquezas humanas, "*parecia um menininho de 6 anos*".

Espero ter conseguido mostrar como uma teoria sobre a constituição do supereu cruel nos ajuda a intervir na clínica. Evitando repetir o objeto abusador com alguma formulação do tipo "Não sou eu que... é você que..." e respondendo de modo a ir instituindo alternadamente os lugares do objeto duplo de si e do terceiro, procuro criar, na transferência, condições para que Márcia comece a se descolar das identificações tanáticas que a aprisionam.

Referências

Cardoso, M. R. (2002). *Superego*. São Paulo: Escuta.

Ferenczi, S. (2011a). A criança mal acolhida e sua pulsão de morte. In S. Ferenczi, *Obras completas* (Vol. 4, pp. 55-60). São Paulo: Martins Fontes. (Trabalho original publicado em 1929.)

Ferenczi, S. (2011b). Confusão de língua entre os adultos e a criança (a linguagem da ternura e da paixão). In S. Ferenczi, *Obras completas* (Vol. 4, pp. 111-121). São Paulo: Martins Fontes. (Trabalho original publicado em 1933[1932].)

Freud, S. (1975a). On narcissism: an introduction. In S. Freud, *The standard edition of the complete psychological works of Sigmund Freud* (J. Strachey, trad., Vol. 14, pp. 73-102). London: Hogarth Press. (Trabalho original publicado em 1914.)

Freud, S. (1975b). Mourning and melancholia. In S. Freud, *The standard edition of the complete psychological works of Sigmund Freud* (J. Strachey, trad., Vol. 14, pp. 237-258). London: Hogarth Press. (Trabalho original publicado em 1917.)

Freud, S. (1975c). Beyond the pleasure principle. In S. Freud, *The standard edition of the complete psychological works of Sigmund*

248 SOBRE O SUPEREU CRUEL

Freud (J. Strachey, trad., Vol. 18, pp. 1-64). London: Hogarth Press. (Trabalho original publicado em 1920.)

Freud, S. (1975d). The ego and the id. In S. Freud, *The standard edition of the complete psychological works of Sigmund Freud* (J. Strachey, trad., Vol. 19, pp. 1-59). London: Hogarth Press. (Trabalho original publicado em 1923.)

Freud, S. (1975e). Constructions in analysis. In S. Freud, *The standard edition of the complete psychological works of Sigmund Freud* (J. Strachey, trad., Vol. 23, pp. 255-270). London: Hogarth Press. (Trabalho original publicado em 1937.)

Freud, S. (1975f). Splitting of the ego in the process of defence. In S. Freud, *The standard edition of the complete psychological works of Sigmund Freud* (J. Strachey, trad., Vol. 23, pp. 271-278). London: Hogarth Press. (Trabalho original publicado em 1938.)

Klein, M. (1975). Early stages of the Oedipus conflict and of superego formation. In M. Klein, *The psychoanalysis of children* (pp. 123-148). London: Hogarth Press. (Trabalho original publicado em 1932.)

Minerbo, M. (2010). Núcleos neuróticos e não neuróticos: constituição, repetição e manejo na situação analítica. *Revista Brasileira de Psicanálise, 44*(2), 65-77.

Roussillon, R. (1999). *Agonie, clivage et symbolisation.* Paris: PUF.

Roussillon, R. (2001). Le processus hallucinatoire. In R. Roussillon, *Le plaisir et la répétition: théorie du processus psychique* (pp. 85-101). Paris: Dunod.

Roussillon, R. (2002). Ombre et transformation de l'objet. *Revue Française de Psychanalyse, 66*(5), 1825-1835.

Roussillon, R. (2006). *Paradoxos e situações limites da psicanálise* (P. Neves, trad.). Porto Alegre: Unisinos.

Roussillon, R. (2008a). L'entreje(u) primitif et l'homosexualité primaire "en double". In R. Roussillon, *Le jeu et l'entre-je(u)* (pp. 107-134). Paris: PUF.

Roussillon, R. (2008b). *Le transitionnel, le sexuel et la réflexivité.* Paris: Dunod.

Roussillon, R. (2012). Deux paradigmes pour les situations-limites: processus mélancolique et processus autistique. *Le Carnet Psy, 161*(3), 37-41.

Roussillon, R. (2014). L'empathie maternelle. In M. Botbol, N. Garret-Gloanec, & A. Besse (Org.), *L'empathie au carrefour des sciences et de la clinique.* Montrouge: Doin. (Trabalho original publicado em 2010.)

Strachey, J. (1934). The nature of the therapeutic action of psycho--analysis. *International Journal of Psychoanalysis, 15,* 127-159.

Sobre as depressões

Sempre achei que o campo das depressões era confuso porque faltava uma melhor distinção entre o plano da clínica e o da metapsicologia. Foi o que tentei fazer neste texto. Colocar um pouco de ordem na casa me ajudou a reconhecer organizações psíquicas muito diferentes na origem do que os pacientes chamam depressão. Com isso, ganhei instrumentos teóricos mais finos para o trabalho clínico.

Introdução

Um paciente chega com queixa de depressão. O que nos vem à mente é um quadro mais ou menos típico de infelicidade, desânimo e falta de prazer com a vida. Muitas vezes, há também um rebaixamento da autoestima e a certeza de ser indigno do amor do outro. Mas o que melhor caracteriza o estado depressivo é a falta de esperança e a vivência de *futuro bloqueado* (Bleichmar, 1983). Não há caminhos possíveis, não há luz no fim do túnel. Entretanto, assim como a febre é apenas sintoma de uma infecção, para o psicanalista, a depressão é a manifestação sintomática de um núcleo inconsciente, isto é, da atividade de certo tipo de organização e de processos inconscientes.[1]

Febre é sempre aumento de temperatura. Mas, como sabemos, há febrões e febrículas, matutina ou vespertina, contínua ou intermitente. Essas diferenças sugerem ao clínico processos infecciosos distintos – tuberculose, mononucleose, pneumonia – e exigem tratamentos diferentes. Da mesma maneira, na depressão podemos reconhecer *infelicidades diferentes* que nos remetem a núcleos inconscientes distintos. Estes se manifestam na transferência com características próprias e exigem estratégias terapêuticas específicas por parte do psicanalista.

- Reconhecemos na clínica um tipo de infelicidade *difusa*, muito próxima do tédio. A experiência subjetiva não é propriamente de tristeza, mas de uma vida vazia, estéril, burocrática, sem criatividade psíquica, colada à concretude das coisas. Nesse contexto de pobreza simbólica, o futuro está bloqueado pela incapacidade de imaginar um projeto de vida e um ideal a ser investido.

- Outro tipo de infelicidade aparece como *"desempoderamento generalizado"*. A experiência subjetiva é de não dar conta da vida. Há uma grande dependência em relação a um objeto que funciona como "muro de arrimo" para o eu. Essas pessoas vivem assujeitadas, com medo de perder o objeto e desmoronar. Por isso, não têm autonomia psíquica suficiente para sustentar algo próprio – projetos, desejos,

---

1 No recorte proposto, não vou me referir a elementos socioculturais ligados a depressões. Entendo que o sistema simbólico no qual nos constituímos determina, em grande parte, as representações de si e do mundo que formam o pano de fundo da nossa vida psíquica.

opiniões. O futuro está bloqueado porque não conseguem ser sujeitos da própria vida.

- Uma terceira forma de infelicidade aparece clinicamente como *autodepreciação*. A certeza de não ter valor para o objeto vem com a vergonha de ser e de existir, agravada pelo sentimento de culpa pelo próprio fracasso. A vivência subjetiva é de que nada adianta, porque nunca será digno e merecedor do amor do objeto. Aqui o futuro aparece bloqueado pela certeza de que nenhum projeto, nenhuma conquista, fará brilhar os olhos do objeto.

Na origem de cada forma de infelicidade – difusa, por desempoderamento generalizado e por autodepreciação –, encontrei três núcleos inconscientes distintos. Com base neles, organizei um pequeno painel diferenciando, respectivamente, (1) depressão sem tristeza, (2) com tristeza e (3) melancólica. Em cada uma, as características específicas do campo transferencial-contratransferencial revelam qual foi o *modo de presença do objeto primário* em torno do qual se organizou o núcleo inconsciente.

Entendo por "modo de presença do objeto" *as respostas que este pôde dar aos movimentos pulsionais do bebê* – respostas que exigiram as defesas (clivagens e identificações) que, por sua vez, organizaram as dinâmicas constitutivas dos núcleos em questão (Roussillon, 2019).

Posto isso, posso agora formular o objetivo deste capítulo: *reconhecer com base na clínica os distintos modos de presença do objeto primário que estão na origem de três tipos de depressão, de modo a instrumentar o analista em seu trabalho com esses pacientes.*

Antes de passar à clínica, faço uma breve apresentação do que estou chamando "pequeno painel sobre as depressões".

254 SOBRE AS DEPRESSÕES

Depressão sem tristeza, mas com uma infelicidade difusa

Clinicamente, o núcleo inconsciente pode estar menos ou mais *tamponado* (compensado) por defesas eficazes. Como se sabe, o termo "depressão essencial ou sem tristeza" foi proposto por Marty (1968) para caracterizar o funcionamento psíquico encontrado em muitos quadros psicossomáticos. A tristeza está ausente porque o sujeito se cortou de sua vida psíquica, e o sofrimento foi "solucionado" pela via somática.

Proponho ampliar essa ideia para os quadros em que a pessoa também se amputou de sua vida psíquica, mas, em vez de somatizar, usou *defesas comportamentais*: adições, compulsões, transtornos alimentares, hiperatividade, violência, perversões. Essas pessoas não procuram análise por estarem deprimidas, mas por causa dos sintomas mencionados. De modo geral, sentem que "algo" não vai bem em suas vidas e descrevem, à sua maneira, o que chamei de infelicidade difusa. Reconhecemos aí a "angústia branca" descrita por Green (1980).

Depressão com tristeza, com desempoderamento generalizado

A depressão com tristeza ou narcísica se manifesta como desmoronamento do eu pela perda do objeto de apoio, objeto que estou chamando "muro de arrimo do eu" (Freud, 1969a[1914]; Bleichmar, 1983). A perda desse objeto lança o eu numa condição de impotência e desamparo.

Proponho ampliar essa ideia para as situações em que, inversamente, o próprio sujeito foi usado como "muro de arrimo" pelo objeto. É nesse campo intersubjetivo que o sujeito se torna tão desempoderado e tão dependente do objeto, já que sua autonomia lhe foi sequestrada por suas (do objeto) necessidades narcísicas.

Como resultado, sujeito e objeto precisam desesperadamente um do outro para não desmoronar.

O sujeito se deprime porque sua existência fica limitada a lutar para não perder o objeto do qual depende e, ao mesmo tempo, lutar para se desvencilhar do objeto que depende dele. Reconhecemos aqui as angústias de separação e de intrusão descritas por Green (1980).

Depressão melancólica com rebaixamento da autoestima

Aqui, a questão não é a perda do objeto, como acabamos de ver, mas a *perda do amor do objeto*. Não é o desempoderamento por perda da sustentação egoica, mas a perda do *investimento libidinal* no eu/do eu.

Como se sabe, na depressão melancólica, o supereu odeia e critica o eu de maneira cruel (Freud, 1969b[1917]). Identificado a essa instância, o sujeito é tomado pela certeza de não merecer o amor do objeto – certeza que é primária, inabalável e refratária aos testes de realidade. "Simplesmente não sou o que deveria ser para merecer esse amor".

Proponho considerar essa certeza como um microdelírio, cuja função é dar sentido ao absurdo do desinvestimento pela "mãe morta" (Green, 1980), ou pior, ao investimento negativo por parte do aspecto paranoico do objeto (autor).

A busca pela perfeição, tão comum nesses pacientes, é secundária e revela a tentativa desesperada de merecer seu amor: "se/ quando eu for perfeito, ele me amará". Quando essa esperança é perdida, mergulha-se na melancolia.

Esse é o painel. Vamos à clínica.

Depressão sem tristeza

Leonora[2] levou dois anos para reconhecer que não conseguia regular sozinha seu comportamento alimentar. Já tinha procurado análise há vários anos, mas desistiu depois de três sessões. Achou "a terapeuta muito fria... ela não falava comigo, ela esperava que eu falasse e eu estava vazia, não tinha nada para dizer".

Agora quer tentar novamente, pois, pela primeira vez, está interessada num homem. Mas tem pavor de imaginar uma relação mais séria. Até então teve vários "ficantes". Reconhece que tem grande necessidade de seduzir e chegou a ter vários ao mesmo tempo. Não suporta ficar sozinha em casa à noite, por isso trabalha até tarde e se mantém ocupada com esses relacionamentos.

A analista pergunta à paciente como é ficar em casa à noite. Responde que sente taquicardia, um aperto no peito e, em seguida, "ideias loucas atravessam sua mente". Para de falar e um silêncio se instala. Tem dificuldade para retomar sua fala, gagueja, pede para fumar. Finalmente diz que, para se sentir melhor, começa a comer tudo o que tem na geladeira. "Engulo tudo, como até sufocar."

Sabe que come sem fome nem prazer, "só para ocupar as mãos e esvaziar a cabeça". Depois fica com vergonha por não ter conseguido se controlar. "É indecente, es-

---

2 Livre adaptação do caso Éléonore, apresentado no segundo capítulo (caso 4) do livro *15 cas cliniques en psychopathologie de l'adulte*, de Nathalie Dumet e Jean Ménéchal (2005). As elaborações teóricas são minhas.

candaloso, sujo." E então provoca o vômito para se aliviar. Depois de ter limpado tudo consegue ir dormir... até a próxima crise. Recusa-se "a continuar com esta vida. Antes acabar com ela do que ter esta comilança como única companheira!".

Trabalha até nos fins de semana, mas vai todo dia à academia. Faz musculação cinco vezes por semana. Reconhece que às vezes exagera: "Todos estes exercícios me matam, mas adoro a sensação de fazer força e de sair dali exausta, esvaziada". Nesses momentos se sente "estranhamente bem".

Apesar da dificuldade com a solidão, a perspectiva de uma vida em comum com seu novo amigo a angustia. "A ideia de viver com alguém, de uma presença cotidiana... Só de imaginar já começo a passar mal. Ter filhos, então, nem pensar... É horrível imaginar um ser vivo dentro da minha barriga." Finaliza a entrevista dizendo que precisa estar o tempo todo trabalhando, se mexendo, saindo com os amigos. "Se eu paro, estou perdida."

O que mais chama a atenção nas entrevistas é a ausência de vida interior. Não há associações, fantasias ou questionamentos a respeito de si. Seu relato é *operatório*, quer dizer, atém-se à concretude dos fatos e está inteiramente voltado para o espaço externo. Também não vemos sinal de afetos da *linhagem depressiva*, que estão tamponados pelo modo de vida descrito. Por isso é uma depressão sem tristeza. Mas a ameaça depressiva está lá e se anuncia quando diz "se eu paro, estou perdida" e "melhor acabar com a vida do que ter essa comilança como única companheira".

Descreve um modo de vida organizado pelas lógicas de evacuação. Isso indica a falta de recursos psíquicos, em especial da *função simbolizante*. É isso que torna impossível tolerar qualquer tensão psíquica e a obriga a descarregar pela via do comportamento (trabalha até tarde, malha até ficar exausta, seduz um homem atrás do outro, come e vomita). Graças a essas defesas, consegue funcionar, trabalhar, ser produtiva, ter amigos e sair. Mas esse frágil equilíbrio fica ameaçado com a possibilidade de um relacionamento sério com um homem.

Vimos na introdução que na origem de cada tipo de depressão podemos reconhecer um modo de presença do objeto primário – o qual, neste caso, não permitiu a instalação suficiente da função simbolizante. Como todos sabem, Bion e Winnicott trouxeram contribuições fundamentais sobre o *modo de presença* necessário para a instalação da função simbolizante: respectivamente, função alfa e função espelho da mãe.

Partindo dessas duas contribuições, Roussillon (2008a, 2019) propõe uma espécie de *microscopia* desses dois processos – uma metapsicologia do processo de simbolização – ressaltando *a dimensão pulsional envolvida na relação intersubjetiva*. Por um lado, enfatiza a participação *da mãe e do bebê* (e não só da mãe) na constituição da função simbolizante. O símbolo, por definição, se constitui na e pela junção de duas partes, uma que vem do bebê e outra que vem da mãe. O processo de simbolização se dá na intersubjetividade, com a participação de dois sujeitos – dois psiquismos. Por outro, resgata a importância do *prazer compartilhado* no vínculo primário. *Primeiro*, como condição para criar as reservas narcísicas necessárias para que o bebê se torne progressivamente mais e mais capaz de tolerar frustrações. Sem essa reserva, a excitação produzida pelas experiências emocionais desprazerosas não pode ser retida no interior do aparelho psíquico e tem de ser descarregada. *Segundo*, como condição para investir libidinalmente a própria função simbolizante. O bebê vem ao mundo com o potencial para simbolizar, mas só se torna efetivo quando investido positivamente por seu próprio psiquismo. E isso só acontece se aquela atividade tiver sido fonte de prazer compartilhado no vínculo intersubjetivo. Só então a atividade de simbolizar – ou qualquer outra função psíquica – pode ser retomada internamente sem a ajuda do objeto.

Qual é o tipo de prazer que precisa ser compartilhado no vínculo primário? Além do prazer de matar a fome e de sugar, Roussillon (2008a, 2019) enfatiza o prazer ligado a uma comunicação bem-sucedida entre a mãe e o bebê. O autor fala em "pulsão mensageira". Para ele, a pulsão não busca apenas a descarga. Busca também a comunicação com o objeto, que ele chama conversação primitiva. O que seria essa conversação primitiva? O choro do bebê e toda sua linguagem corporal *significam potencialmente* alguma coisa. Mas a comunicação só se torna *efetiva*, inaugurando o processo de simbolização, se há alguém capaz de decodificar e responder a essas mensagens. As demandas, os apelos e a comunicação de estados emocionais precisam ser bem interpretados, para que sejam atendidos de maneira suficientemente adequada. Isso depende da capacidade empática da mãe, isto é, de sua capacidade de se identificar aos estados emocionais do bebê.

O primeiro "assunto" da comunicação primitiva são as sensações do bebê. Quando um movimento/demanda corporal encontra uma resposta adequada por parte da mãe, essas duas partes "se encaixam". Esse encaixe forma o protossímbolo, graças ao qual a sensação corporal pode se descolar do corpo. Ela deixa de ser uma "coisa em si" e passa a ter uma protorrepresentação. A experiência corporal/sensorial/emocional pode, então, ser integrada.

260 SOBRE AS DEPRESSÕES

Com a ampliação progressiva de seu repertório simbólico, o bebê se torna cada vez mais capaz de tolerar frustrações e reter excitações. O salto qualitativo se dá quando o trabalho psíquico de dar sentido às experiências emocionais passa a ser fonte de prazer para o bebê. A função simbolizante é investida positivamente. Temos, então, o que Bion chamou vínculo +K.

Mas, quando a mãe sofre de "daltonismo emocional", não consegue reconhecer mensagens ligadas à vida psíquica. Por isso vai traduzi-las sempre no plano concreto: *frio, fome, sono, dor de barriga, doenças* etc. Dizemos, então, que o objeto tem um *modo de presença operatório*.

A inadequação sistemática dessa resposta materna configura um tipo específico de trauma precoce e produz sofrimento psíquico por dois motivos. O primeiro é que as necessidades emocionais não são atendidas. O segundo é que se instala uma condição de incomunicabilidade: o sofrimento não pode ser compartilhado e é vivido como agonia.

Além disso, como os apelos emocionais da criança caem no vazio, o bom encaixe entre os apelos do bebê e a resposta da mãe não acontece. A capacidade de comunicação simbólica, que era um potencial inato da criança, degenera (Roussillon, 2010). A função simbolizante não é instalada de modo suficiente. Ou pior, é investida negativamente. Pois, quando o vínculo primário produz dor em vez de prazer, o psiquismo vai se organizar contra o objeto e contra a simbolização. Temos o que Bion chamou de vínculo −K.

Voltando a Leonora. Vimos que ela construiu uma vida organizada pelas lógicas de evacuação. Está o tempo todo engajada em diversas formas de agir. Foi a solução defensiva encontrada para descarregar as tensões ligadas à dificuldade de mentalização. Frente à dor de não ter encontrado um objeto psiquicamente vivo e para *evitar o retraumatismo da incomunicabilidade com o objeto operatório*, organizou-se contra a atividade de pensar e contra o vínculo com o objeto. É por isso que a perspectiva de ter um companheiro fixo e mesmo a maternidade são tão angustiantes.

Como tudo isso nos ajuda a reconhecer a repetição desse tipo de vínculo no campo transferencial-contratransferencial e a conduzir essas análises?

Em primeiro lugar, sofremos na pele a incomunicabilidade outrora vivida pelo *infans*, enquanto agora o paciente está identificado ao seu objeto operatório. O material clínico tem características muito factuais e concretas, pois não conhece o que costumamos chamar mundo mental. Essa pobreza simbólica costuma nos deixar perdidos, desconcertados e desalojados de nossa condição habitual de escuta.

É importante evitar o silêncio, já que o paciente cairia num vazio angustiante. Mas há de evitar também interpretações em processo primário (simbólicas/oníricas), pois o paciente não saberia como usá-las. É necessário respeitar o conteúdo manifesto concreto, permanecendo próximo do nível factual do relato – muitas vezes, um relatório dos acontecimentos da semana – para, aos poucos, ir introduzindo nele alguma espessura emocional.

O trabalho mais produtivo se dá *na transferência* (passando ao largo de interpretações da transferência): cabe ao analista usar sua criatividade clínica inventando maneiras de *ser* o psiquismo vivo que o paciente nunca conheceu, apostando que possa vir a descobrir a dimensão mental da existência.

Depressão com tristeza

Manuela[3] tem 25 anos, mora com os pais e está fazendo doutorado. Sempre foi tímida e insegura. Quando vai ao cinema com amigos, todos comentam o filme, mas ela não consegue pensar em nada para dizer. Tem medo de dizer alguma bobagem, mas também sente que é inadequado ficar quieta. Tem amigas de infância, vai a festas, mas nunca namorou. Sabe que um dia vai ter de enfrentar isso, mas por enquanto "conseguiu escapar". Apesar do doutorado, diz que está perdida, não sabe o que fazer da vida. Não tem planos para o futuro.

Aparentemente, não há nada de muito errado com ela. Mas logo percebemos que é uma adaptação de superfície. Ela gasta muita energia para parecer que está tudo bem. Procura ajuda na véspera das férias de verão porque está apavorada com o que chama "vazio das férias". Os amigos vão viajar, cada um vai viver sua vida; a irmã vai fazer um aperfeiçoamento em ginástica. Ela... não tem uma vida própria para viver. Vai ficar em casa e trabalhar na empresa do pai, como nos outros anos. Quando a analista lhe pergunta se não pode manter contato com os amigos durante esse tempo, diz que não se vê telefonando "porque não teria nada para dizer".

---

3 Adaptação livre do caso Emmanuelle, apresentado no segundo capítulo (caso 1) do livro *15 cas cliniques en psychopathologie de l'adulte*, de Nathalie Dumet e Jean Ménéchal (2005). Aqui também faço minha leitura do caso apresentado.

Na segunda entrevista, conta que é a filha mais velha. A mãe não quis uma segunda gravidez durante cinco anos para poder "curtir a primogênita". Essa decisão tem a ver com sua (da mãe) própria história: quando sua irmã nasceu, ela tinha 3 anos e foi mandada para a casa dos avós, numa cidade do interior. Sofreu muito porque só via a mãe aos domingos. Mas acabou repetindo a mesma história. Quando esperava a segunda filha, tentou mandar Manuela para a escola. A adaptação foi impossível. Quando o bebê nasceu, ela passava os dias na casa da avó.

Na terceira entrevista, Manuela desaba. Desesperada, diz que sua vida é um fracasso, que pensa em suicídio.

O que mais chama a atenção é a falta de autonomia do eu e um desempoderamento generalizado (é muito tímida, não consegue se colocar, não pode ligar para as amigas porque não teria nada a dizer, nas férias vai ficar em casa e trabalhar com o pai). A contratransferência revela que Manuela é uma pessoa desvitalizada, apagada, triste e assustada. Não tem iniciativa nem vida própria. Há também elementos melancólicos (minha vida é um fracasso etc.), mas falaremos da depressão melancólica adiante, com Bárbara.

Diferentemente de Leonora, aqui os afetos são plenamente vividos em nível psíquico. Manuela procura ajuda porque tem pavor de desmoronar frente ao vazio das férias, revelando a fragilidade do eu. Angustia-se porque vai perder seu objeto, que, no caso, é o enquadre dado pela faculdade. É ele que organiza seu cotidiano e garante a presença das amigas. O doutorado importa menos como projeto de vida (não tem planos para o futuro) do que como enquadre. Funciona como objeto-tampão da angústia de separação, que, aliás, está presente desde a infância (aos 5 anos não conseguiu se adaptar na escola). Mas funciona também como "muro de arrimo" que mantém o eu "de pé", minimamente organizado e coeso.

O desempoderamento e a falta de autonomia nos dão notícias do grau de dependência em relação ao objeto. Do ponto de vista metapsicológico, a separação sujeito-objeto não se completou. O objeto não foi suficientemente representado em nível psíquico; o sujeito não conseguiu retomar internamente as funções psíquicas realizadas por ele. Por isso continua tão dependente do objeto externo.

Que condições o sujeito precisaria ter encontrado no vínculo primário para conseguir se separar de seu objeto? Qual teria sido o modo de presença do objeto que dificultou esse processo?

Quando a mãe começa a retomar sua vida, a criança frustrada vai expressar sua raiva. Ela tem o "direito" de atacar a mãe. Como sabemos, cabe a ela o trabalho psíquico de sobreviver a esses ataques. Entretanto, parece-me que não se enfatizou o suficiente que não basta a mãe sobreviver aos ataques *explícitos* da criança frustrada. Além disso, ela precisa sobreviver aos seus *pequenos momentos de autonomia* – que implicam também alguma "agressividade", ou, pelo menos, podem ser interpretados assim.

Por exemplo, a mãe precisa sobreviver aos movimentos de retração autoerótica em que a criança lhe sinaliza que precisa estar a sós consigo mesma. Precisa sobreviver à fase do "não", quando a criança começa a ter vontades próprias e se contrapõe às da mãe. Enfim, a mãe precisa sobreviver aos mil *micromovimentos* "agressivos" em que a criança diz "agora não preciso de você, quero ficar sozinha, me deixa em paz". A questão é que, para sobreviver a esses micromovimentos, a mãe também precisa aguentar ficar só na presença da criança. Como a relação mãe-bebê é uma relação entre dois sujeitos, para que a criança conquiste sua autonomia em relação à mãe, esta precisa ter autonomia em relação à criança.

Isso, contudo, não é evidente: há situações em que, em virtude de sua própria fragilidade narcísica, a mãe precisa usar a criança como "muro de arrimo". Ela mesma não conquistou a separação sujeito-objeto nem conseguiu fazer o luto pela perda de seu próprio objeto (Klautau & Damous, 2015). Inconscientemente, vive os movimentos de autonomia da criança como rejeição e/ou abandono e não consegue sobreviver a eles. Ou fica ressentida e faz retaliações, ou perde seu "muro de arrimo" e se deprime. Nos dois casos, a dialética presença-ausência se interrompe, e a criança fica impedida de prosseguir em seu movimento de separação em relação à mãe. Com sua autonomia assim sequestrada, fica desempoderada e dependente de seu objeto.

Portanto, na origem desses quadros, reconhecemos um modo de presença do objeto primário em *codependência* com a criança. Nessa relação intersubjetiva – entre dois sujeitos –, a criança depende da mãe, e a mãe depende da criança. Por isso, a melhor imagem não é a de muro de arrimo, mas a de duas cartas de baralho que, para ficarem de pé, precisam do apoio uma da outra. Numa relação de codependência, se qualquer uma delas sair, a outra cai. Elas não podem se separar porque ambas correm o risco de desmoronamento narcísico.

Parece ter sido o caso de Manuela. Ela conta que sua mãe foi separada da própria mãe quando nasceu sua irmã. Foi enviada para a casa da avó, numa cidade do interior. Por isso, quando Manuela nasceu, "não quis outro filho durante cinco anos para poder curti-la plenamente". Esse material pode ser escutado como representação de uma mãe que se agarra à filha para compensar o buraco deixado pela relação insuficiente com sua própria mãe. Reconhecemos aí o que estou chamando codependência no vínculo primário.

Esses pacientes passam a vida *lutando para não perder* o objeto. Como se sentem desempoderados, vivem submetidos, com medo de perdê-lo e desmoronar. E, ao mesmo tempo, *passam a vida lutando para se desvencilhar* do objeto que se apoia/se agarra neles para não desmoronar. Por isso, quando tentam ter alguma autonomia, sentem-se culpados por abandoná-lo. Imobilizados nesse impasse e exauridos na luta contra as angústias de perda e de intrusão, não conseguem se projetar num futuro nem construir uma vida própria, o que acaba produzindo o quadro de depressão com tristeza.

Como tudo isso nos ajuda a reconhecer a repetição desse vínculo no campo transferencial-contratransferencial e a conduzir essas análises?

Esses pacientes costumam gratificar o narcisismo do analista porque "valorizam" muito a análise – leia-se: se *apoiam* sobre ela para se manter de pé. Eles nos fazem sentir que jamais nos abandonarão. É importante reconhecer que, embora haja trabalho analítico acontecendo na superfície, inconscientemente a análise está sendo usada como objeto-tampão. São os pacientes que mais sofrem com as férias do analista. Não é raro o analista se revoltar com tamanha dependência e tentar "empurrar" o paciente para que ande com as próprias pernas, o que obviamente não vai funcionar. Ao mesmo tempo, inconscientemente esses pacientes sentem que estão lá para cuidar do analista – eles vão às sessões para que este se sinta útil e valorizado. Transferencialmente, é o analista que precisa da presença, do dinheiro e do amor do paciente. Desnecessário dizer que em algum momento a transferência negativa irrompe: o paciente se revolta por "ser obrigado" a ficar lá para sempre.

É necessária atenção redobrada para não fazer um uso narcísico desses pacientes. O analista precisa aceitar internamente que um dia aquela pessoa tão assídua e gratificante não precisará mais de análise. É importante reconhecer e valorizar os pequenos brotos de potência e de autonomia que surgirem. É o trabalho *na transferência.* A interpretação *da transferência* também tem seu lugar – tanto o projeto de continuar eternamente em análise quanto a fantasia de que o analista não sobreviveria sem o paciente.

Depressão melancólica

Bárbara divide um apartamento com uma amiga e trabalha na empresa do pai quando consegue se levantar da cama. Procura análise por uma "depressão crônica". Sempre foi difícil começar o dia. Não tem energia para investir nas atividades, ou então desanima logo. A vida é pesada e sem graça. Tem poucos amigos. Não gosta de sair com eles. "Prefiro ficar em casa lendo." Investigando um pouco, descobrimos que se defende do sofrimento narcísico escondendo-se do mundo: tem vergonha de ser quem é e pavor de ser desprezada "porque não tem uma conversa interessante".

"Para me sentir bem com os amigos, eu teria de entender de arte, literatura, cinema, política." Ela se ofende e se retira quando sente que sua presença não está sendo valorizada e quando percebe que sua conversa "não repercute". Pergunto o que seria "repercutir". Responde que seria "virar assunto no grupo". Sua amiga, que gosta muito dela, garante que as pessoas curtiram o que disse, mas Bárbara não acredita.

O sofrimento narcísico e a autodepreciação estão em primeiro plano, resultado dos ataques do supereu cruel contra o eu que caracterizam a melancolia. Além disso, vemos que ela tem *certeza* de "não ser gostável". Imagina que, se fosse perfeita (entender de cinema, literatura etc.), mereceria o amor do objeto.

O melancólico grave tem a certeza delirante de ser um fracasso, digno de desprezo, o que pode levá-lo ao suicídio. Bárbara não chega a esse ponto, mas podemos considerar sua certeza de "não ser gostável" como um microdelírio. Tanto que ela se esconde do mundo, o que não deixa de ser um microssuicídio.

Qual é o estatuto metapsicológico do delírio? Em "Construções em análise", Freud (1969c[1937]) reconhece que há sempre um núcleo de verdade histórica, algo da ordem do traumático que de fato aconteceu. O delírio seria uma tentativa de dar algum sentido a essa experiência precoce. Aprofundando essa hipótese, Roussillon (1999) vê o delírio como uma forma particular de ligação não simbólica do traumático. A sutura do trauma é feita graças a uma representação. O problema é que ela se fixa e se torna "dura como cimento", pois ela é absolutamente necessária para que o mundo tenha alguma ordem e inteligibilidade. Nesse sentido, resolve o problema, mas como não tem valor simbólico (e sim de sutura), perde qualquer possibilidade de ser metaforizada. Vira uma certeza inabalável.

Se o microdelírio é uma tentativa de dar algum sentido ao traumático, qual seria a "verdade histórica" nesse caso? Como diz Aulagnier (1989), o *tema* do delírio está sempre relacionado a essa verdade histórica. No caso do melancólico, o tema é a perda do amor do objeto – ele tem certeza de "não ser gostável". Podemos, então, supor que algo análogo à perda do amor tenha acontecido no passado. E, de fato, em *Luto e melancolia*, Freud (1969b[1917]) se refere a uma *real ofensa ou decepção vivida na relação com o objeto amado.*

Voltemos a Bárbara. Ela se queixa de que "sua conversa não repercute, não vira assunto no grupo". Como escutar esse material?

Numa leitura, ela quer um tapete vermelho – que todos fiquem encantados e mobilizados pelo que ela tem a dizer. Fica decepcionada e ofendida quando isso não acontece. Se for isso, ela não conseguiu fazer o luto do narcisismo primário. Ela, a *Bárbara-adulta*, continua querendo ser "Sua Majestade, o bebê". Em outra leitura, a *criança-em-Bárbara está tentando nos contar algo a respeito do traumático*. O que poderia ser? Que seu objeto primário falhou em sua função reflexiva. Que seus movimentos pulsionais em direção ao objeto caíram no vazio. Que o olhar da mãe não se encantou, não se mobilizou, devolveu-lhe nada: "não repercutiu" (Green, 1980). Esta seria a "real ofensa ou decepção vivida na relação com o objeto amado", como diz Freud.

Na verdade, não precisamos escolher entre as duas escutas. Bárbara-adulta não consegue fazer o luto do narcisismo primário e continua precisando de um tapete vermelho, justamente *porque* o objeto primário "não repercutiu" – não confirmou o narcisismo primário – de modo suficiente.

O que significa, afinal, "fazer o luto"? Como sabemos, a experiência inicial de plenitude – ilusória, mas vivida como real – é necessária para a constituição de um bom narcisismo de vida. Suas marcas vão ser transformadas no ideal a ser reencontrado, só que agora na forma de *representação* da plenitude perdida. Nessas condições, o ideal do eu é um ideal possível; toma em consideração o princípio de realidade; há esperança de gratificação e o futuro se abre.

Fazer o luto significa, então, contentar-se com algo que se aproxima, mas não é idêntico, ao ideal narcísico perdido. Significa se contentar com uma representação, com um símbolo, da perfeição, no lugar da própria perfeição. Mas essa representação só pode ser criada se a ilusão narcísica primária tiver sido vivida de modo suficiente. Ora, num contexto de *decepção narcísica primária*, não

270 SOBRE AS DEPRESSÕES

há traços mnésicos de perfeição e plenitude para serem transformados em *representação do ideal perdido* (Roussillon, 2008b). O sujeito continua se consumindo na busca da perfeição e da plenitude *em si mesmas*, como Bárbara.

Em certa sessão, a expressão "minha conversa não repercute" repercute em mim e produz uma imagem: a de uma bola que, jogada na areia fofa, não quica. E por que não quica? Para Bárbara, não existe a possibilidade de a areia ser fofa. A conclusão inevitável é que, se a bola não quica, é porque está murcha: ela é insuficiente.

"Eu não sou gostável." Essa representação organiza o mundo e dá sentido ao traumático; resolve o absurdo do olhar vazio da mãe – a decepção narcísica primária. Mas, uma vez constituída, essa identificação se fixa e se transforma numa certeza inabalável. É o que estou chamando de microdelírio melancólico de não ser digno do amor do objeto.

Clinicamente, reconheço dois tipos de microdelírios na depressão melancólica: (1) não sou o esperado/não sou suficiente, por isso não mereço o amor do objeto; (2) sou o oposto do que deveria ser, sou "do mal", por isso mereço o ódio e o desprezo do objeto. *Metapsicologicamente*, reconhecemos dois *modos de presença do objeto diferentes*.

- A criança não é suficientemente investida porque a mãe está *psiquicamente* em outro lugar – são variações da mãe morta, segundo Green (1980).

- Em função de seu núcleo paranoico, o objeto projeta no psiquismo em formação tudo o que não tolera em si mesmo. Interpreta negativamente todos os movimentos pulsionais do *infans*. Nesse modo de presença, a criança é muito investida, mas negativamente. Inconscientemente, o objeto odeia o *infans* porque o vê, projetivamente, como mau (autor). Aqui o quadro melancólico é muito mais grave do que no primeiro caso.

Esses dois modos de presença do objeto primário ferem o narcisismo primário em seus fundamentos. No caso de Bárbara, o material clínico e a transferência indicam que seu objeto é uma variação da mãe morta, psiquicamente incapaz de investir a filha de modo suficiente.

Como isso me ajudou a reconhecer a repetição desse tipo de vínculo no campo transferencial-contratransferencial e a conduzir essa análise?

Por questões de sigilo, sou obrigada a ser muito sucinta. Em certa sessão, eu estava com tosse. A cada vez que tossia, ela parava de falar de uma maneira ostensiva e irritada. Silenciava até ter certeza de que eu poderia continuar a escutá-la. A extrema sensibilidade ao desinvestimento, na transferência e na vida, indicava uma zona de traumatismo primário ligada ao modo de presença específico de seu objeto. Por outro lado, me cumulava de dicas sobre livros e filmes. Era possível reconhecer, pelo avesso, a certeza de "não ser gostável": tentava "ser gostável" sendo a paciente "interessante" que me trazia "novidades".

Em certo momento, a análise estava particularmente pesada; eu me vi identificada à mãe morta, sem forças para continuar investindo nela. Nesse momento ela faz um movimento que me surpreende: decide aumentar o número de sessões e passa a investir a análise de um modo que realmente me "acordou" – ou melhor, me "ressuscitou". Depois de algum tempo, a representação "não sou suficiente para merecer o amor do objeto" começa a se mexer.

Conta: *"Levei meu cachorro ao veterinário. Na fila havia uma senhora com um cachorro que não tinha uma perna. Achei incrível perceber que mesmo assim ela amava seu cachorro! Eu não seria capaz disso"*. Mesmo que Bárbara diga que não seria capaz disso, reconhece que é possível amar um cachorro sem uma pata. Não é preciso ser perfeito para merecer o amor do objeto.

As transformações se sucedem, embora sempre sujeitas a retrocessos. Começa a perceber a mãe sob outra luz. No lugar de uma pessoa má e mesquinha, surge uma mulher infantilizada e assustada com a vida. Diz que vem estranhando o mundo e a si mesma.

> B: *Perdi minha depressão. Parece que tiraram uma tampa.*
>
> M: *Uma tampa?*
>
> B: *Desenroscaram a tampa do tubo de pasta de dente e agora tudo flui. Fui a um jantar e levei uma sobremesa. No dia seguinte, minha amiga ligou para dizer que adorou e que queria a receita.*
>
> M: *Quer dizer que sua sobremesa repercutiu?!*
>
> B: *(Ri.) Sim, repercutiu. Antes, se me pedissem a receita, eu teria certeza de que a pessoa só estava sendo gentil. Mas desta vez eu acreditei. Ela realmente tinha gostado e realmente queria a receita. É isso que está tão diferente.*

Para concluir, gostaria de reunir os fios da meada.

Este estudo psicanalítico das depressões partiu do pressuposto de que a depressão é o sintoma da atividade de um núcleo inconsciente.

Optei por começar com uma exploração fenomenológica da *infelicidade*, termo menos saturado do que "depressão". Encontrei três tipos de infelicidade, sempre acompanhadas da vivência de futuro bloqueado: (1) infelicidade difusa, mais próxima do tédio; (2) por desempoderamento generalizado; e (3) por autodepreciação.

Cada uma delas me remeteu, *clinicamente*, a uma forma de depressão: (1) sem tristeza, tamponada por defesas do tipo comportamental; (2) com tristeza, por falta de autonomia em relação ao objeto e impossibilidade de viver para si; e (3) melancólica, com microdelírios de perda do amor do objeto.

Passando da clínica à *metapsicologia*, propus a hipótese de que os núcleos inconscientes subjacentes às três depressões se organizam *em resposta a modos específicos de presença do objeto primário*: (1) operatório; (2) em codependência; e (3) por desinvestimento/ investimento negativo do sujeito.

Por fim, retornando à clínica, tentei mostrar como a compreensão da metapsicologia nos ajuda a reconhecer as características do campo transferencial-contratransferencial e a conduzir as análises em cada caso.

Referências

Aulagnier, P. (1989). *O aprendiz de historiador e o mestre-feiticeiro: do discurso identificante ao discurso delirante*. São Paulo: Escuta.

Bleichmar, H. (1983). *Depressão, um estudo psicanalítico*. Porto Alegre: Artes Médicas.

Dumet, N., & Ménéchal, J. (2005). *15 cas cliniques en psychopathologie de l'adulte*. Paris: Dunod.

Freud, S. (1969a). Sobre o narcisismo: uma introdução. In *Edição standard brasileira das obras psicológicas completas de Sigmund*

Freud (Vol. 14). Rio de Janeiro: Imago. (Trabalho original publicado em 1914.)

Freud, S. (1969b). Luto e melancolia. In *Edição standard brasileira das obras psicológicas completas de Sigmund Freud* (Vol. 14). Rio de Janeiro: Imago. (Trabalho original publicado em 1917.)

Freud, S. (1969c). Construções em análise. In *Edição standard brasileira das obras psicológicas completas de Sigmund Freud* (Vol. 23). Rio de Janeiro: Imago. (Trabalho original publicado em 1937.)

Green, A. (1980). A mãe morta. In *Narcisismo de vida. Narcisismo de morte* (pp. 239-273). São Paulo: Escuta.

Klautau, P., & Damous, I. (2015). Caminhos e descaminhos do luto: o trabalho de separação mãe-bebê. *Cadernos de Psicanálise, 37*(33), 51-68.

Marty, P. (1968). La dépression essentielle. *Revue Française de Psychanalyse, 32*(3), 595-598.

Roussillon, R. (1999). *Agonie, clivage et symbolisation.* Paris: PUF.

Roussillon, R. (2008a). *Le jeu et l'entre je(u).* Paris: PUF.

Roussillon, R. (2008b). *Le deuil du deuil et la mélancolie.* (Separata de texto apresentado em Atenas, Grécia).

Roussillon, R (2010). La perte du potentiel. Perdre ce que n'a pas eu lieu. In A. Braconnier, & B. Golse (Org.), *Dépression du bébé, dépression de l'adolescent* (pp. 251-264). Paris: ERES (Le Carnet psy).

Roussillon, R. (2019). *Manual da prática clínica em psicologia e psicopatologia.* São Paulo: Blucher.

Retorno do recalcado, retorno do clivado[1]

Sempre achei mais fácil pensar por comparação. As ideias ficam mais organizadas, cada instrumento teórico no seu devido lugar. Foi assim desde os primeiros escritos, em que comparava as organizações neuróticas e não neuróticas. E isso tanto do ponto de vista teórico quanto clínico. Os leitores dizem que meus textos são "claros", provavelmente porque esse tipo de abordagem acaba sendo didático. Este texto, bem simples, é um exemplo disso que acabou sendo uma espécie de "marca registrada". Por isso, eu o escolhi para compor este livro.

Introdução

Todos nós tivemos a experiência de sermos tomados de assalto, *possuídos*, por afetos, pensamentos e comportamentos que não conseguimos reconhecer como "meus". Pode ser um ato falho, um sonho. Mas também um ódio assassino, uma timidez doentia,

---

1 Uma versão anterior deste capítulo foi apresentada em 2019 no XXVII Congresso Brasileiro de Psicanálise, em Belo Horizonte.

um ataque de pânico, atos compulsivos. Ou uma sucessão de paixões à primeira vista.

Às vezes, conseguimos encontrar racionalizações que satisfazem nossa necessidade de coerência. Mas há situações em que isso não é possível. Ficamos perplexos porque, frente à *repetição do mesmo*, sentimos que *estamos sendo agidos por forças desconhecidas*. E então nos perguntamos: de onde me vem isso?

Em resposta a essa questão, Freud precisou criar o conceito de inconsciente. Um inconsciente vivo, constituído de marcas deixadas pela história emocional vivida, mas não suficientemente integrada. Quando alguma coisa na situação atual *acorda* essas marcas, elas "retornam", quer dizer, são transferidas para a situação atual. Elas *infiltram* ou *recobrem* o cotidiano. Como essas marcas pertencem a outra época e lugar, produzem estranheza, inquietação, perplexidade. Em "O estranho", Freud (1996[1919]) fala em *retorno do recalcado*. Está trabalhando com o modelo criado da *neurose*. Na linha de frente temos as angústias, os conflitos e as representações ligadas à *sexualidade infantil*.

Depois, Freud começou a trabalhar com as neuroses narcísicas – Green (2012) fala em *organizações não neuróticas*. Aqui, temos o retorno de marcas de uma história emocional traumática. História que pertence a uma época anterior à aquisição da linguagem. É o que hoje chamamos *retorno do clivado* (Roussillon, 1999).

Gostaria de fazer uma *releitura dessas ideias introduzindo a intersubjetividade*. Com base em dois casos clínicos, pretendo mostrar que, tanto o retorno do clivado quanto o do recalcado permitem reconhecer as marcas da relação *entre a criança e seu objeto* (Minerbo, 2016, 2019). Nesse sentido, a qualidade de *familiar inquietante* descrita por Freud em 1919 remete também a uma história emocional *intersubjetiva* que não foi suficientemente integrada.

Retorno do recalcado

Raul quer trocar de carro. O dele já deu o que tinha de dar, foram dez anos de bons serviços prestados. Agora que ganhou dinheiro, quer comprar um "carro bem bacana", mas está muito triste em ter de abandonar seu carro velho. Mais do que triste, sente-se culpado em fazer uma sacanagem dessas com ele. "Se fosse uma pessoa, eu estaria arrasado!" Perplexo, ele reconhece que carros não são pessoas e que não faz sentido sofrer assim para comprar um carro novo.

De onde vem isso? Não podemos dispensar os conceitos de inconsciente e de transferência. Algo da ordem do inconsciente *está sendo transferido para o carro velho.* Um pedaço da história emocional, que não foi suficientemente integrado, foi *acordado* pela possibilidade de comprar um carro novo. O sintoma disso é a culpa – no caso, uma culpa neurótica, ligada a algo que o sujeito fez ou quer fazer.

A culpa sinaliza a presença do infantil, que é a presença da criança-no-adulto. Vemos aqui o *animismo infantil* em todo o seu esplendor. *Animismo* é o modo de pensar das crianças, que olham para os objetos como se tivessem *anima*/alma, como se fossem vivos e tivessem sentimentos humanos. Os carros sentem coisas, e ele sente coisas pelos carros. Esse fragmento pertence, claramente, a outra época e lugar.

Retomando: o adulto quer, e pode, trocar de carro. Mas a criança-no-adulto se sente culpada. Para avançar, precisamos das associações de Raul. A analista sabe que, se ele se sente culpado, é porque ama o carro que vai ser abandonado. Então conversa com a criança-nele, na língua dela: "E você ama tanto esse carro velho, não é?".

E vejam como a rede associativa do neurótico é rica em representações. Uma associação traz de bandeja um novo elemento. Assim que a analista interpreta, Raul se lembra de uma música do Toquinho na qual, ao fim do ano letivo, um caderno usado pede ao menino para não se esquecer dele. O refrão é o seguinte: "*Só peço a você um favor, se puder, não me esqueça num canto qualquer*". Continuamos no animismo infantil. Aqui, o caderno fala. Dá para ver que é um caderno inteligente e sensível. Ele diz para a criança-em-Raul: "*Sei que você precisa me matar simbolicamente para poder crescer, a vida é assim mesmo. Mas vou ficar triste por perder você, então pelo menos se lembre de mim, que tanto colaborei para o seu crescimento*".

Numa leitura clássica, trocar o pai/carro velho por um carro novo pode ser escutado como representação do desejo infantil de matar o pai, superá-lo e ocupar o seu lugar. Essa é a parte que cabe ao Édipo de Raul. Mas tem uma parte que cabe ao pai. Em condições ideais, ele se orgulha e incentiva o crescimento do filho. Isso facilita muito a travessia edipiana do filho. Mas o material clínico sugere que o pai-caderno de Raul foi ambivalente. Ele se orgulhou, mas ao mesmo tempo não deixou de se deprimir por não ter mais o seu filho pequeno com ele. O caderno de Raul mais parece uma mãe judia: "Pode ir passear de carro novo, eu fico sozinha, esquecida aqui em casa, numa boa". Inconscientemente, o pai culpabiliza o filho, o que dificulta o trabalho psíquico da criança durante a travessia edipiana.

Estou propondo uma releitura do texto "O estranho", em que o retorno do recalcado não diz respeito apenas ao Édipo de Raul como ainda à relação intersubjetiva entre ele e seu pai. A culpa normal do Édipo fica potencializada pela atitude culpabilizante do pai. Isso dificulta sua integração e traz como sintoma a dificuldade em abandonar o carro velho.

Retorno do clivado

Como vimos, o clivado diz respeito às marcas deixadas pelo trauma precoce. Essas marcas estão inscritas no inconsciente numa linguagem pré-verbal: a língua dos afetos em estado bruto, das percepções alucinatórias, da sensorialidade, da motricidade e do corpo. Por isso, quando algo no cotidiano acorda o que estava clivado, essas experiências não retornam com as características simpáticas de animismo, como acabamos de ver. Ao contrário: o paciente vive esse retorno como algo *demoníaco, aterrorizante, mal-assombrado*, que o *retraumatiza*. Uma criança aterrorizada com o lobo mau não tem nada a ver com outra que conversa com seu caderno velho.

Márcia vive atracada com seu marido. Tudo o que ele diz e faz a irrita. Chegou ao ponto de agredi-lo fisicamente. Percebe que tudo isso afeta as crianças e, por isso, em um fim de semana, jurou não brigar com ele. No domingo de manhã, ele foi fazer as coisas dele, e combinaram de se encontrar no restaurante para o almoço. Ela chega pontualmente com os filhos. O marido está atrasado. O filho comenta: "O papai sempre se atrasa, não está nem aí". Ela responde, calmamente: "Não vamos brigar, não vamos dizer nada, vamos curtir o almoço". Quando ele finalmente aparece na porta do restaurante, cumprimentando a família com uma cara ótima, como se nada tivesse acontecido, ela surta e começa a berrar com ele, para espanto dos filhos e dela mesma. Não consegue entender "de onde lhe vem *isso*".

Isso significa a violência pulsional incontrolável, associada a uma percepção alucinatória. (1) Percepção porque, de fato, o marido se atrasou. (2) Alucinatória porque, colada a essa cena, *ela está vendo/vivendo outra cena*. Ela alucina algo da ordem do traumático, algo que foi vivido com o objeto primário, mas não suficientemente representado. Por isso, é uma cena muito familiar e, ao mesmo tempo, mal-assombrada. Só pode ser algo que se repetiu mil vezes no cotidiano da menininha que ela foi.

A criança-em-Raul tem entre 5 e 7 anos. A criança-em-Márcia tem menos de 3 anos. Raul consegue associar, quando tocado por uma interpretação. Ele já conta com o símbolo da coisa, com uma imagem psíquica da coisa: o caderno que pede para não ser esquecido. O sentido da culpa por trocar de carro está quase lá, na boca da caçapa. A simbolização primária já foi feita. Falta a simbolização secundária. Falta *colocar em palavras* a experiência vivida com o pai, que se orgulha, mas também fica triste com o seu crescimento. Com Márcia, o trabalho tem de ser diferente. Ela ainda não conseguiu formar nenhuma imagem ou símbolo da experiência que a desorganiza psiquicamente. Por isso ela está clivada. A reação dela – o surto – mostra o momento do retorno do clivado. É um momento de funcionamento psicótico. Indica que a simbolização primária ainda não foi realizada de maneira suficiente.

Retomo rapidamente uma analogia que costumo usar para explicar as duas vertentes do processo de simbolização. Para transformar espigas de trigo em pão, temos necessariamente duas etapas. A primeira é transformar espigas em farinha. É a simbolização primária. A segunda é transformar farinha em pão. Cada etapa exige uma técnica diferente. A primeira envolve debulhar as espigas e moer o trigo. A segunda envolve fazer a massa e colocar no forno. Da mesma maneira, o trabalho do analista é diferente em cada etapa.

Como ajudar Márcia a retomar a simbolização primária da experiência que a desorganiza? Será preciso fazer algo na linha do que Freud chamou *construções em análise*. E que Bion denominou *rêverie* e função alfa. Pessoalmente, gosto de pensar em termos de *imaginação clínica*. O analista precisa imaginar o que Márcia pode ter vivido de tão desorganizador. Vejamos como dá para usar a imaginação clínica na sessão.

Voltemos à cena do restaurante. Ela não sabe o que a fez surtar. De onde me vem isso, ela se pergunta.

Na verdade, as sessões estavam cheias de cenas desse tipo, mas eu não tinha conseguido acessar o que a perturbava tanto. Nesse dia, talvez ela tenha acentuado a expressão "como se nada tivesse acontecido", ou eu escutei isso de um jeito novo, ao pé da letra, e não como mera força de expressão. Escutei como uma *expressão precisa de algo que ela percebe*. E então eu entendi que *não foi o atraso do marido* que desencadeou o surto. O simples atraso, ela até poderia tolerar. Ela até tinha dito para as crianças "Não vamos brigar por causa disso". *O que reativou a zona de traumatismo primário foi a cara ótima* com a qual ele cumprimentou a família, depois de ter deixado todos esperando. Ele não chegou preocupado com eles nem pedindo desculpas pelo atraso. Ele chegou e os cumprimentou *como se nada tivesse acontecido*.

É isso: para ele, nada tinha acontecido mesmo! Tanto que, quando ela surta, ele *não entende o motivo*. Fica genuinamente espantado e pergunta: *"Mas por que esta reação? Eu já estou aqui, não estou? Não podemos aproveitar o almoço? Você vai estragar tudo?". Essa é a situação enlouquecedora que a menininha que ela foi viveu vezes sem conta.* E seu sentido lhe escapa, hoje, como antes. É impossível para ela se representar o que a perturba tanto. Eu é que tenho de tentar imaginar o que poderia ser. Eu é que tenho de juntar os fragmentos do que ela conta, até que um sentido se forme.

O marido fica mal-assombrado quando repete, identicamente, o objeto primário – aquele que não consegue se conectar emocionalmente com ela. Na cena descrita, o marido não consegue se colocar na pele dela. Não consegue se identificar com ela nem com o que ela pode ter sentido durante o tempo de espera. Nem consegue se implicar no sofrimento que ele mesmo produziu. Não consegue reconhecer que ele tem alguma coisa a ver com a reação dela. E por fim, como ele não percebe nada disso, quando ela surta, ele a acusa de ser a chata que, mais uma vez, vai estragar o almoço da família.

Percebe-se como o retorno alucinatório do clivado permite reconstruir ou imaginar o *modo de presença traumático do objeto primário*: ela teve de se constituir com um *objeto que não se dava conta de que ele tinha o poder de afetar a criança*. Por isso, agia como se não tivesse nada a ver com suas reações e punha todas as turbulências que ele mesmo gerava na conta de uma criança chata.

Essa zona de traumatismo é reativada *precisamente* quando o marido chega com uma cara ótima, como se nada tivesse acontecido. Esse modo de presença do objeto foi percebido pela criança pequena. Foi registrado, mas ficou clivado, sem representação. E agora retorna, reencarnado no marido, em busca de simbolização. Então eu descrevo para ela o efeito enlouquecedor desse modo de presença. Falo do marido, mas para mim é também o objeto interno, o objeto primário.

Outro dia, ela conta mais uma cena desse tipo, mas dessa vez consegue trazer uma associação, mostrando que a simbolização primária está em curso. Ela se lembra de um filme sobre um menino autista que a impressionou muito. Um menino que não se conecta com as pessoas. Ele não tem essa capacidade. Reconheceu ali o mesmo tipo de desconexão do marido. E concluiu: "Ele é meio autista, por isso faz tanto tempo que eu sinto que ele não me enxerga".

Finalizo retomando meu objetivo, que era fazer uma releitura da ideia de retorno do recalcado e do clivado, mas introduzindo a noção de intersubjetividade, que não estava presente no texto de 1919. Com Raul, o recalcado que retorna como culpa neurótica é um amálgama composto de aspectos do Édipo do menino e aspectos da reação inconsciente do pai ao Édipo do menino. Com Márcia, o clivado que retorna como violência pulsional e percepção alucinatória também é um amálgama. Do lado dela, afetos em estado bruto. Do lado do objeto, um modo de presença desorganizador, que impede a simbolização primária da experiência.

Referências

Freud, S. (1996). O estranho. In *Uma neurose infantil e outros trabalhos* (Vol. XVII, pp. 235-273). Rio de Janeiro: Imago (Trabalho original publicado em 1919.)

Green, A. (2012). *La clinique psychanalytique contemporaine*. Paris: Ithaque.

Minerbo, M. (2016). *Diálogos sobre a clínica psicanalítica*. São Paulo: Blucher.

Minerbo, M. (2019). *Novos diálogos sobre a clínica psicanalítica*. São Paulo: Blucher.

Roussillon, R. (1999). *Agonie, clivage et symbolisation*. Paris: PUF.

Sobre o pensamento clínico do psicanalista

Neste texto, retomo um tema que me é caro: o pensamento clínico do analista. Procuro diferenciar este pensamento em nível macro, fora de sessão, abordando o sofrimento psíquico num corte longitudinal, do pensamento em nível micro, durante a sessão, abordando o sofrimento psíquico num corte transversal.

Introdução

Um artista foi jantar em casa e, quando viu a mesa posta, me perguntou o que eu via ali. Respondi que via uma mesa com toalha, pratos e copos. Ele via uma composição de cores e formas. E de fato, a toalha cor-de-rosa, os pratos brancos e os copos levemente esverdeados tinham uma harmonia estética e podiam ser vistos como uma instalação. Descobri, então, que ele tem um modo próprio de ler o mundo, dentro e fora do ateliê: um artista pensa esteticamente. E como pensa um psicanalista? Como um psicanalista pensa sua clínica?

286 SOBRE O PENSAMENTO CLÍNICO DO PSICANALISTA

Retomo o primeiro passo do pensamento clínico inaugurado por Freud: *o sintoma tem sempre um sentido*. Esse sentido não pode ser apreendido pela lógica do senso comum. É preciso postular a existência de outra lógica, outra racionalidade, para que esse sentido possa surgir e se revelar. Freud descobre assim a realidade psíquica, cuja força se sobrepõe e reveste o que entendemos por realidade. Em outros termos: foi por absoluta necessidade que Freud postulou a existência de um inconsciente, gesto teórico-clínico que funda a psicanálise.

Sobre essa pedra fundamental ergueu-se um edifício impressionante de conhecimento sobre a alma ou, se preferirem, sobre o funcionamento da mente. A metapsicologia é o conjunto de conceitos – freudianos e de muitos outros autores – que nos permite imaginar uma espécie de "fisiologia" e de "fisiopatologia" do aparelho psíquico. Graças a ela, temos os instrumentos teóricos para pensar a constituição do psiquismo – como ele se organiza e se desorganiza, produzindo as formas singulares de ser e de sofrer. Ou seja: a metapsicologia é imprescindível para pensar a clínica.

Ora, por que escrever um texto retomando o que todos já sabem? Porque o saber, qualquer saber, por mais revolucionário que seja, vai se banalizando com o tempo e com o uso, correndo o risco de já não produzir o assombro que deveria produzir a cada dia de trabalho, com cada paciente, em cada sessão. Talvez tenha sido esse o contexto que levou Green (2002) a escrever seu livro *O pensamento clínico*. Talvez ele receasse que, perdendo-se o assombro diante dos fenômenos determinados pelo inconsciente, o pensamento clínico se tornasse rarefeito, diluindo nossa prática. Preocupamo-nos com ameaças à psicanálise que provêm de circunstâncias externas em relação às quais pouco podemos fazer, mas evitamos falar de ameaças internas, como o risco de empobrecimento do pensamento clínico, em que a responsabilidade é nossa.

Dito isso, o pensamento clínico pressupõe certo tipo de relação entre teoria e clínica. Faço minhas as palavras de Tanis:

> *O difícil é se aproximar de um pensamento clínico . . . que possa criar pontes entre a experiência vivida na clínica e certos parâmetros norteadores que não coisifiquem a experiência, que não a tornem uma mera aplicação técnica, mas que também não caiam numa espontaneidade irrefletida e atuada. (2014, p. 197)*

No que diz respeito a essas "pontes", penso que a formação psicanalítica é o processo por meio do qual a teoria estudada vai sendo metabolizada e apropriada numa relação visceral e indissociável do fazer clínico. É o lento processo por meio do qual a teoria vai sendo encarnada, no trânsito constante entre teoria e clínica, e entre o singular e o universal. Quando lemos um texto de psicanálise, ele nos remete a nossos pacientes ou à nossa análise. Quando estamos atendendo, a teoria está lá como pano de fundo de nossa escuta. Teoria e clínica se vitalizam e se iluminam reciprocamente. Sem clínica, a teoria é letra morta. Sem teoria, a clínica é uma aventura arriscada.

Volto, então, à questão que coloca este texto em movimento: como pensa um psicanalista? Ele tem um modo próprio de ler o mundo que pressupõe, no mínimo, a existência de um inconsciente vivo, que se atualiza como transferência. Esses conceitos, que fundam nossa disciplina, fazem parte de sua carne, do seu ser, de como ele lê os fenômenos humanos.

E isso tanto no consultório como na vida. Por isso, começo trazendo duas situações banais do cotidiano para ilustrar essa ideia. Em seguida, abordarei o pensamento clínico num nível macro e num nível micro. No macro, dois casos clínicos (Leila e

288 SOBRE O PENSAMENTO CLÍNICO DO PSICANALISTA

Emmanuelle) nos ajudarão a reconhecer o sofrimento psíquico e sua determinação inconsciente num âmbito mais genérico. No plano micro, veremos em duas situações clínicas (Providência e Mergulho) como pensa um psicanalista durante a sessão e como surge a interpretação. Esses quatro casos foram publicados por outros colegas em outros contextos (citação adiante). Farei um recorte próprio para desenvolver o tema a que me propus.

Pensamento clínico no cotidiano

O rapaz vai a uma festa e gostaria de se aproximar daquela mulher linda, mas não consegue porque sente que é "muita areia para seu caminhãozinho". Outra se interessa por ele, mas o problema é que ele não a deseja.

Por que alguém não pode se aproximar da mulher que deseja e não deseja aquela de quem pode se aproximar? Um leigo responderia, com razão, que o rapaz é tímido, inseguro. E como pensa um psicanalista? Ele poderia ver na cena uma inibição sexual neurótica ligada a um conflito inconsciente. Na lógica inconsciente, a moça desejada é, de fato, muita areia para seu caminhãozinho porque é vivida como uma "deusa". Reconhecemos aí a transferência da figura materna endeusada para a moça da festa.

Dessa perspectiva, a criança-nele tem medo de não ter os atributos necessários para satisfazer esse "mulherão". Quem tem o "caminhãozão" potente é algum representante da figura paterna – algum amigo forte, bonitão, ou que tem qualquer outro atributo que sirva de suporte transferencial para essa figura. A inibição sexual indica a renúncia em favor do homem que, supostamente, tem direito a ela.

Mas nosso rapaz também tem medo de conseguir conquistar a "deusa" e se desorganizar por um excesso de excitação. Na lógica inconsciente, a possibilidade de realizar o desejo incestuoso produz um excesso de angústia. A areia transbordaria do caminhãozinho! Para proteger o ego, o superego interdita a moça "proibida", resultando na inibição sexual.

Uma mulher está com a vida travada. Foi procurar uma analista, mas não ficou porque "não foi com a cara dela". Pergunto o motivo, mas ela não sabe dizer. Depois diz que talvez foi porque a analista estava usando botas de salto alto.

O que aconteceu? Para um leigo, a energia simplesmente não bateu. E como pensa um psicanalista? Ele poderia entender que algo naquela cena foi vivido como uma ameaça e que ela fugiu apavorada. E então se pergunta o que será que ela transferiu para aquela cena, para aquela mulher usando bota de salto alto. Talvez ela tenha visto ali uma mulher poderosa, autoritária e arrogante, que poderia humilhá-la ou desprezá-la. Ou uma mulher dura, indiferente ou mesmo cruel. Seja lá o que for, a analista de botas funcionou como suporte transferencial da imago materna "do mal", uma figura claramente persecutória. Mas como tudo isso é inconsciente, a pessoa só consegue traduzir como "não fui com a cara dela".

Pensar analiticamente é reconhecer a racionalidade própria ao sintoma, que não é a mesma do senso comum. Essas duas situações, aparentemente absurdas, só têm sentido quando pensadas com base em conceitos de inconsciente e transferência. A primeira pode ser entendida como manifestação do sofrimento neurótico, ligado ao retorno do recalcado; já a segunda, do sofrimento narcísico, ligado ao retorno do clivado.

Saindo do âmbito do cotidiano e entrando na clínica, veremos agora como pensa um psicanalista nos planos macro e micro. Para

290 SOBRE O PENSAMENTO CLÍNICO DO PSICANALISTA

tanto, vou fazer um uso livre de casos publicados por outros autores, remetendo o leitor aos textos de origem.

Leila e Emmanuelle:[1] o pensamento clínico no plano macro

Leila tem 20 anos, é agradável e tem uma aparência bem cuidada. Fugiu do Marrocos aos 15 anos com um cineasta que tinha ido trabalhar lá. Engravidou, teve uma menina e pouco depois se separou. Fez uns bicos aqui e ali, conheceu outro rapaz, engravidou e se casou com ele. Há três anos, o bebê morreu por complicações de uma cirurgia simples que ela havia autorizado.

Procura o serviço porque está deprimida e não consegue entrar em lojas se não estiver acompanhada. Esses sintomas começaram depois da morte do filho. Tinha alucinações nas quais era acusada de tê-lo matado. Durante um ano, ficou trancada no quarto chorando. Ficava olhando para uma cumbuca em metal que trouxe do Marrocos. Na infância, brincava com a mãe de se ver refletida nesse objeto. Pouco tempo depois, conseguiu retomar seu cotidiano.

Leila trabalhava como caixa em um bandejão popular, onde havia muitos clientes homens. Ia bem arrumada e era sorridente. Eles faziam fila no seu caixa, que tinha as filas mais compridas. As mulheres mais velhas dos outros caixas ficavam com inveja e a hostilizavam. Nessa época, começou a ter náuseas e sintomas visuais. Explica: olhava para o cliente, cumprimentava e, em seguida, para a bandeja para verificar os itens comprados. Daí olhava para a tela do computador e digitava os preços. Seu olhar ia então para

---

1 Respectivamente, capítulos 1.1 (pp. 19-31) e 2.1 (pp. 43-57) do livro *15 cas cliniques en psychopathologie de l'adulte*, de Nathalie Dumet e Jean Ménéchal (2005).

a vidraça que refletia sua imagem e a do cliente. Por fim, olhava novamente para ele para dar o valor total. O reflexo da luz da tela e na vidraça lhe dava náuseas. Seu campo de visão foi diminuindo, sem que o oftalmologista pudesse dizer a causa. Acabou se demitindo.

Foi detida numa loja na qual estava roubando maquiagem. Descobriram na sua casa muitos itens ainda na embalagem. Seduziu o policial encarregado de investigar o caso. Acabou engravidando. Ainda não sabe se vai ficar ou não com o bebê, pois ele não quer assumir o filho. Queixa-se ao psicólogo que o inspetor não tem empatia nem carinho por ela. Queixa-se com a psiquiatra que seu analista tem um olhar duro, que lhe lembra o olhar do pai. Quer interromper a terapia, mas não ousa dizer isso a ele. Certo dia, teve um acesso de tosse tão forte que teve de sair correndo da sala de atendimento.

Como pensa um psicanalista? Em que terreno psicopatológico se está? A paciente apresenta uma depressão? A aparência bem cuidada e a linguagem corporal agradável não indicam isso. Seria uma psicose? Embora ela tenha tido alucinações depois da morte do filho, tudo indica que conseguiu realizar o trabalho de luto e que tem uma estrutura psíquica robusta. A cumbuca de metal da infância que a ajudou nessa época representa, à escuta analítica, a função materna internalizada. A angústia que a leva ao centro de atendimento é o medo de entrar em lojas (nas quais rouba maquiagem) se não estiver acompanhada. Reconhecemos aí uma fobia, um medo bem localizado, bem diferente do que seria um ataque de pânico, caracterizado por angústia difusa e sintomas físicos. Teme cruzar seu olhar com o dos homens.

Para a escuta analítica, o *olhar* é o campo em que se dá o jogo de sedução. Rouba lápis e rímel, mas não consegue usá-los, o que sugere um *conflito neurótico* entre desejo e interdição. É possível que no Marrocos, em que só os olhos ficam de fora do véu, o olhar

292 SOBRE O PENSAMENTO CLÍNICO DO PSICANALISTA

tenha grande valor erótico. Essa compreensão ilumina *a posteriori* a sequência do bandejão. Ela *olha* para o cliente, para a bandeja, para o computador, para o reflexo deles na janela e para o cliente de novo. Os sintomas visuais não têm substrato orgânico. Tudo isso faz pensar em histeria de conversão.

Outros elementos se articulam a esse diagnóstico. A contratransferência indica que se trata de uma moça agradável e sedutora. A sequência de namorados, bem como certo infantilismo em suas relações, pode ser lida na mesma chave da sexualidade infantil. O material clínico alude à triangulação e à rivalidade edipiana: a fila de homens em seu caixa é maior do que no caixa das mulheres mais velhas, que ficam com inveja e a hostilizam.

Mas por que o conflito? Por que o superego interdita o olhar sedutor? Porque a relação com os homens que deseja seduzir está marcada pela assimetria. Do ponto de vista da fantasia inconsciente, são representantes da figura paterna: o cineasta, os clientes do bandejão, o policial e agora o analista. Na fantasia, a menina seduz todos e triunfa sobre a figura materna. Os sintomas conversivos a obrigam a abandonar a cena e ela pede demissão.

Para finalizar, uma alusão à transferência. Ela se queixa do analista, que tem um "olhar duro como o do pai". A queixa faz sentido no contexto transferencial de uma demanda de amor não atendida. O analista é vivido como "duro" porque não corresponde às suas tentativas de sedução. A transferência erótica é difícil de ser suportada, e ela acaba tendo um acesso de tosse que a obriga a sair correndo da sala de atendimento. Outra defesa contra o excesso de erotização é a transferência lateral com o inspetor de polícia, que permite atenuar a excitação na transferência para poder dar continuidade à análise.

Emmanuelle tem 25 anos e, ao contrário de Leila, veste-se de um jeito básico para não chamar a atenção sobre sua pessoa e seu corpo. Se Leila tem uma linguagem corporal exuberante, Emmanuelle é acanhada e "para dentro".

Na primeira entrevista, diz que procurou o centro de atendimento porque sente que algo não vai bem. Acha que sua timidez é "doentia", pois fica travada e muda quando está com mais de três pessoas. Tem a impressão de que as ideias somem e que não tem nada para dizer. Faz um esforço enorme para participar das conversas, para marcar sua presença, mas quando diz alguma coisa tem medo de ter sido inadequada.

Emmanuelle tem uma irmã cinco anos mais nova que é sociável e espontânea. Tem uma relação boa com os pais, sem brigas, mas também sem muita conversa. Apesar de já ter 25 anos, não pensa em sair de casa porque tem pavor da solidão. Tem amigas de infância que a convidam para festas. Fica feliz porque se lembram dela, mas também muito tensa porque não vai ter o que dizer. Nos fins de semana, prefere fazer passeios solitários pela natureza. Viaja com o mínimo necessário. Gosta de aventuras arriscadas. Chegou a pensar em ir para um mosteiro no Tibete.

Atualmente faz doutorado. Apesar de ser boa aluna, não está satisfeita com seus estudos porque queria um trabalho de verdade. Na verdade, não sabe o que fazer de sua vida. Se sente um fracasso. Quando prestou vestibular, ficou tão nervosa que descompensou e foi parar numa clínica. Quando saiu, foi indicada para uma terapia. Fez individual por um tempo e, depois, foi encaminhada para terapia de grupo, mas não se adaptou. Quando quis voltar, o terapeuta não tinha mais horário. Diz tudo isso segurando o choro.

Na segunda entrevista, está mais solta, mais sorridente, fala mais. Conta que seu pai tem um laboratório de química e que sua mãe é enfermeira. Esta teve uma história difícil: quando sua irmã nasceu, foi mandada para a casa de sua avó e só via a mãe aos domingos. Por isso, para poder curtir sua primeira filha, resolveu

294 SOBRE O PENSAMENTO CLÍNICO DO PSICANALISTA

trabalhar só meio período e só quis outro filho cinco anos depois. Emmanuelle ia começar sua escolarização durante essa gravidez, mas chorava demais e não se adaptou. Então, foi retirada da escola e passava os dias na casa da avó, a mãe do pai, que era muito severa.

O terapeuta pergunta sobre sua vida amorosa. Fica perturbada com essa pergunta e diz que até agora "conseguiu escapar, mas algum dia vai ter de encarar".

Na terceira entrevista, que foi adiada a pedido dela, desmorona. Sente-se um fracasso, fala em infelicidade, suicídio etc. Está desesperada, tem medo do vazio das férias, vai perder o contato com as amigas da faculdade; vai trabalhar na empresa do pai, como no ano anterior porque é um ambiente conhecido; os funcionários são mais velhos e se sente bem com eles. Depois vai viajar com os pais. Enquanto isso, a irmã vai fazer um aperfeiçoamento em ginástica e depois viaja com os amigos. Emmanuelle odeia ginástica, tem horror que vejam seu corpo fazendo esforço. Sente-se muito exposta.

Tem muita dificuldade para se vestir. Começa a chorar. Não consegue comprar nada, usa sempre as mesmas roupas. Odeia sua imagem no espelho, parece que não é ela. Acaba sempre vestindo um uniforme triste, sem graça. O analista lhe propõe um novo encontro. Fica espantada, pois achava que ele também ia sair de férias e teriam de interromper.

Aparentemente não há nada de muito errado com Emmanuelle: nenhum grande trauma em sua história de vida, está bem adaptada, estuda, tem amigas. Mas logo percebemos que é apenas uma *adaptação de superfície* que se mantém às custas de muito esforço. Nas duas primeiras conversas, consegue se segurar e manter as aparências. Na terceira, desaba, mostrando o tamanho do "buraco" melancólico: fala em infelicidade, fracasso, suicídio, não tem jeito mesmo.

Ser tímida, não conseguir colocar suas opiniões e evitar chamar a atenção sobre sua pessoa sugerem uma dificuldade em afirmar algo de si, movimento que exige um mínimo de agressividade. Essas pulsões seriam necessárias para defender seu direito de ser e de existir. O que aconteceu com elas? Foram recalcadas? Clivadas? E por que motivo? O objeto não sobreviveu aos seus movimentos de oposição, de busca de uma vida própria, autônoma?

As dificuldades com o corpo e com o feminino poderiam sugerir um funcionamento predominantemente neurótico, como Leila. Mas o material aponta para a fragilidade do eu e para o sofrimento narcísico. Emmanuelle procura o serviço de atendimento porque está apavorada "com o vazio das férias". Está na iminência de perder o enquadre que servia de "muro de arrimo" para o eu. Pressente a ameaça de descompensar e de mergulhar na depressão.

Ela não se imagina vivendo longe dos pais e tem pavor de ficar sozinha. A angústia de perda do objeto é central em sua dinâmica psíquica. Revela que a separação sujeito-objeto não se deu de modo suficiente, prejudicando a possibilidade de autonomia com relação a ele. Essa angústia, bem diferente da fobia bem localizada de Leila, não é nova. Aos 5 anos há uma tentativa de escolarização que fracassa porque não pode ficar longe da mãe. Ao mesmo tempo, a presença das pessoas também a angustia.

Às vezes pensa em "passar um tempo no Tibete". O que o analista escuta? Uma tentativa de "sumir" – desistir da vida, um suicídio velado – porque ela não vê saída. O núcleo melancólico é evidente. E como escutar os passeios solitários e arriscados pela natureza? São movimentos defensivos do tipo "eu me afasto antes que o objeto se afaste de mim"? Busca a adrenalina do perigo para aliviar angústias de fragmentação?

O material revela também uma problemática mais arcaica, ligada não apenas à imagem corporal como também à possibilidade

296 SOBRE O PENSAMENTO CLÍNICO DO PSICANALISTA

de habitar seu próprio corpo. Veste-se com um "uniforme triste"; descreve uma vivência próxima da despersonalização quando se olha no espelho; não gosta de ginástica nem de expor o corpo fazendo esforço. Com tudo isso, não é de espantar que não consiga ter uma vida amorosa.

Elementos transferenciais e contratransferenciais completam o pensamento clínico do analista. Ele é afetado por sua presença reservada e lacônica, indícios de uma transferência persecutória: a situação analítica é vivida como ameaça. A contratransferência acusa também o esforço para não desmoronar. Trata-se de uma organização limite da personalidade, com traços melancólicos importantes. O analista vai ao encontro da fragilidade pressentida mostrando-se receptivo e empático, o que torna possível um vínculo básico de confiança. Pode ser que tenha se sentido inadequada e envergonhada quando questionada sobre sua vida amorosa, motivo pelo qual precisou adiar a terceira entrevista.

O pensamento clínico aqui esboçado funciona como um norte para o trabalho analítico. Será preciso manter-se muito próximo do material, com a preocupação de dar sentido à angústia, sem tentar interpretações de confronto, mais disruptivas. O analista precisará estar suficientemente implicado, sem ser invasivo.

Providência e Mergulho:[2] o pensamento clínico no plano micro

A autora do relatório que menciona essas duas pacientes reconhece duas vertentes mutuamente imbricadas no pensamento clínico de um analista. Por um lado, tenta favorecer *emergência de material*

---

2   Do relatório de Emmanuelle Chervet apresentado no 77e congrès des psychanalystes de langue française (2017).

inconsciente; procura reconhecer no material clínico elementos ligados ao infantil. Por outro, procura promover a *atualização pulsional na transferência*. É o momento em que a repetição sintomática está mais viva na situação transferencial criando uma tensão, um *ponto de urgência*. É quando a interpretação pode favorecer a ultrapassagem do nó inconsciente que mantém o paciente preso ao seu objeto infantil. Os nomes das pacientes *Providência* e *Mergulho* indicam esse momento.

Providência

A paciente perdeu a mãe em razão de um câncer quando tinha 8 anos. Sem condições de morar com ela, o pai ia colocá-la num orfanato, mas por um mero acaso acabou indo viver com a babá e seus filhos. Já faz um tempo que o tema das sessões é a venda do seu apartamento. Os corretores trazem os clientes, mas ela não planejou outro lugar para morar. Parece uma atuação. A analista se preocupa e se irrita, pois não tem como intervir nessa fala árida, repetitiva, sem associações – quase provocativa.

Em certo momento, a paciente fala de uma moça que atravessou a rua bem na frente de seu carro. A sorte é que ambas estavam atentas. A cena deixou uma impressão muito viva. A analista sente que há algo de significativo ali. Isso a ajuda a esperar, a aguentar a aridez até poder intervir. Ela já havia tentado relacionar o ímpeto para vender o apartamento a situações do passado, mas era uma fala intelectualizada, sem lastro afetivo, que não deu em nada.

Agora a analista está afetada pela dimensão agida da fala: sente que é uma fala provocativa. Cria-se uma tensão; é um momento de atualização pulsional. Sente que precisa intervir. Pergunta, então, como pensa fazer quando tiver vendido o apartamento. A paciente responde, *num tom absolutamente despreocupado*, que vai ficar na casa de amigos. A analista sente que está diante da emergência de material ligado ao infantil – um adulto se preocuparia com seu destino, mas uma criança, não.

Como vimos, a primeira vertente da interpretação visa favorecer a emergência do material infantil. Aqui, a interpretação foi uma pergunta: *o que pensa fazer quando tiver vendido o apartamento?* O tom despreocupado da resposta faz surgir na mente da analista a palavra *providência*. Junto, vem a imagem de um *salto no vazio*.

De onde surgem a palavra e a imagem? A *despreocupação*, que funciona como uma provocação, *afeta* a analista. A paciente coloca em jogo, na transferência, uma identificação inconsciente e convoca a analista a *agir* o papel complementar: cuidar da paciente. Talvez se sinta tentada a sugerir que procure um lugar para morar. Essa *pressão para agir* indica o momento da atualização pulsional, segunda vertente da interpretação. A analista contém esse ímpeto, o que aumenta a *tensão* no campo transferencial-contratransferencial e faz que *regrida a um funcionamento em processo primário*. Isso significa que ela disponibiliza seu inconsciente como órgão receptor ao que provém do inconsciente da paciente. Entra num funcionamento onírico, associativo, como se estivesse sonhando a paciente, sonhando pela paciente. Surge, então, a palavra providência e a imagem do salto no vazio.

A analista se dá conta de que a palavra providência é um substantivo feminino, traz consigo a ideia de um feminino que cuida, que impede o salto no vazio – o que remete à figura materna. Associa a palavra a uma cena relatada pela paciente há algum tempo: ela só não foi parar no orfanato porque o pai e a babá se encontraram por acaso enquanto cruzavam uma rua. Esse encontro providencial selou o seu destino. Ecos dessa cena aparecem quando fala da impressão viva que ficou quando a moça atravessou a rua bem na frente do seu carro, mas por sorte ambas estavam bem atentas.

A interpretação surge espontaneamente desse "caldo": "pensa que providência virá recolhê-la em seus braços?".

Retomando o pensamento clínico em nível micro: a analista é afetada pela transferência, mas em vez de agir a identificação complementar, interpreta, propõe um sentido para o que está sendo agido. É a única coisa que pode prevenir a atuação – vender o apartamento sem ter para onde ir –, repetição da situação de não ter onde morar, da qual foi salva pelo encontro providencial do pai com a babá. Além disso, essa interpretação encaminha o processo de luto e de desidentificação. É como se dissesse: "Hoje ninguém vai recolher você. Melhor você mesma tomar alguma providência".

Em associação à interpretação, diz que quer muito sair do prédio, pois não suporta aquele *coletivo*. Essa palavra se repete em várias ocasiões na fala da paciente. E se conecta com uma representação que estava em latência na analista há muito tempo: a casa da babá. O coletivo do prédio remete ao coletivo na casa da babá, onde viviam também os filhos dela. A analista reconhece aí *nova emergência de material infantil*. A interpretação que surge tem uma organização em nível *secundário*, ao contrário da primeira, fruto do processo *primário* da analista, que se impôs de maneira espontânea. "Livrar-se deste apartamento para tentar voltar atrás no tempo... Até o momento em que foi retirada da casa dos pais e instalada na casa da babá, um coletivo? Como sair deste coletivo, se não pode mais voltar para a casa de seus pais?" Essa interpretação conecta passado e presente, o coletivo do prédio e o da casa da babá, completando o sentido da quase atuação da paciente.

Como pensa um psicanalista em sessão no nível micro? Há momentos em que *pensa em processo primário*, abrindo seu inconsciente para o do paciente. Deixa-se afetar, tanto pelas representações quanto pela dimensão agida da fala. É quando surgem a *palavra* providência e a *imagem* do salto no vazio. A interpretação vem ao psicanalista: "Pensa que a providência virá recolher você em seus braços?". E há momentos em que pensa em *processo secundário*, organizando em uma interpretação os elementos que permitem ligar passado e presente. No caso, é a palavra "coletivo" que permite essa conexão.

Mergulho

A paciente está aprisionada numa melancolia. Está desesperada, sente-se impotente, não vê saída. De vez em quando diz: "Se um dia eu perceber que não tem jeito mesmo, *posso acabar com tudo*". É uma situação limite, pois a paciente poderia passar ao ato. Mas a analista entende que é também uma tentativa de preservar um último espaço de potência (*posso* acabar...) e que precisa respeitar esse refúgio. Enquanto isso, espera que *algo do infantil se atualize na transferência*.

Há umas semanas, apareceu uma nova oportunidade profissional. Surge um sonho.

> Paciente: *O sonho se passa na praia. Caminhava à beira-mar. Você está lá. Eu me troco, fico com as roupas nos braços, estou usando um maiô nada a ver, como um garoto à moda antiga. Peço sua ajuda. Mas você entra no mar com um mergulho elegante.*
>
> [Na cena seguinte, a paciente se vê de carro numa estrada que faz uma curva. Percebe que é uma passarela sobre a água. Um viaduto que não está acabado, que termina no nada de repente. A paciente acelera o carro e acorda.]

Analista [interpretando]: Como se você me dissesse: já que você não quer me ajudar a mergulhar no feminino, você vai ver o mergulho que vou dar!

Paciente: Sim, lembro-me de pisar fundo, eu ia realmente mergulhar.

Depois de contar o sonho, continua com suas queixas melancólicas. Mas surge algo novo: um ódio em relação à mãe, ligada a lembranças de uma adolescência sequestrada. Não pôde completar seus estudos na escola por que as mulheres não podiam estudar fora de casa por motivos religiosos. O pai era seu professor. Em vez de lutar por ela, sua mãe dizia: *"Tudo o que você precisa, você tem em casa".*

Volta a falar da nova oportunidade profissional. Queria muito tentar, mas sente que não vai dar conta. Essa fala provém de uma identificação melancólica, que, como sabemos, é uma identificação com a sombra do objeto – aqui, com suas necessidades narcísicas. Em outros termos, para cuidar do narcisismo do objeto, ela precisou abrir mão de sua autonomia e desistir de ter vida própria.

Se, por um lado, esse "sequestro" produz ódio, por outro, o desejo de abandonar essa posição subjetiva produz uma culpa inconsciente. Presa nesse impasse, ela se melancoliza. É só no aqui e agora da transferência que a dupla clivagem – *do ódio e da culpa* – pode ser reduzida, elaborada e integrada. Enquanto isso, a paciente continua em seu mantra melancólico: *"Não vou conseguir, não tem jeito, se eu fracassar novamente, posso acabar com tudo".* A analista interpreta a necessidade de fracassar como atuação da culpa inconsciente – culpa de abandonar o objeto. Essa interpretação faz que a paciente se desloque dessa posição e comece a se preparar para as entrevistas.

302 SOBRE O PENSAMENTO CLÍNICO DO PSICANALISTA

Na véspera da entrevista, a paciente está desesperada e confusa. A analista não consegue entender muita coisa, mas escuta: *"Se não der certo, posso acabar com tudo"*. Só que desta vez a paciente diz isso num tom mais firme, mais direto, mais assertivo. A contratransferência acusa que desta vez a ameaça de suicídio está claramente dirigida à analista. É um momento de atualização pulsional no aqui e agora. Ela acusa o golpe e interpreta: *"Você quer que eu imagine esta possibilidade. Que eu aguente pensar nisto"*. A paciente responde: *"Desculpe fazer você passar por isso. NÃO! É VERDADE! Isso é muito sério"*. Na sessão seguinte, ela chega satisfeita com a entrevista e diz: *"Se não der certo, não vou ter vergonha de mim. Sinto que uma porta se abriu. Depois da última sessão, sinto que isso que eu digo do suicídio* [usa a palavra pela primeira vez] *tem a ver com vingança. Infligir a eles o pior sofrimento"*.

Por que ela não usava a palavra suicídio? Porque a possibilidade de deixar a analista angustiada produzia culpa (*"Desculpe fazer você passar por isso"*), revelando a posição subjetiva na qual está aprisionada e que agora se atualiza na transferência: ter de cuidar da analista. Com a interpretação *"Você quer que eu imagine esta possibilidade, que aguente pensar nisso"*, a analista se desloca do lugar ocupado pela figura parental, desestabilizando o lugar complementar que ela mesma ocupa. Ela começa a poder sair da posição de cuidar do outro, recuperando alguma liberdade de movimentos subjetivos. Abre-se o caminho para que possa dizer que *"é muito sério isso de pensar em suicídio"*. Esta palavra, por sua vez, se abre para novas significações: ela percebe que não quer morrer; o que ela quer é se vingar. A possibilidade de representar tudo isso começa a reduzir a clivagem do ódio, que acabava se voltando contra o eu.

Diante desse material, como pensa um psicanalista? Retornando ao texto de Chervet (2017), vimos que o pensamento clínico visa favorecer (1) a figuração/simbolização do material infantil e (2) a atualização pulsional, sem a qual não há mudança de posição subjetiva.

O que se entende por figuração/simbolização do material infantil? Trata-se de ampliar o repertório de representações pré--conscientes que permitam ligar a pulsão quando se atualizar na transferência. O trabalho visa criar uma rede de representações, uma rede de segurança, como aquelas que protegem um malaba-rista da queda. A rede é necessária para atravessar as turbulências geradas pela atualização pulsional, isto é, quando a transferência "estourar no colo" do analista.

Vejamos. A oportunidade de trabalho reaviva o desejo de se desenvolver profissionalmente. Ela, que não conseguia investir em nada porque via o futuro bloqueado, interessa-se em mudar de trabalho. Investe um novo objeto como possibilidade de autonomia e prazer. É importante notar que esse novo objeto só se tornou possível graças ao trabalho analítico realizado até aquele momento. Outras oportunidades de trabalho podem ter surgido sem que a paciente as mencionasse. A vida psíquica começa a descongelar.

Surge um sonho. Na primeira cena há uma representação da decepção com a analista. Esta não a ajuda a segurar as roupas; em vez disso, dá um mergulho elegante. A analista é vista como uma figura narcísica, mais preocupada com sua elegância do que em ajudar a paciente. Na cena seguinte, a aceleração do carro é uma representação de potência e da *raiva contra a analista*. Essa representação é importante porque, sem raiva, não há potência para investir e sustentar um projeto de vida. Mas se a raiva não estiver minimamente ligada a representações, a possibilidade de atuar é grande e a análise corre risco.

Se você não quer me ajudar a mergulhar no feminino, vai ver que belo mergulho vou dar! Ao interpretar, a analista *se implica*

304   SOBRE O PENSAMENTO CLÍNICO DO PSICANALISTA

diretamente e dá voz ao sofrimento da paciente: sou aquela que te decepciona, que te abandona à própria sorte e te deixa sem saída. Ao mesmo tempo, a interpretação traz implícita a ideia de mergulho/suicídio como *vingança*. Surge, então, uma associação com a mãe, bem como a raiva por terem sequestrado sua adolescência, trancada em casa. Ao mesmo tempo, abre-se o caminho para a atualização pulsional no aqui e agora. Depois do sonho, na sessão antes da entrevista, a analista percebe que a ameaça *"Se não der certo poderei acabar com tudo"* é feita de modo mais assertivo. A tensão no campo transferencial-contratransferencial sobe. Há uma urgência, o momento está maduro.

Até esse momento, o ódio e a ameaça não se dirigiam a ninguém em particular. E isso por um bom motivo: não havia, ainda, um destinatário suficientemente constituído, que pudesse reconhecer e se implicar diretamente no sofrimento da paciente. O ódio produzido pela falha do objeto primário se manteve clivado todo esse tempo, voltando-se contra o eu.

Ao interpretar o sonho, reconhecendo sua implicação no sofrimento da paciente, a analista se oferece como destinatária possível desse ódio. Este pode, agora, se atualizar com toda sua violência. Tanto que a ameaça de suicídio se dirige claramente à analista. A analista interpreta, então, *"Você quer que eu represente esta possibilidade, que eu aguente pensar nisso".* O que está sendo dito nas entrelinhas é "reconheço o seu ódio, ele me afeta, sofro com isso, mas posso aguentar".

É no calor da atualização pulsional do ódio contra a analista que ele pode ser ligado a uma representação e se transformar na mera raiva. A resposta da paciente à interpretação encaminha esse processo, na medida em que deixa clara tanto a culpa inconsciente (*"desculpe"*) como a lealdade ao objeto, ambos atualizados na transferência.

Lembro que o ódio é um afeto em estado bruto e não pode ser integrado, ao contrário da raiva, que já é um afeto subjetivado, ligado a uma representação. Nesse sentido, a paciente se torna capaz de reconhecer que não quer morrer, mas apenas "infligir a eles o pior sofrimento", o que diminui consideravelmente a possibilidade de passar ao ato. Isso do ponto de vista pulsional. Do ponto de vista das identificações, consegue pensar em como precisou se tornar obediente e passiva para se adaptar às necessidades das figuras parentais. É o começo do movimento de desidentificação da posição melancólica, construída em complemento a essas necessidades das figuras parentais.

Finalizando, como pensa um psicanalista? Seu pensamento clínico transita o tempo todo, de maneira fluida e encarnada, entre o universal da teoria e o singular daquele processo analítico. No nível macro, considera o processo analítico em sua dimensão longitudinal e se inicia já com as primeiras entrevistas, como vimos com Leila e Emmanuelle. No nível micro, faz um corte transversal em determinado momento do processo, como vimos com Providência e Mergulho. Considerando o campo transferencial--contratransferencial, o pensamento clínico – ou interpretante, como quer Chervet (2017) – busca o melhor caminho para favorecer a emergência de material ligado ao infantil, bem como a atualização pulsional no aqui e agora da sessão.

Referências

Chervet, E. (2017). Patient, et interprète. Bulletin SPP. Le domaine intermédiaire. *Revue française de psychanalyse*, 5(81), pp. 1301-1365.

Dumet, N., & Ménéchal, J. (2005). *15 cas cliniques en psychopathologie de l'adulte*. Paris: Dunod.

Green, A. (2002). *La pensée clinique*. Paris: Odile Jacob.

Tanis, B. (2014). O pensamento clínico e o analista contemporâneo. *Jornal de Psicanálise, 47*(87), 197-214. Recuperado de http://pepsic.bvsalud.org/scielo.php?script=sci_arttext&pid=S0103-58352014000200012&lng=pt&tlng=pt. Consultado em 31/3/2020.

Índice remissivo

abandono 111

abusador 229, 238

abuso 229, 231, 232, 233, 234

    de poder 230

    de poder da mãe 211

    de poder do pai 213

    psíquico 230

adaptação de superfície 294

adoção 137, 143

adolescência 96

adotar 145

afeto em estado bruto 305

afeto subjetivado 305

agonia 228

agressividade 104, 210

alteridade 161, 234, 235, 236, 245

ambivalência 144

amor incondicional 147, 193

amor materno 109

análise 135

analista 114, 143, 152

angústia 108, 137, 215, 235, 276, 291

    de aniquilamento 231, 241

    de separação 263

animismo 277

    infantil 277

aparelho psíquico 286

"a sombra do objeto" 225

aspecto abusador do objeto primário 229

aspecto paranoico da figura parental 241

aspecto paranoico do objeto primário 228

aspectos não metabolizáveis do objeto 225

assassinato do pai 216

    da horda 217

308 ÍNDICE REMISSIVO

assassinato simbólico do pai da horda 217

astrologia 148

ataques do supereu cruel 223

atividade de núcleo paranoico 229, 242

ato com função simbolizante 211

ato psíquico 214

atuação 211

atualização pulsional 297, 298, 302, 303, 304, 305

na transferência 297

atualização transferencial de um núcleo psicótico 229

atuar 226

ausência de função alfa 227

ausência do objeto 167

autodepreciação 253, 267

autoestima 205

autonomia 149, 264, 265

autoridade 119, 201

autoridade paterna 117

banalidade do mal 172

body art 158, 164, 187

brincar 114

bullying 164

campo da ética 169

campo intersubjetivo 238

tanático 241

campo transferencial 89, 114, 115, 120, 122, 137, 139, 142, 143, 145, 146, 147, 152, 153

campo transferencial-contratransferencial 243, 266, 273, 305

capacidade de simbolização 167

capitalismo selvagem 164

caráter alucinatório da experiência 229

castração 119, 120, 172, 205, 214

chiste 170

circulação dos afetos 144

clima emocional 160

clínica 251, 285, 286, 287

clivagem 228, 231, 239, 241, 242, 301

dos afetos 232

codependência 265

compulsão a comprar 31

compulsão à repetição 113, 115, 119, 146

condicionamento 161

condições de possibilidade para o exercício da função paterna 218

conflito neurótico 291

conflitos 276

edipianos 186

constituição do objeto mau 225

constituição do psiquismo 214, 225, 286

constituição do supereu cruel 223

constituição do supereu cruel 225, 239, 247

contato afetivo 159

contemporâneo 159

continência 141

continente 232

MARION MINERBO 309

contingente pulsional do "isso" 241

contratransferência 234, 263, 292, 296, 302

    negativa 223

contratransferencial 168

corpo pulsional do sujeito 225

corrupção 175, 184, 192, 203

coterapeutas 141

criança edipiana 211

criança-abusada-nela 233, 234

criança-nela 234

criança-no-adulto 277

criança-no-pai 211

crimes contemporâneos 158, 170

crise da instituição familiar tradicional 220

crise das instituições na pós-modernidade 220

crise das instituições no mundo contemporâneo 218

crise de identidade 35

culpa 108, 115, 277

    inconsciente 301

    neurótica 224, 240, 277, 282

    primária pré-ambivalente 240

    psicótica 240

cultura 195

    contemporânea 158

    moderna 187

cura 197

decepção narcísica primária 269

defesas comportamentais 254

defesas primárias 228

delinquência 107, 139

delinquente 137

depressão 104, 251, 252, 272, 273, 291

    com tristeza 253, 254, 266, 273

    melancólica 253, 255, 263, 270, 273

    sem tristeza 253, 257, 273

desconstrução 29

    do símbolo 171

    do supereu cruel 224

descontinuidade identitária 163

desejo 104, 112, 119

    materno 110

desejos primitivos 201

desempoderamento generalizado 252, 263

desinvestimento maciço dos objetos 162

desligamento pulsional 221

desmentido 230

desmoronamento narcísico 265

desnaturação da linguagem 157, 168, 169

despersonalização 296

diagnóstico de melancolia 140

dimensão do pai 215

dimensão intrapsíquica 219

dimensão simbólica 215

dimensão transubjetiva 220

dinâmica intersubjetiva 219

divã 116, 118

dor psíquica 103

310 ÍNDICE REMISSIVO

economia psíquica 162

educação 111, 178

ego 289

elasticidade da técnica 95

elementos tanáticos 238

elementos-beta 227

elementos-beta tanáticos 227

emergência de material inconsciente 297

emergência do material infantil 298, 299

empatia 236, 242

   da mãe 237

enclave psicótico 225

enquadre 133, 134, 139, 140, 141, 144, 147, 148, 163

   da análise 140

   tradicional 142, 143

enzima psíquica 235

equação simbólica 167

escuta 141

   analítica 229, 237, 291

espaço intersubjetivo 194

espaço psíquico intersubjetivo 203

espaço transicional 142

espaços psíquicos 175

especificidade cultural do sintoma 34

espessura emocional 261

estado totalitário 161

estratégias de pensamento 24

estupro 169

esvaziamento semântico 168, 169, 170, 172, 183, 184,

ética 170

eu 223, 224

eu-amoroso 144

eu-delinquente 138

eu-sujeito 234

evacuações de elementos-beta 230

excitação 162

experiência clínica 133

experiência indigesta 231

experiência subjetiva 252

extensão da mãe 211

falha do objeto primário 304

falhas no exercício da função paterna 212

falo 214

falso *self* 138

falta 214

falta de empatia 233, 235

família 160, 210

fantasia 104, 109

fazer clínico 287

ferida narcísica 120, 122

figura do pai 215

figura ideal 216

figura parental 228

figura paterna 214

figuração/simbolização do material infantil

filicídio 212

fobia 291

formação psicanalítica 287

fragilidade do eu 295

fragilidade do símbolo 158, 162, 165, 165, 168, 185

fragilidade narcísica 265

fratura do símbolo 172, 176, 183

fronteiras sujeito-objeto 226

frustração 115

função alfa 258, 280

função do pai real 216

função do terceiro 232

função duplo de si 245

função espelho da mãe 258

função estruturante 163

função materna 213, 220, 239

função paterna 182, 209, 210, 211, 212, 213, 216, 220

função reflexiva da mãe 237

função simbólica 210, 213

função simbolizante 258, 259, 260

funcionamento em processo primário 298

funcionamento masoquista 224

funcionamento melancólico 224

funcionamento paranoico 192

funcionamento paranoico 224

funcionamento paranoico do objeto primário 225

funcionamento psicótico 238

funcionamento psicótico 280

fundamentos epistemológicos pós-modernos 25

futuro bloqueado 251

grifes 73

grupo familiar 105

herdeiro do Édipo 224

histeria de conversão 292

história da constituição do psiquismo 210

história emocional 151, 277

história emocional intersubjetiva 276

historicidade 61

homossexualidade primária em duplo 236, 237

hospital-dia 95, 96, 140, 141

humanidade 161

hybris 194

ideal narcísico 216

idealização do bebê 226

idealização infantil 217

identidade 135

    psicanalítica 56

identificação 37, 115, 119, 145

    com microvotos inconscientes de morte 242

    com o agressor 232, 238, 239

    do eu com a sombra do objeto 224

    inconsciente 298

    primária com a paranoia do objeto 240

    projetiva 153, 224, 226, 230, 232, 238, 239

    projetiva do adulto 231

identificações tanáticas 247

ideologia 176

312 ÍNDICE REMISSIVO

imaginação clínica 280

imago paterna 216

imoralidade 181

imperialismo estadunidense 164

impulso violento 161

impunidade 176

incesto 212

inconsciente 114, 127, 128, 141, 146, 152, 209, 276, 277, 286, 289

   do objeto 225

   vivo 287

incorporação da sombra do objeto 228

incorporação de eβ-T 228

infantil 211

infantilização 203

infelicidade 253, 272, 294

   difusa 252, 254, 273

      por autodepreciação 273

      por desempoderamento generalizado 273

inibição sexual 288, 289

injustiça social 204

insensibilidade 170

insight 161

instalação da função simbolizante 213

instituição 63, 143

integridade moral 178

internet 148

interpretação 28, 118, 157, 288, 297, 298, 299, 302

   transferencial 152

interpretações "continentes" 137

interpretações paranoicas 238

interpretações simbólicas 237

intersubjetividade 276, 282

intervenção psicanalítica 125

intolerância 234

intrusão 215

inveja 163

inversão de valores 178

investimento libidinal 149

isolamento 159

isso 224, 279

jovem delinquente 161

laço simbólico 169, 171, 183, 188

lei 117, 118, 119, 213

lembrança 149

limites 115

linguagem 64

lógica da desorganização social 130

lógica da exclusão 130

lógica inconsciente 126, 175, 288

lugar de autoridade 219

lugar simbólico do pai 219

lugares simbólicos 170

luto 143, 167

   do narcisismo primário 269

mãe 136, 213, 215

   de verdade 136, 137

   ideal 137

   suficientemente boa 238

manejo 153

   clínico 105

masoquista 240

massacre de Columbine 163

material clínico 142

maternagem 136

maternidade 171

matricídio 182

matriz de desconstrução 57

matriz simbólica 215, 245

mecanismos de defesa primários 239

medo 205

melancolia 130, 131, 139, 143, 147, 149, 224, 255, 267, 300

mensagens tanáticas 238

metapsicologia 251, 273, 286

método 141, 142, 144

    psicanalítico 68

metodologia 24

microdelírio 255, 268, 270

microfilicídio 246

micromomento de funcionamento paranoico 226

microssuicídio 268

microssurto psicótico 227, 238

microvoto de morte 235, 238, 244, 246

microvoto inconsciente de morte 227, 233

miséria simbólica 157, 172, 173, 196

mito de origem 146

moções pulsionais 216

moções pulsionais tanáticas 231

modo de presença do objeto primário 253

modo de presença operatório 260

moral 181

morte simbólica 182

morte simbólica do pai 216

movimentos filicidas inconscientes das figuras parentais 223

mundo contemporâneo 171

narcisismo 217, 223, 230, 232, 239

    do adulto 232

    do analista 266

    primário 269, 271

neologismos 160

neurose 188, 276

neuroses narcísicas 276

niilismo 131

núcleo de verdade histórica 231

núcleo paranoico 194, 225, 230

    da mãe 238

    do adulto 227

    do objeto 238

núcleo perverso 230

núcleo psicótico 232

núcleo psicótico específico 225

objeto 214, 215

    abusador 247

    bom 153

    criado-achado 231

    duplo de si 247

    interno 153

    interno mau 226

    mau 231

    perdido 140

314 ÍNDICE REMISSIVO

primário 143, 227, 232, 237, 246, 279, 281

significativo 215

ódio 163, 211, 228, 231, 241, 304, 305

à alteridade 240

constitucional 241

do filho 229

não simbolizado 227

não subjetivado 241

onipotência 196

ordem patriarcal 213, 214

organizações não neuróticas 276

origem do supereu 224

origem do supereu cruel 233

paciente 142, 143, 152

pacto perverso 196, 201, 203

pacto social 192

pacto social 196, 202, 203, 205

pai 209, 214

da horda 216, 217, 219

edipiano 213

imaginário 210, 216

real 210, 214, 215, 216, 217, 219

papel de mãe 136, 137

paranoico 240

paternidade 171

patologia 112

social 197, 203

patoplastia 65

pensamento clínico 286, 287, 296, 305

percepção alucinatória 231, 232, 279, 282

perda da figura paterna 221

personalidade 202

perversão 178

pobreza simbólica 252, 261

poder 193

ponto de vista metapsicológico 191

posição melancólica 305

posição subjetiva 192, 197, 301, 302

pós-modernidade 74, 157, 185

prazer 236

preconceito 148

princípio do prazer 231

processo analítico 141, 204

processo de simbolização 114, 280

processo primário 299

processo secundário 300

projeção 111, 226

de seus objetos internos maus 226

projetos terapêuticos 98

psicanálise 112, 286

psicanalista 285, 287, 291

psicopata 137

psicopatia 108

psicopatologia 61, 168

psicanalítica 158

psicose 122, 291

de ação 72

psique 60

psiquismo 163, 166, 167, 176, 218, 259

em formação 227, 238, 239, 241, 270

infantil 213, 230

parental 227

pulsão de morte 225
pulsão de morte inata 225
pulsão mensageira 259

quadros psicossomáticos 254

raiva 304, 305
realidade 166
    psíquica 286
reality game 166
reality shows 158, 165, 186
realização alucinatória do desejo 231
recorte teórico-metodológico 38
recusa do feminino 214
reificação 62
rejeição 148
relação emocional 152, 153
relação interpessoal 141
relação intersubjetiva 151, 265, 278
relação psique-mundo 34, 60
relações desumanizadas 159
repetição 244
    psicótica 245
    sintomática 297
representação 143, 166, 305
repressão 203
repúdio moral 169
ressonância 143
retorno alucinatório do clivado 282
retorno alucinatório do traumático
    231, 244
retorno do clivado 276, 280, 289
retorno do recalcado 276, 278, 289

rêverie 280
rotina 163
ruptura de campo 80, 82

sadismo 226
saúde mental 97
sedução 213
sensibilidade 169
sentimento de vazio 162
sexualidade 176, 236
    adulta 215
    infantil 213, 276
    materna 215
significações operantes 183
significado 169, 171
significante 169, 171
signo 148
simbolização 115, 119, 122
simbolização primária 280, 282, 283
símbolo 158, 164, 167, 258
sintoma 60, 104, 112, 114, 122, 139,
    162, 235, 272, 277, 286, 289
    culturalmente determinado 55
sistema simbólico 63, 171, 175, 195
situação transferencial 245, 297
sobrevivência do eu 228
sobrevivência do pai 218
sobrevivência do pai real 210, 216
sociedade 166
    de consumo 36
sofrimento 162
    narcísico 267, 289, 295
    neurótico 289

316 ÍNDICE REMISSIVO

psíquico 125, 157, 288

solução sintomática 61

sonho de angústia 231

subjetividade 35, 162, 218, 228, 235, 237, 239, 240, 238

   do bebê 238

submissão à lei 196

suicídio 239

sujeito 43, 240

superego 289, 292

superegoicas 115

supereu 224, 235, 236, 240, 241, 242

   cruel 224, 232, 234, 245, 267

   edipiano 240

   psicótico 240

supereu-nela 234

suporte da lei 211

suporte do simbólico 178

suporte transferencial 289

técnica 83

tédio 162

teoria 287

   dos campos 80

terapia 109

   de família 106, 111

terceiro 211, 212, 226, 231, 232, 245, 246, 247

terror sem nome 228

tirania do supereu 240

trabalho analítico 121, 296

trabalho de luto 291

trabalho de subjetivação 142

trabalho do negativo 167

trabalho institucional psicanalítico 122

trabalho psíquico 228, 229, 230, 232, 233, 278

traços paranoicos 202

transferência 105, 106, 109, 114, 125, 127, 134, 136, 138, 141, 151, 152, 153, 215, 216, 226, 244, 245, 252, 271, 277, 287, 288, 289, 292, 298, 299, 301, 302, 304

   negativa 266

lateral 133

transgressão 176, 178

transmissão transgeracional da vida psíquica 146

transtornos emocionais graves 114, 140

tratamento 111

   institucional 113

   psicanalítico 141

trauma 232

   precoce 260

traumatismo precoce não simbolizado 231

traumatismo primário 281

vazio simbólico 163

verdade histórica 268

vida mental 159

vida psíquica 254, 303

vínculo infantil 217

vínculo intersubjetivo 212, 259

vínculo primário 226, 230, 236, 237, 264, 265

vingança 162

violência 157, 158, 161

    adolescente 162

lúdica 166

pulsional 282

sexual 169

social 172

GRÁFICA PAYM
Tel. [11] 4392-3344
paym@graficapaym.com.br